长篇非虚构小说

风 烈

邱 闳 著

海洋出版社

浙江人民出版社

图书在版编目（CIP）数据

风烈/ 邱闵著.-- 北京：海洋出版社；杭州：
浙江人民出版社，2022.5
ISBN 978-7-5210-0952-1

Ⅰ. ①风… Ⅱ. ①邱… Ⅲ. ①纪实文学－中国－当代
Ⅳ. ①I25

中国版本图书馆CIP数据核字（2022）第076786号

风烈
Feng Lie

策划编辑：冷旭东
责任编辑：高朝君　潘海林
责任印制：安　森
海洋出版社　出版发行
http: //www. oceanpress.com.cn
北京市海淀区大慧寺路8号　邮编：100081
鸿博昊天科技有限公司印刷
2022年5月第1版　2022年5月第1次印刷
开本：710mm×1000mm　1/16　印张：23
字数：295千字　定价：80.00元
发行部：010-62100090　邮购部：010-62100072　总编室：010-62100034

人物谱

◎ 韩辉秋　　象山县委宣传部部长，抗台前线总指挥。
◎ 有　凤　　象山县新华书店职员，女，宁波人。
◎ 竺华定　　象山县报记者。
◎ 建　明　　石浦气象测量站主管。
◎ 何　可　　象山县政府干事。杭州人。
◎ 林海峰　　解放军战士，中士。象山林海乡夏渔村人。
◎ 王　良　　夏渔村村民。启豪外甥。
◎ 程玫儿　　供销社职员。

◎ 老　董　　县文化馆文艺干事。
◎ 魏老师　　县城中学老师。
◎ 俞佑璋　　地主。大儿子俞璜，国民党将官，俞珠、俞琭之父。
◎ 阿　珠　　俞佑璋女儿。
◎ 桂　云　　夏渔村村民，女儿小鱼儿。
◎ 长　庚　　夏渔村村民。妻子阿月，女儿胜男（圣楠），儿子小定。

◎ 沈　鲁　　县委副书记，南下干部。
◎ 徐　坤　　县政府办公室主任。

◎ 励乡长　　某乡乡长。

◎ 东　明　　夏渔村主任。

◎ 玉　香　　村主任东明妻子。

◎ 胜　男　　长庚的女儿，后更名为圣楠。

◎ 小鱼儿　　桂云的女儿。

◎ 秀英阿婆　　军人林海峰的外婆。

◎ 王副专员　　舟山地委常委、副专员。

◎ 马司令　　海军司令。

◎ 启　豪　　王良舅舅，舟山地委干部，抗美援朝转业军人。

◎ 阿　国　　邻村青年。

◎ 阿　月　　长庚妻子。

◎ 小　定　　长庚儿子。

◎ 俞　球　　俞佑璋儿子。

◎ 筱　梅　　林海峰的新娘。

◎ 林珊珊　　何可杭州女同学，省委领导女儿。

◎ 瑞　芳　　越剧演员。

◎ 俞副县长　　象山县人民政府副县长。

◎ 老　郑　　船老大，救援队成员。

◎ 老　丁　　算命先生。

◎ 鲁画家　　画家。

◎ 吕团长　　精华越剧团团长。

◎ 姣　姣　　越剧团演员。

序　言

并非一切过往皆为序章。

鉴往知来，不幸的过往，就应当终结于过往。

历史幽深的灰黑，须要时时警惕。而那些被时间遮蔽的光亮，却一再闪烁，他们并不总是与遗忘勾连，因为光亮是一种使命，要继续照耀后人的路径。

一九五六年，或许算是新中国赢得天地祥和的一个年头，当然也是千头万绪待梳理、矛盾错杂、隐痛潜伏的一个年头。

从中华人民共和国成立至此，已进入第七年。六七年不短，却也不算长，对于一个新政权而言，家大业大，人多事杂，运行的轨道自然可以预设，要想稳健又高速地“飞驰”却谈何容易。对外，朝鲜战场上无比惨烈的战争、史称抗美援朝结束不久，而对内，剿匪任务艰巨，长江以南，尚有很多地区并非真正“解放”，尤其云南等边界区域，直到一九五三年，匪患才算基本肃清；而一场场全国性的接连不断掀起的肃反、土地改革以及之后的“反右”等斗争，犹如巨人浑身的疥癣和病毒、翻来覆去的疼痛和瘙痒，使得这个建立新的社会制度的国家、这片古老沉郁又坚强挣扎的土地，发出持续不断、错杂不清的声音，声音里有呻吟和呐喊，有欢叫和惊叹，有悲鸣和低泣。

美国人在一九五五年拍了一部影片叫《七年之痒》，说七年，或许是一种冥冥的规律。人的细胞平均每七年就会完成一次整体的新陈代谢，婚姻、情感、生活、工作也莫不如此，难道，一个国家的运行也遵循这个规律？难道，这就是天行有常之常吗？

浙东，历来被视作江南的鱼米之乡。甚至，因为有山海之利，比一般意义上的江南要更有物质的创造积累和自然的资源馈赠。很多历史上的灾年，在浙东，却并无大碍。山上没得吃了，海里会有接济，海里网不到了，山上总会留些活路给这里的生民。所以，饿殍遍地的惨象，似乎也并不属于这块土地，即使被定性为地主富农的，也不全都是盘剥凶狠、肝胆苦恶，农民渔民山民们凭着勤劳和聪慧，也总能差强应对生活的逼仄、生计的逼迫。

当然，战争肆虐，日人侵略，土匪袭扰，国民党政府治理不力，加上国力民力的积贫积弱，要想将日子过得踏实完满，若不拼死劳作，也无老天赏饭，能日日吃上白米饭，繁荣富足，还是奢望。

象山是浙江东部的一个半岛县，依山傍海，岛礁星罗棋布，是宁波属县，当年隶属舟山专区。象山县城叫丹城，县城南望，则有被当地人称为南庄平原的县域腹地，一望无垠，上有河道交错、村落四散，土质肥沃，是种植水稻小麦等农作物的上佳宝地，所以，也被称作象山的粮仓。从平原上望去，能看到三面青山连绵，另一面，自然是大海，但如果站在平原上，是看不到大海的，也听不到大海的声音。因为大海远在几公里之外呢。

过了年，春天来临，大地开始复苏，天气渐渐转暖。

此时，群山并未被寒冬摧成枯黄，依旧满眼黛绿，田野上却是一片肃杀。

好在春风虽冷，却已开始变得柔软，像一只硕大无朋的手抚过大地，于是，土地的颜色一日日地改变着，大地的表情就是看颜色的变化，看得出来，花草开始努力地要与肃杀拼斗，河水和山脚下的溪水，也开始蹦跳起来，不再像隆冬肃杀时，小心翼翼东张西望，就像这里的孩子和女子，心情一天天地高扬起来。

在社会主义初级改造基本完成之年，一些百姓对于社会主义的生活和未来，认知依然模糊，或者说脑子里更多透着朦胧的光亮，内心依然充满动荡、不安的节律。但是迷茫感随着时间推移正在渐渐消退，对新鲜新生新变革的可能充满期待，就像所有的农民渔民，害怕无力预期的不测，但总渴望丰收准时到来。

人们相信新制度的光芒会照亮自己，也照亮这块积贫积弱的土地，相信新的政府会带领人们走向祈愿的美好将来。

天有常道矣，地有常数矣，君子有常体。
制天命而用之。

目　录

第一章

海 上 相 遇

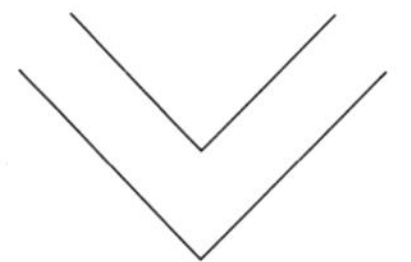

轮船驶离码头一个小时后，海面突然清澈而蔚蓝，那些黄浊的海水不再围绕跟从，天光云影在大海上展现出一幅硕大无朋的画卷，壮阔，奇谲。因为置身“巨大”，周遭反而变得宁静，所有大自然的声音敛闭起来，唯有机帆船的马达声敲击着波浪，嬉戏云朵徘徊的投影。

春寒料峭，陆上的气候并不令人舒爽，但在海上，徐风微腥，断续拂面，恰如水天温柔的轻触。

这是一九五六年的浙东三月。

航程是：宁波市区至属县象山。

机帆船。船上乘载着三四十个乘客。

由于国民党政府留下的小火轮很少，航线上行驶的大多是机帆船和木帆船。这条木帆船改装的机帆船，去年重新油漆检修过，所以隐约的桐油气味和油漆气味混同着海风的淡淡腥味，倒是给了海上旅人一种陆地的安慰。

轮船一早从宁波码头出发，要到下午三四点才能抵达象山。假如乘客的目的地是县城，那么在象山白墩码头上岸后，还得步行赶路，估计晚上七八点才可到达。

海上的航程是漫长的。船的四周除了海水还是海水，没有目标参照，更看不到终点，只有船老大才知道的方向，只有变化的云和不同角度照射下来的阳光，人们只能相信，时间就是航程的刻度。

船上没有椅子，舱内有古铜色的厚厚长条木板钉成的座位，可容纳十来个乘客，更多的座位则是几根靠船壁横在甲板上的圆木。所以有的乘客干脆就在甲板塌坐。

程玫儿，一个活跃开朗的女孩，而年青，更让漂亮的脸庞神采奕奕。她就读于宁波，此次回家乡象山，是令她骄傲的“参加革命工作”，因为工作，才是真正的成人礼。

她俯身吹了吹甲板坐下。身边挨着的是一位身材矮小脸色黝黑的老头伯，蓝灰色的土布颜色不匀，想是洗多了的缘故，倒也干净，领子一扇内卷，一扇外翻，总是偏着头看着船上的风向标，也就是一面镶着黄边的三角小红旗。三角旗在风中猎猎作响，仿若与风唱和，或讲述无穷的海上故事。可能，他并不是真正盯着旗子，只是这个角度让他的眼神有了安放之处吧。而一半的乘客，要么坐着发呆，要么眯着眼睛睡觉或佯睡。他们身边拽着靠着背着抱着各种行李，布包，挎包，藤箱，旧皮箱，也有夹箩，冲杠，估计是去城里运货或贩货的。

玫儿环顾四周，发现斜对面穿着中山装剃着西式头的“眼镜”男生，斯文沉静，背包夹在两腿中间，好像偌大的包包随时会被海风吹走，手倒没闲，翻看着一本《唐宋名家词选》。而隔过老头伯的那位是个戴着船形帽的军人，帅气，阳刚，或许怕海风时强时弱，他把帽子拽到手里，心事重重，样子严肃，严肃得近乎没有表情，但没有表情，也是种表情。

海上风不小，被船舱一挡，绕过来的风就现出海洋性气候的浩大情怀，春天的大海，总是有别于陆地的。

青春年华，内心总是涌动着一触即发的快乐和好奇。

生性活泼的程玫儿难以忍受旅途中长时间的寂寞和沉默。她站起来，在船的颠簸中，一摇一晃着，大咧咧地走向船头。

船老大老郑在驾驶舱里喊了起来："哎，咯位女人，莫再往前了，危险你晓得否！"

玫儿转过头，笑道："阿里位女人啊！"

船老大自觉失言："哦，是大姑娘，啊，弗对，是小姑娘！"

玫儿开心朗笑："莫大姑娘小姑娘咯，阿拉是工作同志好弗好啦！"

郑老大连声应着："好好好，工作同志，工作同志！"

一顿对白，吸引了一船人的目光。当然，被吸引的也包括"眼镜"和军人。

玫儿走回自己的"位子"，却并不坐下，一身列宁装，英姿飒爽，风吹短发，那活泼的漂亮女生样，引得"眼镜"盯着玫儿侧影细看。不过只一会儿，便低下了头。而严肃的军人却开腔道："是要注意点，要是来个大浪，一晃，你就可能翻落船去。"

"哪会呢！我是海边长大的，我会游水。即使不会游水，不还有革命军人在嘛，你会见死不救？"玫儿迅速应和着军人的普通话，转了腔，声音比土话要好听。

军人淡然一笑："不晓得，看心情！"

"眼镜"饶有兴致地看着两人对话，笑了起来。

"你会吗？"玫儿盯着"眼镜"。

"我，我可能会，不过，我不会游水。"

"眼镜"像犯了错被责问的孩子。

"看样子，我还真不能掉下海去。"玫儿假装泄气地说。

旁边的老头伯瞥了一眼玫儿："小姑娘，哦，工作同志，主要你生了太好看，人家弗好意思救！"

“啊？生成这样也算好看？”玫儿调笑着自嘲。

“没关系，你现在掉下去，我就救，好看难看我都救。”坐在船尾的一个男生头也没抬，大声道。

男生长得很结实，寸头，但脸面上透着读书人的气息。侧面看去，虽然眼睛不大，却有几分坚定与诚恳。那个年头，长相斯文的大多西式头，很少剃寸头，那个年头，年轻男子也很少会跟陌生女子大声搭话，怕被误为坏胚子，搭话的，要么“大辈”，要么小孩。

玫儿瞥了一眼，不敢久视，心想：不管这人是要幽默、还是套近乎，听声音倒非油腔滑调之徒，底子应当实诚。

海浪是大海的王者，它们在大海上随性地游荡，时而高高耸立起来，时而低低地平伏下去，时而一哄而散，时而又聚集一起，好奇而有力地拍打船舷。

船的马达声和海浪冲击声，形成了海上航行的节奏，似乎所有的说话声与笑声都必须迎合这节奏才合理。

船行进平稳。

这时的大海真叫碧海，这时的蓝天才叫碧空。假如不是在波浪中隐现的海平线，不是白云在天上走，又曲曲歪歪地投影在水面，真真澄明辽阔得海天一色无分上下。

老头伯抖抖索索地从包裹里摸出烟袋，站起来走到船老大的驾驶室去避风点火。

彼时的南方人，大都偏内向，并不善于和陌生人搭话，所以，这样的旅途大都任由海浪声和马达声主宰,就像这些声音在替自己的寂寞无聊打圆场。

不过，有了玫儿刚刚引起的笑声和对话，乘客们的沉闷也渐消散。

没了间隔的玫儿和军人，成了邻座：“我看你心情不咋好，家里有事，还是部队里有事？”

“家里，亲人。”

“亲人咋啦？”

“病重。我是请了假回来的。”

坐在斜对面的“眼镜”想插句话，张着嘴，却终究没说出。

“嗯，不好意思哦，我刚才还和你开玩笑呢。”

“没事。”军人脸上略略舒展了点，像要排泄闷气，扩了扩胸。

“或许啊，是你亲人想你想得心切了，或许是要给你找新妇呢！不找个借口，你会回来？”玫儿俏皮的猜想引得军人开心起来。“谢谢你安慰，你这话也不无道理。你是象山人？”

“咋不是呢？要我讲一口纯纯正正象山土话证明证明？”玫儿说完，大方地伸出手，用象山话说道：“我叫程玫儿，是县供销社光荣咯营业员。去宁波进修了半年，准备回来为社会主义更好服务。”

“我叫林海峰。林海乡的。当兵几年了。”

“是中士吧！”“眼镜”终于有了插话机会。

“是的。你很懂啊。”

“看你的服装，我猜的。”

“军帽很好笑，咋一打眼，像国民党的兵呢，不过，你戴，倒好看。”玫儿调笑着。

海峰正了正身子，坐直了，向两位听友说起军装改制的事，说他其实还有一顶帽子，放在包裹里，他自己也喜欢原来有帽舌头的那顶。

在船尾的那位“寸头”起身走来，“你们说得很热闹啊，”就挨着海峰坐下了，“叫我建明，我要去石浦，我是石浦气象站的。”

“石浦？那你为啥不坐去石浦码头的船？”

“我要去丹城报到，汇报工作，那边有我的朋友和老师，好久没见，去聚一聚。”

“眼镜”朝着三位的方向挪挪身子，但两腿还是紧紧地夹着他的包裹。“我叫何可，人可何的何，人可何的可。”

“听起来像绕口令。”玫儿大笑起来，似要笑醒船上一半迷糊中的乘客。

何可腼腆道：“我去县政府报到。”

“哦哟，县里的领导哎！难怪说一口流利的普通话。”

“别这么说，因为我是杭州人，所以，你们说土话，我只能听懂一小半，好在你们普通话和土话夹杂着说，我还不至于像个外国佬。”何可的话又惹来玫儿一阵大笑。

因为意气风发的青春，因为远航的船，因为大海，四个二十出头的年轻人，一旦开腔，便成畅聊，一旦相识，即成朋友。各自身份介绍虽然并不详细，但这无妨倾心的交流。至少知道了各自的姓名，了解了各自的职业或分配单位：何可，去县政府当秘书；玫儿，去县供销社做职员；建明，是石浦气象站的技术主管；海峰，是可能因亲人病重特许来探亲的战士。

海温和，船匀速，马达有节奏地轰响，就如同音乐节奏，海浪哗哗地拍击船舷，海风吹来，清冽而舒爽。

程玫儿翻出一本诗集，是莱蒙托夫的诗选。

这对何可而言，无疑是一个小小惊喜，因为，他也喜欢莱蒙托夫的诗歌。尽管俄罗斯诗人中，普希金的名声更大一些。

“哎，不如请你朗诵一首？”何可提议道。

玫儿见何可的镜片闪烁出真挚热切，环顾了一下四周，便左手执诗集，右手抻了抻起皱的衣角，站了起来。“好，念就念。”

年轻人，易熟。几人身子往前一凑，就组成了一个小小圈子，有了小小气场，有了一种同学聚会的氛围和自在。

“我朗诵的是《帆》，作者，米哈依尔·莱蒙托夫。”

三位正想拍几掌以示鼓励，营造开场氛围，玫儿却早已将手指按在唇上朝他们“嘘”去。

在那大海上淡蓝色的云雾里，
有一片孤帆在闪耀着白光……
它寻求什么，在遥远的异地？
它抛下什么，在可爱的故乡？
波涛在汹涌——海风在呼啸，
桅杆在弓起了腰轧轧作响……
唉！它不是在寻求什么，
也不是逃避幸福而奔向他方！
下面是比蓝天还清澄的碧波，
上面是金黄而灿烂的阳光……
而它，不安地，在祈求风暴，
仿佛是在风暴中才有着安详！

朗诵声在玫儿“难为情难为情”的自谦中结束，自然，三位兴奋地鼓掌，而此时的乘客们，也被几位年轻人的诗兴吸引，有浅笑的，有新奇地注视的，也有轻轻鼓掌的。

海浪声和马达声低了下去。

“好，那你来一首。要与大海相关的。”玫儿鼓动着何可。

“我一时想不起来。嗯，高尔基的《海燕》算不算？”

建明说：“当然算！”

何可张嘴就来：“在苍茫的大海上，狂风卷集着乌云。在乌云和大海之间，海燕像黑色的闪电，在高傲地飞翔。一会儿翅膀碰着波浪，一会儿箭一般地直冲向乌云，它叫喊着，——就在这鸟儿勇敢的叫喊声里，乌云听出了欢乐。”

《海燕》的熟知度较高，所以，当何可念到文末时，三位竟合诵起来：

“暴风雨！暴风雨就要来啦！
这是勇敢的海燕，在怒吼的大海上，
在闪电中间，高傲地飞翔；
这是胜利的预言家在叫喊：
让暴风雨来得更猛烈些吧！”

声音和情绪越来越高，就好像要让海鸥听到，让海浪听到，让悠悠云天知道。

“依照”建明内敛内向的性格，当众朗诵几乎不可能，况且还是在这陌生的船上，在几位萍水相逢的新朋友中间，但“海燕”的情绪鼓动了他，他从鼓鼓囊囊的军绿色包包里掏出一本红色封皮的笔记本，笔记本很新，封面印着“服装展览会纪念册”字样，落款是“中国花纱布公司宁波公司赠”。他翻了翻，有他的日记，也有圈圈点点的草图，有各种数据和计算公式，其中几页是诗歌，他停留在一首标题为《蓝海》的诗歌页面。玫儿凑过去，看着手抄的诗歌：“字写得真好。”建明紧叠双唇、眉耸额顶地赧然收下了玫儿的赞美。

“我没有诗歌细胞，只是偶尔看到入心的，就会记一点。这是美国的诗人艾米莉·狄金森的，一个生前并不被人重视而死后被当作珍宝的女诗人。”

众人喊着好，等待建明的朗诵。

“诗很短的，不好意思。”建明清清嗓子，似乎要以这样的方式给自己一些朗诵的勇气。

“赶紧赶紧，长短不论！”程玫儿急乎乎地催促。

“主要是这首也关于大海，应一下景。”建明还是需要一个小小的开场，就像飞机起飞需要跑道。

海峰开心地笑了。这个建明，还真啰唆啊。不过，这样的啰唆人一定是认真诚恳的，而且还朗诵一首女诗人的诗作，真与他的寸头、壮实的体格不符。这让他想起一个战友，也因此想起部队、想起军营靶场、想起墙上的标语、起床号声……

我的河流涌向你，
你肯收容吗，蓝色的海？
我在等待着你的回答呀，
啊大海，你多么慈祥、博爱，
我要从污浊的沟壑
把一条条溪流引过来
说啊，大海，
说你允我扑进你的胸怀。

“真的很短哦！”何可笑道。

“这比床前明月光疑是地上霜总要多几个字吧。”建明辩解道。

“请允许我扑进你的胸怀，真好。”玫儿自言自语着，瞬间又转身对海峰，“该你了。”

这时，一艘蛮新的木壳帆船从右舷方向驶来。黑色的船身，红白镶边，船头画有一只眼睛，眼睛上有一抹绿色的眉毛，煞是好看。

海峰朝越来越近的船努努嘴，“知道船上的眼睛是什么意思吗？何可。”

何可摇摇头。

“那我就讲讲船眼的故事，就当诗歌朗诵，好吗？”

大家都说好。

“喏，这条就是绿眉船。船眼上的一抹绿色，就是它的眉毛。

“在象山啊，大小船上都画有一对白边黑乌珠的船眼睛，我们看到的是一只，对称的另一边，还有一只，这眼睛看着很有灵气吧。一只眼看天，一只眼看海，看天的能知晓天气变化，风云变幻，看海的呢，能知晓海上的情形，知晓海浪的变化啊，鱼群的动向。这是鱼的眼睛吗？不是。相传很早很早的时候，有个捕鱼的老大叫周一郎，周老大有个女儿叫海囡，长得很漂亮，可惜海囡的母亲得病后无力医治，死了。父女俩就只能相依为命。不过，日脚倒也马马虎虎将就能过，虽然清苦简朴，但也与世无争，安耽平静。有一天呢，周一郎在有个叫猫头洋的海域里捕到一条鱼，样子有点古怪，不像寻常的鱼的样子，周老大多年捕鱼，算是很有见识很有经验了，也从没见过长相这样的。怎么古怪？我也不知道，反正就是古怪。周老大把鱼捧在手里看个仔细，发现这条怪鱼长着一对很灵秀的眼睛，却一直在流泪，好像在说，离开大海很伤心，流出的眼泪，像宝石一样美丽，在阳光下折射出五颜六色的光影。”

绿眉船渐渐远去，桅杆上飘扬着红底黄边的两面三角船旗，一面写着“一帆风顺”，一面写着“金银满舱”。何可一边听着故事，一边扭头看着远去的船影。在一望无际的蓝色大海上，苍天白云，驶过这么一条色彩丰富的渔船，真是美景难得。虽在海报和画报上偶尔见过，但都没有实景更令人舒心畅意。

“这船旗叫定风旗，它既是船上的装饰，也是海上的标识，更重要的，它是渔民用来测风向断风级的神助手呢。象山有好几个地方像南田那边都有造船的，以后有机会我带你们去走走，船身上全是故事呢，到时候一个个给大家讲讲。”海峰看到何可有点走神，就顺着他的眼光解说道。

“快快快，往下说往下说，别到时候到时候了。”玫儿兴奋地催促。

何可回过神来，“对对对，往下说。”

“海囡说，这眼泪好看得出奇，我哭的时候咋就流不出这么好看这么神奇的眼泪来呢？周老大看着女儿出神的样子，就大笑说，这还不容易啊，喏，我把这鱼的眼泪抹一点到你眼睛上，就算是你流的眼泪好了，不过呢，我希望你抹了这个眼泪啊，就不要哭了，只有开心。海囡说，好吧，我不哭，阿爹你抹吧。周老大想，鱼的眼泪是最干净的，而且这么神奇美丽的眼泪一定是祥瑞的东西。于是嘴上念念有词，祈祷生活如意，打鱼顺利，女儿长大能嫁个好人家。然后他把怪鱼放归大海，而把手中留下的鱼眼泪抹到女儿眼睛上。海囡微闭双眼，一股清凉的感觉渗进眼睛，像夏夜的微风，像放进薄荷的木莲冻，像发烧时母亲沁心抚慰的手，反正，感觉奇妙极了。当海囡睁开眼睛的时候，你们猜，她看到什么？什么都看到了，能看到海底，能看到云上的云，能看到哪里有暗礁、哪里有鱼群。周一郎真是开心得不得了，以为海囡跟他开玩笑呢，但海囡一指点，每次都预知好天气，每次都避开恶浪，每一网撒下去都能网到比以前多得多也大得多的鱼。日子很快就好起来了。周一郎和海囡想，好日子要大家一起过，出海时，总会带着穷乡亲一道。于是，海囡坐镇船头，指引众渔家撒网，真是网网有鱼，潮潮满载啊。此后，渔民们都过上舒心而富裕的日子。”

海峰说着说着，声音也高亢了起来。吸引了好多乘客往“说书人”倾侧过来，在几个孩子和他们的爹妈身边，还有一位三十多岁中等个头的男子，身上斜背着草绿色帆布包，包的盖面上印着褪了色的“舟山”俩红字。

“但是不多久，消息传到当地的一个渔霸耳朵里，觉得这么好的事情应当他独占独享。渔霸就仗势欺人，抓走海囡，硬说海囡不是人，是海妖，为逼迫她说出眼睛的秘密，就把她关进土牢，不给吃喝，不让睡觉。海囡想起渔霸作恶多端，欺凌弱小，宁死不从。当父亲周一郎去探望她时，她毅然决然地抠出了自己的双眼，并请父亲速速将两只眼睛安在船头。周一郎悲痛欲绝，看着没了双眼的女儿，真想一死了之。海囡说：阿爹，速速去吧，否则啊，我这眼睛白挖了。今生养育之恩无以报答，这双眼睛算是女儿的一份孝心吧。周一郎只能悲痛欲绝地藏好眼睛，奔向渔船，并把眼睛装在了船头。后来，就形成了一种习俗，也是一种信仰吧，所有新打的渔船都会画上这两只眼睛，观天测海，期盼丰收。”

“讲完了？”大家愣了神，心有不甘地等着故事还能继续，虽然这明显是结尾的句子。

“讲完。”刚才变身为滔滔不绝说书人的海峰，故事一结束，又恢复成军人的严肃样子。

“真是一个凄美的故事。以前听东门岛上老人说起过，但没你说得那么感人。”玫儿说。

“我觉得是个残酷悲凉的故事，凄而不美，听了心里绞痛。”建明说。

“说不出来，说不出什么感受，反正堵在胸口，很美好的难过，很神奇的残酷。我想啊，海囡和渔霸就没有更好的选择吗？就没法皆大欢喜？

一定要采用这种鱼死网破的悲戚方法吗？”何可自言自语。

“唉，海峰中士，你这么一说，害我以后都不敢看那渔船上的船眼了。我宁可相信或者认为这是鱼的眼睛，而船是一条大鱼，大鱼吃小鱼，大鱼捕小鱼，感觉会好受多了。”

伤感的玫儿，声音越说越轻了。

第二章

走到县城

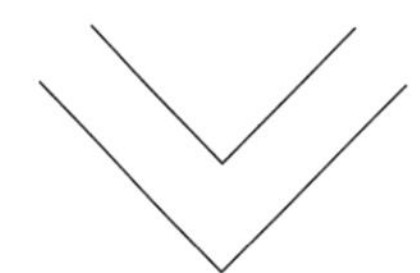

太阳已经西斜。

海水浑浊起来。远处隐隐约约有山形呈现。

作为浙江东部半岛县，也作为宁波下辖县的象山，在一九五六年的行政区划上却属于舟山专区，所以当年的地委就设在舟山的定海。

从水路上看，象山交通不算闭塞，因为漫长的海岸线，也就有了众多的码头资源，西边，有白墩码头，东边有西泽码头，南边，有石浦码头，还有一众较小的可供渔船靠泊的码头。很多南来北往的船也会来石浦港等码头歇息，补给淡水，增购食物。但是，县城设置在丹城，到了码头，比如离县城最近的白墩码头，还要步行十公里以上，才能到达县城，假如从石浦码头到县城，更久。陆路比较糟糕，要出行，往往要翻山越岭，而且那时候道路基本以人畜行走之路为主，鲜有汽车行驶，所以交通也就“基本靠走”。

不过，就世代安居于此的人而言，象山无疑是一个稻花香鱼虾欢的鱼米之乡，宜居之所。有山倚靠，有水环抱，气候相宜，四季分明，在象山的中心区域，有南庄平原八十多平方公里这么大一块金黄粮仓，年年供给着丰足的粮食。而县域内，河道纵横，湖塘众多，山林植被也茂密丰沛，所以，只要不是特别的洪涝干旱的灾年，这里完全算得上江南好地方。

玫儿兴奋地叫起来："快到了，同志们！"

何可应声而起。对第一次乘船航海的他而言，除了新奇，还有震撼，这完全不同于他泛舟西湖，摇橹运河。他兴奋地挤过驾驶舱与船舷的通道，站到船头。

迎面的海风吹来，真叫人心旷神怡。淡水有水腥气，海水，直接就是腥气，不过，闻久了，咸涩涩的风却有着令人舌尖泛潮的风味。何可深深地吸了一大口，像要留住大海的记忆。他听着船头豁开波浪的声音，感受劈波斩浪的速度感。他回首望去，阳光斜斜地照在驾驶舱上，而舱板上画着的帆影、海面、起伏的山形，还有海面上一轮有点褪色的红日，夕阳一抹，煞是好看，真实的大海和画上的海洋相映成趣。

解放前的船饰画，大多神仙菩萨，比如哪吒脚踏风火轮，八仙过海，比如南海观世音菩萨，或者威风凛凛的关云长、武松一类人物造像，解放后，被当作封建迷信，就慢慢涂抹掉了，请当地的渔船画师画上些海上日出、勤劳勇敢捕鱼忙、人欢鱼跃丰收满仓之类的画面，倒也透着些热闹的时代气息。

汽笛长长地响了三下，沉雄响亮。

随着船慢慢地横过来轻轻触碰码头，船老大甩出船绳跳了上去，将船绳在码头的船桩上绕了几圈。副手将搁置在船头的两块跳板安放在船与码头之间，一手拉缆绳，一手搀扶乘客，船老大在岸上接应，乘客们一个个小心翼翼地踏上跳板，陆续登岸。过船板时，玫儿蹦蹦跳跳像跳皮筋，何可战战兢兢像走钢丝。

四个人俨然成了朋友。

“我们都去县城，还能再顺路一段。”玫儿说。

“我到丹城后就直接回家，丹城到夏渔还得走个把钟头。”海峰说。

“是啊，这里是白墩码头，距离县城还有两个来钟头的路程，阿拉边走边说吧。”建明提议道。虽然他也和大家一样，坐船坐得腿脚发麻，不过，再不赶路，恐怕都赶不到夜饭点了。他想起前几日还给他的初中老师报备过行程，说不定，老师还烫好了一壶米酒呢。虽然他并不喜欢喝，但喜欢看老师喝酒的样子，一喝酒就觉得人生完美，一喝酒就天南地北，一喝酒就不把他当学生而是当朋友当兄弟。不过，在建明心中，这位魏姓老师，更像是他的精神支柱。

大家系好行李背包，把绑在胸前背后的绳子都捋顺了。

“你们是……哪位是何可同志？”走过来三位年轻人。

“我是。”何可看着走近的高个子。高个子不胖不瘦，足有一米九，这么高的个子这年头南方少见，除非东北人，但这人却说着一口舟山口音的普通话，笑眯眯地，令人信任顿生，虽然个子高大，总是会给人压迫感，但温和的笑容和诚恳的态度，把人际间的距离和个子高矮形成的视觉落差给缩小了。

高个子伸出他的大手，热情地握住何可，“我是县里派来迎接你们的。我叫竺华定，叫我华定好了。”说完又指了指身后的两位，一个是剪着短发的姑娘，不高不矮，真诚而矜持，一个男的则瘦小精干，笑起来有点僵硬，或者说比较紧张。玫儿看见那个女的，就想大喊起来，那女的用手捂住嘴巴，做了个“别出声”的表情。然后一本正经地走到玫儿身边，说：“我是新华书店的，有凤，有没有的有，凤凰的凤。你一定是程玫儿同志吧。”

“是的，有凤同志。晚上我要流落街头了，看样子，要睡你那。”玫儿也一本正经地说。

“不用不用，我们安排好宿舍的，程玫儿同志。”华定俯下身来，连忙向玫儿解释，好像大哥哥在安抚懵懂又娇气的小妹妹。

“你们想得真周到。”

“也不是我们，主要是县里的领导，沈鲁副书记、俞副县长、徐主任他们都关照过，玫儿同志，你不用担心。”华定一板一眼继续俯身说道。

终于，两个年轻女同志再也憋不住，相视着喷笑出来。

原来她们两个，去年就在宁波认识了，那时候，有凤是宁波书店的职员，而在宁波读书的玫儿则是书店的常客。两个人都有着齐耳的短发，相等的个子，爽朗的性格，年纪也差不多，有凤二十三岁，玫儿二十一岁，不同处无非是：有凤带着更多不让须眉的干练和豪气，已经剃成短发，犹嫌麻烦，在右侧又束起一缕，而玫儿虽然爽朗开心，但更多点浪漫的幻想和被有意无意隐藏的女孩子的娇羞。她们两个经常一起逛街，虽然也没买什么，最多是去布店看看花布，在街边买一支白糖棒冰或者几分钱的桂花糕之类，也会跑到月湖边上看人钓鱼下象棋，看那些骑着自行车的，挺胸板腰，帅气又威风。倒是闺中密语讲了不少，尤其一讲起身边那些傻呵呵的男子，就开心得跳脚。数次相聚，便情同姐妹。

边上内心忧郁、表情严肃的海峰，和个性沉稳而总显得缺欠幽默和快乐的建明，都被这见面的场景感染，也笑得前俯后仰，差点被脚下的石块绊倒。

华定也笑了，这位文才了得的高个子，在两个姑娘家的促狭里深感智商晴转多云。

何可本想正规正经正式地介绍建明和海峰，被这两位“姑娘儿”一闹，就噎回了介绍词，直接道：“这，建明，气象站的未来专家，或者，就是专家。”又指着海峰，“这位，老家在夏渔，中士，林海峰同志。”海峰“啪”

地两腿一并，朝几位前来接风的人敬了个军礼。军礼是远比握手更具仪式感的一种见面方式。这让大家一下子“庄严肃穆”起来。

华定欠了欠身子，请大家启程。发现前面一个已经走出百余米的男子正掉回头走来，一边还朝华定挥挥手。

“哎哎哎，励乡长啊，凑巧凑巧啊。”

大家一看，这不就是海峰讲故事时挪近的男子？那个挎包上印着褪色红字的男子嘛！

于是大家就都合成一群，边走边聊。

大家说遇到励乡长很凑巧，同船渡，有缘人，而励乡长则当着华定等接待者面前直夸同船的四位。说他们又有青春朝气，又饱读诗书，又为人诚恳，又见过世面，分配到象山来，真是给象山增添生力军了。说自己在宁波开手工业户的改造会议又赶到定海参加农业合作社取经汇报会议，说下个月还要去嘉兴参加双轮双铧犁的现场推展会，很忙，很累，但一点不觉得苦。

何可等几位听了励乡长的赞扬和叙述，心里自然洋溢起一股开天辟地战天斗地旧貌换新颜的豪情来。尽管脚下的道路，有石块拼接的路，有石子铺成的路，也有黄土夯出的路，一段坑坑洼洼，一段相对平坦，一段弯弯绕绕，一段又显得笔直开阔。有了青春和豪情，物态带来的艰困、身体遭受的艰辛都是可以克服的，而且，在被饱满的激情鼓荡起来的日子里，一切困厄与贫乏，有时会转化为一种前行的动力和饱满的回忆。

当然，谁愿意吃苦呢？在必须坚持的吃苦中，人们是需要精神力量的转化来支撑岁月压迫的。这也是人类独有的伟大和高妙之处。

在这“交通靠走”的年头，汽车绝对是稀罕物。在码头至县城的路途中，近两个小时的行走，只见过一辆小车。

过路的，大多是挑担的步行的，有牵着水牛往家赶的，偶尔也会遇见几头黄牛在土路上走，后面跟着背囊鼓鼓的牛贩子。这些牛贩子往往也不是专业贩牛的，而大多是自家蓄养了几头，等长得足够壮实，就赶到牛市场去卖。一个牛贩子只要蓄养得当，而买家也不是黑了心压价，所得基本可以供养一家人的生活。

也会有稀稀拉拉的独轮车经过。要是有一辆汽车开过，等同于现在去现场看西昌卫星发射升空。不用说那时，之后的二十年，看到有小车开过，一般是军用吉普车，俗称“小包车”，也是稀罕事。

南方的浙东渔村，不像北方村子，路上有马有骡子有独轮车，可以“骑驴看唱本”，所修的路不是为车子，是为人走路用的。养马费钱，不能像牛一样犁田，而养牛，就为了犁田，不舍得干活累了一天还当马骑，所以，放牛娃最开心的是可以骑牛，因为人小，能优哉游哉。这里，走路，就是王道，古人说的行万里路，那可是真正的行路。不过，旧社会有些富贵人家，往往也会备上一两顶轿子，有轿夫可以临时雇佣。绕了小脚，走路不便，或者天足的有钱女子，就坐轿子。

华定俨然是“老象山”了，边走边介绍：两边的行道树也是种类很杂，有杨树，苦楝树，夹竹桃，也有冬青树，有泡桐树，到了很多村口，往往有生长百年甚至几百年的大樟树。

一路行来，何可感觉又累又新鲜。他的挎包外挂着白色的搪瓷水杯，把柄穿在带扣上，和包边的铆钉轻碰，一步一摆，不规则地发出叮叮的声音。

“小狗铃铛。”玫儿笑了。

何可愣了一下，也笑。

此时的农田，刚刚度过冬季，还是肃杀多，生机少，但田里的杂草已经恣意地生长出来，田头地角，沟渠河道，最早报道春的消息的，不是名贵的花木，而是那些被人鄙视和唾弃的杂草。树枝上，也大多开始返青，枯黄的黑硬的枝杈，嫩芽迫不及待钻出来，开始用身体的舒展点缀孤独受冻一个冬天的枝丫。

过一个多月，就能看到弯腰插秧的农民，田里的水白云倒映，绿色的秧苗把白云一行行分开，远远看去，就像绿色插在云里。再过一些日子，那些坡地和干田，可以种上各种瓜果，比如西瓜和黄金瓜、香瓜，山上种有桃树，茶树，有的盐碱地则大面积地种植棉花等。春天将尽的时候，田野上就会盛开大片的油菜花。也有小块地会种植芝麻、向日葵。水芋葱茏，荷花娇艳。总之，一年四季，绿色黄色黑色灰色，各种颜色在山野和田地上变化。

自然，作为农人是无心欣赏这些的，他们看天吃饭，关心的是丰年还是歉年，关心的是地上长出什么来，一家老小的生活都依靠大地的供给，靠着老天赏饭。不过，在浙东，由于田地肥沃，山林茂密，只要勤劳和安排合理得当，总不至于饿死冻死，海洋性的气候保障了这里的人们不用太担心气候变化季节更替而造成的灾荒与贫弱，而大海给予人类的，更是丰富而鲜活。

一路上，开心是主旋律，众人探讨着青春的话题，未来的憧憬，工作的向往，以及对象山这片土地的好奇。众人走得很快，不说大步流星，也算得三步并作两步。对海峰来说，野营拉练，部队的常规动作，即使荷枪实弹背包铺盖地急行军，也十里八里不在话下，但对何可而言，确实算是一场考验。他开始喘着粗气，不断地抓空前胸的衣服，以散热扇风给自己鼓励。有风斜了一眼何可，心下笑道，不如我一女的。她侧转身：“要不我帮你背一会儿？”没等何可回话，玫儿就抢过话：“到乡下来，就该吃吃苦，练练身板啰！”何可用杭州话音喘着道：“对滴。”好像不是别人在玩笑他，而是他在评判他人。

晚霞开始在西边飘满。

假如能在黑夜降临前到达丹城，那么，站在白姆岭上，回看夕阳满天，往下俯视，一个河道纵横黑瓦绵密的江南山城就会呈现眼前。再极目远望，是平整开阔的南庄平原，此时，早稻尚未插秧，看上去还不是绿油油春色满目的样子。但这不重要，山城植被丰富，杂花生树，草色遥看也如画，有的稻田是干的，有的稻田却积满了水，水面上，白云飘浮，假如换个角度看，一定也是彩霞漂浮，这大自然的画作，这江南小镇的灵气，足以让人欢喜。

竺华定看着众人忘情开怀的样子，想起了他自己初到象山时的情状。他自豪地说：“你们往上看，这就是象鼻山，可惜这里看不出什么，要是到南庄平原上去回头一望，那才叫‘形似伏象’，要是爬到山顶上，有千乂岩，这条小路上去，有个叫石屋的，是这里的古迹。相传啊，这里来过南朝的陶弘景，史书上称他是山中宰相，他在这里炼丹修心，从这条路往下，有口井，叫丹山井，很仙，大家都会来这里打水，水清凉甘甜，喝了这井水，说是百病消散，真真是神奇。”

当然，比起其他在此生长或在此工作多年的几位，当算何可最是好奇，谁叫熟稔磨损了新奇呢。

黑夜降临。借着天光，众人紧赶慢赶，终于到达能俯瞰丹城的白姆岭。可惜，除了星星点点的暗淡灯光，更大面积的是黑，无边的黑。

华定怕何可会有小小失望，立马高声道：“哦，主要是夜黑了，要在白天，乍一眺望，真是好看。”

他掏出背包里的手电筒，走在前头，又时时回过身来用手电光给大家引路。

华定的细心也感动了大家。

何可和两位女子想必是走得累了，鞋底蹭着路面，塔拉塔拉响。有风提议在这坐一下，歇一会。

大家连忙同意。

华定不失时机地又指着前方的灰黑：“这片广袤的土地，就是象山最大的粮仓，我们叫南庄平原，面积有八十多平方公里。可以说一马平川。到了播种的时候啊，遍野绿色，一派生机；到了七八月份夏收时节呢，十万稻浪，金黄金黄，交关交关壮阔。平原的尽头就是门前涂，就是海边了；冬天辰光，雪一落，满世界白色，我到这里看过雪中的县城，真是好看足了，就像古诗里写的，哦，我不说了，有点掉书袋，哈哈。反正我无法描述。”

何可问：“左边，山那边呢？”

“左边，被山挡住了，是爵溪，这个乡也是很有意思的一个地方，大家以后慢慢会了解的。”海峰抢过话头说，“我家就在田野的尽头，林海乡，夏渔村。站在我家的方向朝这里看，那才是看象鼻山形似伏象的最佳角度呢。”

玫儿开心道：“不许耍赖，选个黄道吉日，我们大家一起去你家蹭饭，去看伏象。来来来，拉钩！”

“不用拉钩。我是军人。”在夜色的灰黑里，海峰看到玫儿的眼睛闪出调皮的光。

众人一致表示，要去蹭饭，去看伏象，并说军人的话就是军令状，说过比拉钩更可靠。

第三章

首次下村

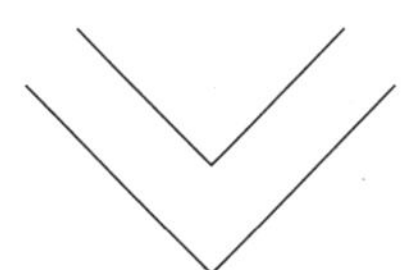

一切都是新鲜的。太阳是新的，时间是新的，空气也都是新的。在这批年轻人的内心里，鼓荡着彩虹般的光影和绚烂，血液里涌动着工作的热情和对生活朦胧的理想。

他们像欢快的鸟儿一样，飞进他们的巢穴，散入了各自的工作单位。

他们开始认识各自单位的领导和同事。

他们也相互通信，在信中互相反映各种情况，交流各种心得，有关社会的、单位的，以及理想、人生与挫折、困惑等。生活，正以各种色彩和姿态扑面而至。

虽然远离了省城，何可依然留着城市青年的派头。

他最喜欢穿那件深灰色的中山装，每当合上风纪扣、使得领子挺括紧箍脖子的刹那，总是倍感精神、帅气十足，也充满了“工作同志”的职业自豪感，这让他走路、落座，甚至谈话、帮领导和自己倒开水都透出一种规范又严谨的气质，他喜欢自己略带矜持的状态，喜欢自己拥有这样的气质，尽管环境并不处处匹配着他的这种内心节律和礼仪。他觉得，父母教给他的生活理念是正确的，衣着始终保持挺括和干净，即使在冬天的衣装包裹的臃肿里，依然应当不忘梳理。小时候，他记得只要不是天气太热，父亲出门时总会加披一条灰色围巾，或者在衬衣之外套上一件西装马甲。

渐渐地，何可感觉到这样的自我要求和装束理念，并不总令他人欣赏，在象山待得越久，也越不自在，到乡村工作，去入户走访，人们的眼光尊重里有异样。

尤其当他看到乡村里环境的脏乱差、粗鄙的言语、以脏话和器官骂人、直白的色情笑话、野蛮的动作，就感到满身满心的不自在，甚至厌恶。虽然在此地也有些时日，和村里的男女老幼打交道也非一次两次，他也能感受到这些不自在和厌恶的背后，往往也有无奈甚至苍凉的悲苦，但这切不断他内心深处依然掩埋着的鄙视的根须。

唉，且将就吧。生活，把他甩到了这里，或者说，是他自觉的选择，安排出这样的生活，他将在这里打发他的时光或发挥他的作用，在此，要吃喝拉撒，要穿暖住稳，还可能在此娶妻生子，在可能的空间里要么浑浑噩噩虚度生命，要么寻求梦想，得到人生的价值升华。

他也希望不必如此泾渭分明地去看待世界，在经历一段时间的乡村生活后能适应和习惯。人与人之间或许存在着三六九等的不同，但应当不是人格和生命本质的不同，是认识世界、对待世界和看取自我的区别，尽管内心层次常常会模糊起来，像走在迷雾中的人，即使一马平川，还是犹豫着不敢大步向前，怕一条树枝横斜出来就可以阻拦自己，一块小石头就可以绊倒自己，一个小小的坑洼就会有沉溺的惊吓。

不过，他庆幸遇见了徐坤主任。

徐坤比他大几岁，二十六七岁的样子，做事说话却给人很强的信任感。他是本地人，读完初中参加了工作，经验丰富，始终保持着超越年龄的宽容和温和，虽然长得不算英俊，但厚道的底子里透出的斯文和智慧，给人一种亲和的能量和人格的魅力。

尽管高中毕业的何可学历比徐坤要高，还是暗暗将徐坤当作自己效仿的榜样。领导和同事看重的永远是工作经验和办事能力。

徐坤平时看似不经意的一些提醒，也往往会让他感到醍醐灌顶。有次下乡走访调查，何可整肃妆容，完全像个政府人员一样准备出门，而徐坤主任却换好了一套行头，草鞋，笠帽，衣服还是那套洗得发白的中山装，却敞开着扣子，身上斜背着一只草绿色军用水壶。

何可不解。徐主任为什么这么一番装束?

徐坤淡然一笑："今天下乡，估计要走几十里路，草鞋嘛，喏，我鞋面上垫了一块布，这样走起来，脚就不会起泡，笠帽呢，因为乡村里有时都没有躲避太阳日头和下雨的地方，可以遮阳挡雨，水壶呢，你要是走上几里路就晓得这是必备的。"

何可恍然大悟："原来不是装给村民们去看的啊！"

说完，何可觉得有点失口，怎么可以用"装"这个字呢？正懊悔，徐坤淡淡一笑："基本上是为了实用，不过，有些装，也要的，村民大多都穿草鞋、布鞋，很多还光脚，如果我们一身机关干部模样，也会有距离。虽然，我们有工资，条件比他们好一点，不过像样的鞋子也就一两双，几十里路一走，也就没鞋子穿了。我们毕竟要经常接待客人、参加会议或者出差办事，穿得破破烂烂，也不好。"

何可惭愧地说："那我回去换衣服。"

徐坤摆了摆手，说："这次就不用了，我办公室有一双老布鞋，还有个水壶，你换上。今天天气好，估计也不会有大太阳，不会落雨，你要是去宿舍换衣服，来来回回至少一个钟头。时间紧，走吧。"

何可满心感激，跟着徐主任出发了。

路上，徐坤会毫无保留地把一些工作体会与经验告诉何可，比如走访乡村为什么重要，为什么要放下架子放低身段，党和政府的政策只是纸上的，是要靠我们这些人的宣传和执行，才会变成生活中鲜活的方法和道理，如何执行才是有效的有力的，而不是粗暴的生硬的，执行不好，好的政策也会变成坏的指令，执行得好，有时候并不十分适合各地情况的政策，却也会激活起来，变通得有利起来。“当然这靠大家的智慧，本着立身为民的宗旨。我们这些人算是读书读得高的，理应比一般的群众甚至干部们多思考，多起桥梁作用。”

何可发现徐主任走路生风，步履矫健，言谈之间，大气不喘，感到自己就像一个落伍的小兵。他努力跟上，“是啊，我发现我们的群众文化程度真的不高，干部里文化程度高的好像也……”

徐主任道：“不是不高，是很低。我们县里，文盲占到了百分之八十以上，八十以上啊，你看看，我们县政府里基本上都读过书，至少读过一两年私塾或者读过几年小学，不算文盲了，读过书的，大多已经到各学校啊机关啊还有需要用到知识的单位部门去了，那么，农村里，读过书的，是不是更少？文盲的比例是不是更大？”

“是是是。”何可喘着气连声应道。

“你看啊，前几年的一份全国干部学历情况百分比是这样的，全国有两百七十一万多干部，有大学文凭的只占到百分之五点八，高中的占到十一点九，初中三十四点五，小学以下的占到百分之四十七点八，这是全国的统计数字，大城市里的高学历比例肯定要比县一级高很多吧，所以，在县一级，高学历的一定更少，小学以下更多，很多村主任乡干部都还是文盲，我们县里的政策文件发下去，有的村干部都看不懂，要去找村里会识字的读给他们听，以前土改的时候啊，派去丈量土地，有的不识字，常常把几个阿拉伯数字都写错，只能靠画鸡蛋画鸭蛋来计数的也有。面对群众和工作同志这样的文化水平，这样的工作格局，我们的压力很大啊。小何，像你这样高学历的同志，我们县里太需要啦。我们没有退路，无法逃避，只能扛起来。”

何可惊叹于徐主任对数字的记忆。这样的数字详述，使何可感受到工作的压力，而压力，又像一股暖流瞬间激荡全身，也瞬间驱散着曾经有过的一些迷茫之雾。这里，需要他，生活和工作，需要他，他所面对的是一个需要改造的世界，是一个大有用武之地的世界。

“徐主任，听君一席话胜读十年书啊！”何可真诚地说。

“别乱拍马屁啦，我这里，不适用。”徐坤笑道。

“我真心的。”

“你读书比我多，以后也不吝赐教哦？”

“主任笑话啦，惭愧惭愧。”

“所以，对于群众和一部分干部的方式方法，是不是值得我们思考呢？”

日头越升越高了，前面的村落隐约可见。徐坤步履从容而快捷地走着，何可则努力地跟上，身上的水壶重重地拍击着他的胯部，这时，才感到口有点渴。

徐坤虽然走在前头，但似乎长着后眼：“小何，口渴了吧？”

“有，有点。”

“哈哈，我们走路习惯了，走个十里二十里路是常事，你呢，城市里下来的，不习惯这种路，脚高脚低的，肯定又累又渴。要么前面凉亭休息一下？”

徐坤手指着左前方。果然，行道树的掩映中，有一座四角凉亭。

凉亭是村道上所有行人的驿站，可以躲雨，可以遮阳，可以歇脚，来往的过路人最愿意看到的，一是水源，二是凉亭。有的村民，还会挑些吃喝的来卖，冷茶啊，木莲冻啊，自家地里种的水果啊，自家做的糕点之类，价钱，也是十分便宜。

今天凉亭里没有往来的人。

这里的凉亭以四个角的居多，六个角八个角的，叫六角凉亭八角凉亭，就像驿站，角越多，站头就越大，不过也不一定，有的纯粹是美观起见，村方上有的地主士绅出钱多，就建造得美观和高大一点。一般的凉亭都是三面有墙，墙上挖出大大的方框当窗，考究点的装上石窗，窗饰是各种传统纹饰和民间故事图案，朝向路的一面则无门无窗。有的凉亭还会请人题写匾额，取个雅名，廊柱上请人撰写对子，柱体涂漆，文字鎏金。不过，因为常年风吹雨刮日头曝晒，不几年就陈旧不堪斑斑驳驳了。

两人就此歇息一会。

徐主任大步跨进，一屁股坐下，并解下笠帽当扇子。何可也在徐主任对面的石条凳上坐下，忽又站起来，俯身吹了吹石条，并起两根手指在石条上轻轻刮了一下。

徐坤笑了笑，仰脖喝下一大口水。

休息了一会，徐坤提议赶路。

何可起身，被微风一拂，感到活力充满。

“你看，这左边是南河，河里有很多鱼虾螺蛳哦，也有很多青蛙水蛇，有时那些钓鱼的，还会钓上个鳖来。你有兴趣，以后跟人来钓鱼吧。你会喜欢这条河的。前面横的那条小一点，不过水很清，岸边的水草很茂盛，对不识水性的人来说，这样的水草是致命的，因为你看着是岸，是路，实际上只是茂密的草，一不小心就滑下河里去了。”

“徐主任，你会游泳吗？”

“会。我们海边的人识水性的多，再说这里河浜交错，从小我们就跑到水边去玩，玩着玩着就会游了。”

“那我也要学会游泳。”

“哈哈，好啊，入乡随俗，游泳也是一项技能，会游泳，能保命哦。”

说着就到了横河边上。

“这水草真茂盛。这叫什么草？”

“空心莲子草。这里俗称‘革命草’，也叫水花生，有的叫空心苋、过塘蛇、水蕹菜、螃蜞菊啥的。从前没有这个草，是外来引进的。原产是巴西。一九三零年传入中国。侵华日军将其引种至上海和阿拉浙江，用作喂马饲料。这个草啊，繁殖力很强，有点药用价值，不过，这草有点你死我活的特性，就是有了它，就没有其他植物活路的意思。你看看，这岸边水里，全是它的天下。有人说这是盖闷草，连水面都给盖住了。据说有个领导发现这是一种革命精神，又可作为养猪的优良饲料和绿肥，搞农业革命，所以就盖闷盖闷叫成了革命革命了。”

“有趣。长知识。”

“以后学会了游泳，也不要去碰这个水边的霸王草，被缠住，麻烦。”

越过小桥，一个大村落就在眼前。

村子一部分是茅草屋顶，一部分是瓦片屋顶，几乎没有两三层的高屋。有几家已经冒出了炊烟，不知做的是早饭还是中饭。

徐主任好像看出何可的疑惑，就说：“做的是中饭呢。农村人早饭吃得早，有的早上五六点就吃了，吃了就到田头去做生活，这里的人说做生活，就是干活的意思，九点十点就回来吃饭，叫早昼饭，吃完了，再去田里。要是农活多，就干脆带上饭包，不回屋里吃了。”

说的是闲话，走路的脚步却一点不闲。很快，就见到不远的村道口，一株大树泰然坚定地伫立着，大树下，有几个小孩在追逐嬉闹。

这是浙东乡村里常见的樟树，不过，这株大树可是见证很多村民祖宗八代的“长者”，据说有两百年树龄，约种植于清朝乾隆年间，树冠宽大，像一把巨大的伞，也像一个巨人，守护着这个村庄，更像一座植物的凉亭，给人们带来歇息的处所，令人有一种被庇护的安全感。所以，也算是本地的树神了。路人，货郎，会在这里歇脚，甚至村方上有什么小道消息传话闲聊，都会在这里发布，像一所敞开的村民会所。

刚到树下，就有孩子跑进村舍去报告大人，“有人来了、有人来了。”孩子们看见陌生人进到村子里来，总是既好奇又开心。

稍后便有几个村民从屋里迎出来。一村民匆匆上前：“你们找阿谁？”

徐主任说：“我们找村主任东明。”

“哎哟，原来是徐主任。”认出了来人的村民，转身跑进村去。

何可纳闷，打个招呼就跑，这是为何？

等了一歇歇，茅屋瓦舍里都涌出人来，有光膀子的、赤脚的大汉，有抱着孩子或正在纳鞋底的妇女，徐主任徐主任地喊着，像见着亲人。

何可这才恍然，原来那村民是去通知人家，徐主任来了。

“东明，东明，徐主任找你。”随着村民的喊声，呼哧呼哧挤进一年轻人，很壮实，眼珠有点鼓，嘴唇有点厚，脸面有点黑，留一头短发，比寸头长，比西式头短，上身是灰布衣，半敞着，下身一条束着裤脚的黑裤子，估计三十不到。两只手从人堆里伸进来，徐主任也伸出两手，握住，摇了摇，然后将何可和村主任东明的身份各自简短介绍了一番。

东明连忙在徐主任那里撤出手，用同样热情的方式去握何可的手。何可正想伸出双手，水壶从肩头滑了下来，只得连忙用左手抓住水壶挂绳，歪斜着身子伸出右手，他自觉样子有点尴尬。东明只顾大声喊着“快快快，领导领导，到我屋里坐坐”。

“不用了，我们今天要走好几个村呢，除了你们夏渔，还要去尚渔、杨家、李家……这样吧，我们先到秀英阿婆家去坐坐。她身体还健否？”

“健咯健咯。”东明不再客套，趋前带路，直往秀英阿婆家去。

在一段夯土路一段碎石路的村道上，一群人簇拥着走。

何可突然想起，夏渔，这不就是海峰家的村子吗？“同船渡”的几位不是曾经有约，要一起去海峰家蹭饭，一起在夕阳中看伏象晚照吗？脑子里一下就浮现建明、海峰、玫儿那些同船的伙伴们，还有励乡长，郑老大，华定，有凤，浮现着大海沉雄的波涛和船舷边飞溅的浪花，相向而行的帆船，若隐若现的岛礁，海风吹过耳畔的舒爽，朗诵的诗歌像精灵在空中飞舞，白云倒影，鸥鸟飞翔。

出了秀英阿婆家的门，就跟东明招呼着准备赶往另外几家，门外的人群基本散了，只有孩子们永不疲倦，在门口追追逃逃地玩耍。

一个长相姣美清丽的女子，慢慢地走过，估计三十不到的年纪。何可觉得有些奇怪，在这样的村子里，竟然也有长得如此出彩的女子。

东明热络地在前面引路，却始终没朝女子看一眼，仿若女子只是一阵游走的风。

路过一幢建造考究的大宅，徐主任放缓了脚步。这应当算是乡村里难得一见的豪宅。雕着花纹的石门框，撑天撑地地躬身立着，上有阊门，阊门上有字，黑色的字斑驳依稀，两扇原木色的大门一闭一开，铜制狮子头衔着的门环，下有三级石阶和门槛，油漆剥落，大门两边的墙角长满了杂草，样貌衰败。

“那是谁家啊？”何可禁不住问东明。

“地主俞佑璋家。他们家从前海威得很呢，新社会了，打倒了，老婆也死了，大儿子逃去了台湾，现在还有一儿一女。”

徐主任稍一犹豫，继续沉默着往前走。何可也就不复多问。

这个村子,走了好几户人家,离开时,满村的炊烟已经开始弥漫,风一吹,烟气杂着饭菜香阵阵袭来，令人饥肠辘辘。

东明客气地挽留两位吃了中饭再走，但是徐主任执意不肯。于是只能主随客便了。

在赶往下一个村子的路上，徐主任拍拍背包：“我啊，带着我们两个人的中饭呢。现在农民家里困难，虽然正是向高级社过渡的时期，大家都少有余粮，指望着这一季连作稻丰收呢。七月底八月初，就可以收割了，看年景，倒是丰收年，到时候，我们再来蹭一顿饭。不过，县里有规定的，不能白吃老百姓的饭，吃完，一定要给钱。”

何可疑惑地看着徐主任的背包，“什么中饭？”

“冷饭包。早上炒了冷饭，再夹上几根咸菜。”走出村庄后，徐主任就在路边找了处有大树庇荫的角落蹲下，将那只黄挎包卸下，掏出两只铝制的饭盒，一只递给何可。何可打开饭盒，一股咸涩涩的清香飘了出来，而冷饭虽冷，却有点焦，这种铁锅炒焦的饭，香喷喷的。徐主任递了双筷子给何可，看着何可说：“吃吧，我也饿了。”

何可确实饿了，接过筷子就扒拉着咸菜吞咽起来，感觉到肠胃在热切地呼唤。

吃了几口，见徐主任掏出一张油纸来，将铝盒里的饭菜倒进油纸，包裹住，揉捏了一番。

“徐主任，你没筷子？”

“不用，我习惯这样，饭团。你从大城市来，我恐怕你不习惯，所以，给你备了双筷子。”

说完就剥开油纸一端，大口吃起。

看着徐主任，何可喉咙有点发硬。

第四章

鸿雁传书

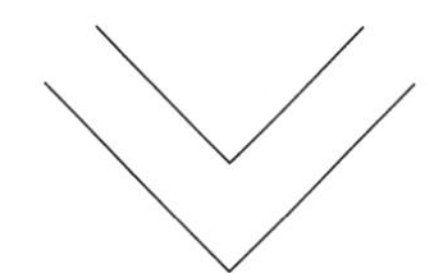

进入四月，大地返青。农民们开始插秧。

在南庄大地上，人们从生机勃发的祥和景象里感受到了春天的善意。

在南庄往北，象鼻山下，是象山的政治文化中心，县城。

彼时的县城，不过是一个沿海镇甸，却依然是所有周边农村拱卫的城市。

县城有书店，有文化馆，有两层的房子，有自来水，有国营商店，有各种裁缝店剃头店布料店，有被本地人唤作脚踏车的自行车，有粮管所，有医院和药店，有小学、县城，还有中学。这一切，自然和农村不一样，但一到夜晚，就和农村差不多了，虽然几个中心路段有路灯，但总体还是处于寂静与幽黑，在远近不一的狗吠中，各家各户也都早早歇下。

假如初到小镇，还没找到适应小镇生活的规律，确实会觉得无聊，要是心生怨叹，则更觉无聊。

夜色降临。若到夏天，有月亮的晚上是最好的夜晚，小孩子可以缠着大人讲一讲嫦娥吴刚的故事，可以讲讲封神榜啊水浒三国西游记，可以讲讲吓死人却也是好听死了的鬼故事，不过大人们是不会在晚上讲鬼故事的，因为怕吓到孩子，其实也怕吓到自己。

要是雨夜或黑死夜，真没事情“劳碌”，农村人就关起门来睡觉，这是最省钱省心的事，连煤油钱蜡烛钱也省下来了。要是家有读书郎，那就没办法了。假如正年轻力壮，或者性趣还在盎然的年纪，大多会想着造人，即使婆娘长得白天让人减少饭量，到了晚上，黑灯瞎火的，星星还是那个星星，肉肉还是那个肉肉，能臆想一下哪个寡妇哪个长得标致却很难偷到的女人，也就算是给自己加菜了。关键是，生了孩子，养育成本也不算太高，多双筷子多张嘴，大货穿剩的给老二穿，老二穿剩的给小货穿，真的没法传下去了，缝缝补补还能对付一个。鼻涕眼泪一把抓，上树翻墙满地爬，也随便他了。只要像条狗像只猫，能够长大就好。老来能依靠的就是自家孩子，养老送终都是靠自家孩子，所以，生孩子其实也就是生将来的日子，生心里的踏实，当然造人的乐趣也是一方面，没有娱乐，打麻将没钱，看书又不识字，识字也没什么书可以选。

平淡如水的生活，往往也失去了一些念想，连算命先生都赚不到钱。

这些天，何可主要的工作就是阅读县里的档案和相关文件，以更多了解象山这个地方的大致情况，也就常常会在县政府的几个办公室里蹿来蹿去。他在自己的小本子上记下了几十个问题，便于询问、请教、查阅。

快下班时，他想去徐坤主任那里请教些问题。

门虚掩着，他敲了敲门，无人回应，推门一看，见桌上的文件被风吹到地上，散了一地。他就走进去，将文件摞好，并将一本右上角标注“内部参考”字样的小册子压在文件堆上。小册子不厚，也就三四十页码，但印刷不差。

在正文前有一段话：

1956年2月24日，大会闭幕。这天深夜，赫鲁晓夫突然向大会的代表们做了《关于个人崇拜及其后果》的报告（即所谓《秘密报告》）从根本上否定斯大林，要求肃清个人崇拜在各个领域的流毒和影响。

何可有点紧张。虽然内部参考的小册子，不如印有“机密”“绝密”等字样的文件保密等级高，但是领导没在大会小会上公开报告和宣读过的文字，对于他这样刚刚参加工作的人员来说，随手翻阅，还是有点不适宜。

他下意识地看了看门口，并没听到任何声响，却也不敢仔细阅读，他快速地略过正文，翻到最后几页：

如前所述，中共中央在1956年3月初即获得了赫鲁晓夫秘密报告的具体内容。对此，中共中央并没有急于公开表态，也没有在党内立即答复基层党政组织的各种猜测和疑问。中共中央在得到秘密报告文本后，一方面保持沉默，一方面利用各种渠道和方式让人们了解苏联批判斯大林的具体内容。与朝鲜、越南的做法不同，中共没有刻意控制秘密报告的传播范围。不仅在广大党员中口头传达了赫鲁晓夫报告的内容，而且将译文印成小三十六开的册子，只在刊头上印有“内部刊物，注意保存”字样，随《参考资料》发放。这些内部刊物虽然发行范围有限，但并非机密文件，因此散布很快。外文书店甚至公开出售刊有秘密报告的美共英文报纸《工人日报》，北京各大学的学生竞相购买，以至抢购一空。

看到这里，他就准备起身离开，又觉着不妥，便抽了几份文件，叠压在小册子上。

心里充满了对小册子正文内容的阅读期望，对呀，写信去问珊珊，她一定会有途径知道大概的。

工作上，徐主任以及其他几位是他可信任的领导和同事，日间抽空也会到有凤的新华书店、玫儿的供销社或者华定的办公室去说说话，但一下班回到住处，他就只能面对有点孤独的自己，面对有些斑驳的墙壁。此时，向父母报平安之外，和珊珊通信就成了重要的业余选项。珊珊是读书时的要好同学，两人都是班上学习成绩处于前茅的优秀生，搞活动，帮着老师给班级做事，文艺宣传队，都常在一起，而且珊珊又是个长相明丽个性爽朗的女孩，对所有同学都友好而真诚，但是唯独对何可，多了一份朦胧的亲近，这种亲近感，有点超越同学情谊，不过两人谁也没有勇气和机会开口，只是默契地将这份朦胧潜藏在共事的交集中。也许暗夜中的寂寞和孤独，会更令人惦念这种潜藏的朦胧，这种充满了温馨的记忆和想念，时时变成慰藉，也像是让自己变得坚强的理由。

回到住处，何可就提笔疾书起来。

珊珊同学：

见信好！

可以说，我到这里的选择并没有错。尽管刚开始一段时间，我真的很想逃回省城，很想在湖边去坐着，哪怕发愣也比这里好。可是最近，生活和工作总是会带给人一些意外，有意外的忧伤和痛苦，也有意外的欢乐和感动，但更多的还是生活的感触，全新的体验。

在这里，我认识了一种草，叫革命草。只要有水，就蓬勃繁衍，小小的叶片，顽强的根茎，连绵成片，据说有药用价值，但是这里的群众对此研究不深，因为它的繁殖力太过惊人，反而将之当作有害的植物来对待，不过，我倒是觉得，虽然不能直接食用，或者说对改善人类的物质需求没什么大用，而它强盛生命力的呈现，对我而言却大有启迪，就像我吧，我对工作虽然也没什么大用，但我能在一个地方认真执着地活下去，就是生命对我的厚待了。这种植物，它还会开出小小的米白的花朵来。家里种植自然是不适合的，它是以水为土，长相更无法和牡丹玫瑰比高贵，但这确实是一种鼓励人的植物。

还有，尽管来这里时间不长，我发现，我还是有很大的用武之地，有大量的工作需要我面对，要做的事情一箩筐一箩筐（这里的群众喜欢这样描述事情很多东西很多，哈哈）。比如扫盲，推广普通话，讲解一些新的政策和新的观点，比如调查走访获得一线数据，以提供给县领导作正确的决策，比如……嗨，反正很多。前段时间，我感到无聊寂寞，无所事事，又总觉得自己才高八斗，对人对事，内心里其实还是有落差的，不过近来我正在改变这种落差带来的优越感，我这里有几位领导和同事，还有新结识的几位朋友，都有值得我学习效仿的地方，尤其是我们徐主任，每跟他一起去办事，都会学到很多知识和处事待人的方法，不，简直就是学问。我的学历比他高，却总觉着我在他面前就是小学生。

很惭愧。你觉得以前我是个高傲的人是吧，这些日子以来，我在改变，你可能看不到我的这种改变，但是我自己知道。

另外，我想询问苏联最近发生的那件大事，这事件令我又疑惑又紧张，虽是别国内政，可这是我们一直称作老大哥的苏联呀，我还是很想琢磨琢磨的。

谨谢。顺祝万安。

你的同学何可 笔

对常常下乡走基层的同志来说，因为交通不便，往往会留宿在乡村，在借宿的村民或村干部家中，一入夜就无事可干，写信，就是最好的消遣和学习。何可的好多信件就完成于这种状态。

村与村之间，有的相隔不远，有的则隔着好几里路，去石浦，去西周，去爵溪，去东乡，这更远，几十里的路，要带上冷饭包之类干粮。因为要走半天或者大半天，常常朝霞未露时出门，晚霞尽落时归家，由于仗着年轻，仗着对工作遏制不住的积极心态与向往心情，这种身体上的疲累，男男女女都不会在意。路上，唱着歌，或者朗诵革命诗词，或者互相讲述身世，讲述对未来的理解和憧憬，讲述听闻到的有趣事情，日子里有的是令人忧愁和悲伤之事，而对于他们，心中春潮涌动，哪有时间伤春悲秋呢，来不及。

在下乡调研办事中，也有很多快乐的时光，比如一方面感受着村民的真诚热情，家中有情窦初开的女孩往往比大人们开心，因为这些下乡的年轻干部完全不同于村上的青年，他们符合女孩们对未来男人的想象，而乡村男孩们，则总会在他们身上学到一些知识，开阔眼界，还有文明与合理的好习惯。

下乡时，最奢侈的是有一辆脚踏车，到村民家中时，用手在车了后面的书报架一抬，右脚往车子的撑脚一勾，简直帅气又荣耀。县里交通落后，要是有一辆自行车，那真是令人稀奇的事、羡慕的事，所以有时候送书送文件什么的，大家都争着要去，其中缘由，自行车的吸引力估计占了半数。所以当时学车是件大事情，首先得被领导批准，借出来，到开阔地带，然后几个人一起，杀猪一样扶的扶、推的推、叫的叫，骑车的像个走钢丝的杂耍演员，歪歪扭扭，摇摇晃晃，当哪一个能放手骑出去，转弯，刹车，或者还能自信地打几声车铃，那就是凯旋的将领。

无疑，这是真正的走基层。

何可整理着三月份的工作记事，一条条誊录起来：

3月9日，县委批转大碶头农业生产合作社整社经验。指出该社从检查备耕入手，调整劳动组织，固定耕作区，初步建立包工、包产生产责任制，从而调动了社员生产积极性。要求各地认真学习这一经验，所有合作社在春耕前普遍进行一次整顿。

3月12日，县委建立由8人组成的私营工商业社会主义改造领导小组。

3月17日，县委作出《关于贯彻执行〈中央和省委、舟山地委关于加强干部管理工作的决定〉的决定》。指出必须十分重视贯彻执行上级关于加强干部管理工作决定，改变过去只有党委组织部门统一管理干部方法，管理业务和管理干部密切结合，在实际工作中考察、了解干部政治品质和业务能力，做到系统地深入细致地和有计划地了解训练培养干部，正确选拔使用干部，使党的干部工作适应社会主义建设事业发展需要，确保党在各个时期政治任务顺利完成。

3月22日，县委提出《关于全县资本主义工商业、手工业、交通运输业社会主义改造的全面规划》，具体规定社会主义改造工作的目标、任务、步骤。

3月，全县掀起第二个农业生产合作化运动高潮。入社户数从1955年底61%发展到95.33%，基本实现合作化。进行扩社、并社，把1955年冬904个小社扩并为406个。加上新成立17个高级社，全县农业生产合作社总数达423个。

整理工作记事中，还看到建明的名字，这是一条关于组织全县相关干部进行气象知识培训学习的信息，针对象山县这个台风高发区域，必须学习防灾抗灾的知识，提高防灾抗灾的水平。将组织建明等几位县内相关专家和技术人员实施授课。

“哈，台风，台风，这家伙真那么可怕？”何可轻轻地用铅笔在“台风”俩字下画线。

有个高大的身影从窗前经过。

何可瞥了一眼，见此人戴着一顶蓝色的帽子，帽舌洗得边沿发白，一身中山装也旧旧的，虽然比不上华定那么高大，也足有一米八左右，这在南方小镇实属鲜见，而在他腰间，竟然别着一把驳壳枪，显得甚是威武。

何可旋即奔出门去，问：“请问找哪一位啊？”

“找徐主任。”嗯，山东腔。

“是老韩啊，请请请。”徐主任在隔壁办公室招呼着。

被唤作老韩的大个子转头对何可一笑，露出一口不齐整的牙齿。不过，这一笑，令何可印象颇深，因为，眼前的威武汉子迅即转成了憨厚的庄稼汉子。

第五章

夏渔走访

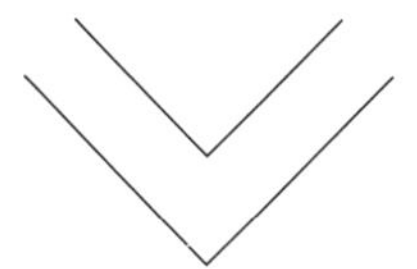

乡政府，是一乡各村的政策颁布处，也是生产劳动的决策地，其实也是方圆几十里的文化中心。不过，文化中心里却很少有文化的中心——书刊报纸。虽然，那些划为地主富农的，家里倒有一些书籍，但都被认定为封建旧思想的东西。所以，乡里也正有打算设立一个小型图书室，其实也就放两三书架。县新华书店就计划着配送书籍。

林海乡的图书配送和指导任务，落实在有凤身上。

正好，何可也因为要去林海乡落实推广普通话的时间安排和扫盲布点等问题，两人就约到了一起。

路过夏渔村，看到那棵硕大的樟树，何可想起前段时间跟着徐主任来此的场景。

“不知道海峰还在不在，很想去看看他。”何可驻足凝神，自言自语。

“犹豫啥，走，去看看。”于是就拐进村去。

天气潮热，人心也就潮热起来。一潮热，就会有淤积的郁结要宣泄喷吐出来。

两人一进村，就见一个瘦弱的中年女子靠着大樟树咳嗽几声，又叫骂几声：“狐狸精，黄鼠狼，狐狸精配黄鼠狼！”

妇女身边散散地围了一圈村民。“阿月，身体弗好，少骂几句嘞！你又没亲眼刮到，骂天骂地是让你自己多块肉呢还是让人家少块肉？”

在村里人劝解中，走出一个阿婆，脸色偏黝黑，样子倒清爽。“好啦好啦，骂了也快一个钟头，消消气，唉，统是可怜人。”阿婆伸出手，一把搀住中年妇女，“到我屋里去坐。”

还有些村民三三两两倚在各自家门口，眼光顺着阿月骂向处闪烁。与其说，他们是来听骂声，不如说是期待有人出来应战，生活，实在太平淡。

何可与有凤听了一会儿，总算清楚个七八分。被骂的主角叫桂云，是这个村里长得最好看的女人。阿月的老公叫长庚，也就是她老公和这个桂云的扯不清理不明。

听聚集树下的村民们讲，长庚老婆阿月向来体弱多病，生完女儿胜男后，更每况愈下。但是这天却出奇，蓄满力气，从屋里骂到屋外，足足骂了将近一个钟头。想是憋闷久了，骂一骂，纾解纾解积久的闷气怨气。

桂云膝下有一女儿，叫小鱼儿，母女俩相依为命，至于她男人在哪，都说不清楚，有说很有来头，好像在外省当官，有说是囚公负伤，死了，但桂云一直认为她老公没有死，还一直在等待他。桂云原来也是外村的，安置到这里后，安安静静本本分分，其实大家对桂云印象很好，人家隐私，不想说，大家也就探不出啥底细来了。当然也有聪明人分析，桂云男人一定是个南下干部，否则，咋会给女儿取名叫“小鱼儿”呢？这“儿”字，本地人一般不会用，还有，只有北方山区、西部高原的人，初到江南水边，吃到透骨新鲜的海鲜河鲜，即使一看到“鱼”字也是十分的欢喜相，才会把鱼字放进名里，海边人，天天吃鱼捕鱼，有啥稀奇的，倒是会取个春花、杏花、翠菊、云英啥的。也有人说，杭州人不是啥都要加个“儿”字的嘛，譬如筷儿碗儿碟儿的，兴许，是省城里的大官呢？猜测归猜测，桂云不说，大家也就闷在肚里不敢乱说乱话。

长庚家和桂云家都是一个合作社的。进了合作社，就是不管出力多少，都能分到口粮，只是没有出工劳作或出工少，总归对大家不公平。看到桂云家的农田抛荒了，长庚总于心不忍，空了就帮着桂云干点农活，还常常偷偷拿了家里的一份子去接济桂云。而桂云又长得好看，所有女人既羡慕又嫉恨，尽管桂云安分守己没惹出什么流言蜚语桃红柳绿的，谁家男人走得近了，还是会引起大家的说法。再说了，长庚家也过得不宽裕，总是有一顿没一顿的，这让长庚老婆很恼火，说是偷了自家的粮食去偷人。

那长庚和桂云到底有没有那回事呢?

不好说，不好说。大家又都噤了声。

兴许是骂累了，阿月走回家去。随着木门“砰”的一声，就听到长庚家里的锅碗瓢盆一阵乱响。然后，就开始听到咔啊咔啊的哭声。哭声起，自然也就是骂声的终，哭声是骂声的收尾，有时，骂声是哭声的收尾，这都是常有的规律。

何可与有风就径往村子弄堂里走，弄堂里的孩子们正在三三两两地玩耍着，看到两个陌生人来，就好奇地站着注视他们，其中有一个好像认出何可，嘿嘿一笑，却并不言语。

村口的大樟树下，响起了拨浪鼓的声音。

对大人们热衷和关注的家长里短、八卦相骂以及各种政治运动风声，孩子们毫无兴趣，而这快速生脆的小小鼓点，倒像是一种欢乐的召集令。

天气渐热的白天，樟树底下是老人和孩子们的天下，村口总是有孩子们戏耍和观望的身影，这世界实在平淡无奇，走过的行人和吹过的风，也都是新鲜的。不过，每个村落都有自己的故事和兴奋点，至少，张家的红事李家的白事，王家来了客人，吴家发生点八卦，某人讲述个什么虚构胡编或是自己亲历的故事，都可以让人说上几天几夜。

货郎也算是这里的熟客了，浙江黄岩人，三十多岁，长得矮墩墩，好像担子太重，把他给压矮了似的，虽是江湖行商多年，却尚存一脸憨厚。

他左肩背着包，慢慢从右肩卸下货郎担。举高拨浪鼓，卜楞楞楞，卜楞楞。

孩子们就迅速围拢来，东摸摸西摸摸，对货郎挑来的货品充满了好奇与向往。货郎担就像一个流动的小小百货店，虽是些日用杂货，镇上的供销社里大都不缺，但货郎的好处是足不出村就可以买到，还可以以物易物，什么晒干的鸡肫皮鸭肫皮，鸡毛鹅毛，废铜烂铁，瓶瓶罐罐，关键是，去县里的供销社买东西，是一件慎重庄严的事，而货架上的货品置放得让人有很大的心理距离，只有要置办“大事”或者购买大件，才会像过节一样去一趟，而货郎担的到来，就像把一个平淡冗长的人生压缩成了一个简短而多彩的故事。

看了一会，就有好几个飞快地跑回家去了。过几分钟，孩子们就会急匆匆拿着货郎要的东西去换取他们要的东西，好像再晚一点，货郎就会跑掉，或被其他孩子抢购完。万花筒、玻璃弹珠、小人书、烟标、皮筋，也有些零食，玻璃纸包的小糖、豆酥糖、番薯糖、连藤糕，都是货郎担里最高级最抢手最好看的物事。当然也有女人家喜欢的，比如作为化妆品主打的蛤蜊油，当万能药用的万金油、花露水，针头线脑，洋布火柴，小女孩大姑娘通用的头绳、小圆镜、篦箕啥的。

村民们对货郎是信任的，有时候，还把他们当成了信差，拜托他们路过镇上的时候去帮着投递一下信件或小邮包。

他们继续往村子里走，迎面碰上两大一小三个女的。稍前走着的女子穿着玉白蓝的土布上衣，黑色的长裤，有点消瘦，剪着游泳发，看上去二十来岁，虽然眼神里有着淡淡的忧郁，却在游离的忧郁里透出女学生的聪慧和文气，一手牵着个七八岁的小女孩，蹦蹦跳跳地走着，而跟着的那位女子，三十来岁，神情暗淡，走路总是侧近墙边，像躲避着什么或怕遇见谁，长相……咦，这不是上次交臂而过的那个美女？

乡下角落的女人，也不全是土气的。这三个女子似乎颠覆着何可与有凤对乡下人的固有印象。

“桂云姐，怕什么，走快点。”学生样的女子催促着被称为桂云姐的美丽女子。

“阿珠，要么，不去了。真要去，就，绕过去吧。”

“姆妈，不要绕，不要绕。”小女孩摇着阿珠的手，回头看着桂云撒娇。

何可让了让路，站在一边。看着三人朝村口走去的背影。有凤朝何可眨眨眼。

“这个是不是被刚才那女的叫骂的桂云啊？”有凤问。

“可能是，也可能不是。”何可嘟哝着。

“唉，忘了问她们海峰家的地址。”

“没关系，我可以去问一个人。”

“谁？你认识？”

何可帮有凤背着书，边走边换肩。这一包书，虽然也就十来斤，对有凤来说，久负成碾。在有凤的歉意和谢意声中，到了秀英阿婆家门口。

何可轻叩门板，没人应。门虚掩着，推了一把就开了。

秀英阿婆正在里屋睡觉。敲门声和门的吱嘎声虽然声响都不大，但整个村子静悄悄。阿婆立时醒了。屋外亮屋里暗，阿婆走到外屋一看，只见门口站着两个黑影。“谁啊？”阿婆颤着声问。

“是我，县里的小何，上次……”

“哦，想起来了，刚刚黑簇簇咯，没看清爽。进来坐。”

“不坐了，阿婆，就想问问，海峰，林海峰住在哪里？”

“海峰啊，就我隔壁啊，喏，旁边咯两间，一间瓦屋，一间茅草屋，就是海峰屋里。”阿婆指了指隔壁。

“海峰，回部队去了吗？”

“进来坐进来坐，喝口水。”阿婆并不回答，却热情地招呼何可和有凤。

“好吧，阿婆客气了。”有凤倒是爽快，先自答应了。因为她从秀英阿婆的口气里听出，海峰肯定回部队去了，或者现在不在家。再说走得也确实有点累，不如歇一会，喝口水。

两人坐定后，就随意地环视起来。

这间屋，和村里其他人家没啥两样，都比较低矮，墙脚部分用红石板和木材固定，上部分则是木板隔墙，屋顶是椽子和横梁，上面覆以瓦片，分里外屋，合共也就四五十平方这样。不过，奇怪的是，靠西的墙壁上开了一扇门，那不就可以通往海峰家了么？

正疑惑间，秀英阿婆托着两只白色的搪瓷茶杯过来。轻轻放到靠窗的桌子上。茶杯全新的，在幽暗的室内像两只发光的玉器。

“这次啊，海峰是生了气走咯，生我咯气。”阿婆边拿水瓶边说。水瓶是竹壳的，有点发黑，底部有点歪斜。

“唉，你呢是县里领导，我也弗瞒你，咯回海峰来，是我骗来咯。”阿婆倒好水，就拉过一把竹椅子坐下来。椅子像疼痛，吱吱嘎嘎叫。

“阿婆，你不要这么说，我不是领导，我是海峰朋友，这位，有凤同志，也是，也是海峰朋友。你莫介意。”何可有点结巴地说着半杭州半象山的土话，秀英阿婆倒也听得懂。

阿婆劝他们喝水。

沉默了一会，就指了指通往海峰家的这扇门，说出了一些令两位迷惑的谜底。

原来阿婆就是何可船上初遇海峰时他讲的亲人，是海峰在这世上最亲的人。

海峰的父亲是“倒插门”，就是上门女婿，老实本分，是个经验丰富的船老大。来到这户人家后，给这家带来了生气，本来母女俩相依为命，秀英阿婆也是命苦，早年就死了老伴，所以，假如把女儿嫁出去，她就孤苦伶仃了，海峰父亲毅然决然做起了“倒插门”。因为那个年代，做倒插门不仅仅更苦更累，关键是身份上的一种贬低，只有娶不起媳妇的人家，才会做倒插门，而像海峰父亲这样家境尚算不错的，绝对不会自贬身价的。而且，来到阿婆家，里里外外都操持得很像样，这让海峰母亲心里感恩又爱惜。唯一一点令家里人担心的就是，他是个海上讨生活的人，出门打鱼，往往一离开就是十天半月，一离开就是生死未卜，一离开就是全家人的提心吊胆。所以，每次出海的时候，海峰母亲总是拉着海峰到距家一里路的塘坝上去祈祷，求天求地求大海，看着海峰父亲上船，起锚，摇手，船影变小，直到天海一色，唯有海浪声提醒娘俩该回转了。

象山年年有台风。有一年，台风提前来临，海峰父亲不幸在返航归途中遭遇巨浪，樯倾楫摧，回来的，只有几爿破碎的甲板。那一次海难，死了好几个人。而做渔民，就是把性命绑在桅杆上的人，不像做农民，相对安耽多了。不过，生死由命，都是命啊，生存就是搏命。之后，海峰母亲也就一病不起，只有老的服侍小的，苦撑日脚。再之后，海峰母亲拖着病体，去塘坝上给海峰父亲烧香，烧烧哭哭，哭哭烧烧，有人说，哭死哭死，海峰母亲还真的哭死在塘坝上了。

秀英阿婆就只有孙子海峰了。她艰难地将海峰抚养成人，前几年县里招兵，就送他去了部队。“人家讲，我是亦当爹娘亦当阿婆哎。”

有凤已经泪眼婆娑。

何可忍住泛酸的胸腔，喝了两口水。

倒是秀英阿婆亦无悲伤亦无痛地看着窗外，好像在叙述别人的故事，久远的传说。

“想不到海峰，唉。”何可叹了一声，抓起阿婆的手，轻轻摩挲着，布满青筋的手微微颤抖，这颤抖里才是故事悲伤的表达。“那，这次海峰为啥生气了？”

阿婆突然变得开心起来，拳住洗得灰白的袖口擦了擦有凤的眼泪。

“咯次啊，我弗是越来越老了吗，人老了，就会东忖西忖，啥辰光脚骨一伸，去了，连自家咯亲骨肉都见弗到一面，是否？熬弗过，我就托人写信，讲是我生病了，让海峰回来看看我，唉，去到部队，两三年没回转过。实讲啊，我骗其回来看我是一方面，还有一个，主要是我替其物色了一个大姑娘，话好了一门亲事。我想让其成个婚，我要是去了，也能看见屋里有香火传落去。唉，老辈人想法，老辈人想法哦。”

“所以，海峰一看你没有病，而且是要他成婚，生气了？”有凤说。

“是哎是哎。弗过，海峰生气归生气，总归是个孝顺人，还是见了人家。对方也是规矩人家，生了红壮白大，读过三四年书，一看海峰呢，也欢喜。”

“那海峰喜欢吗？”有凤好奇又急切地问阿婆。

“我也不晓得哎。反正海峰是一声没响。过了两日，就回部队去了。”阿婆有点黯然。

辞别秀英阿婆，两人心情都有点沉重。没见到海峰，却听了这么个令人难受的故事。这对两个身世相对平顺、家境相对优渥的年轻人来说，甚有触动。

两人沉默着，出村口，往林海乡政府走去。

有凤像是为了打破难受的沉默，转换了一种声调说：“哎，玫儿前几天跟我说，想去石浦三月三玩玩。”

“什么叫三月三？是地名还是什么节日？”

“三月三踏沙滩，这是象山的民间节日。我也没去过，听说很热闹。这节日的由来啊，有几种说法。一种呢，说是农历三月初三前后，地温和水温开始升高，浅海辣螺就会争相爬上滩头来繁殖，石浦人就会跑去沙滩撮辣螺，沙滩上就密密麻麻全是人，这都是大海的恩赐啊。你说，这样的劳动场景壮不壮观？不过据说，现在辣螺少了，大家赶到沙滩上去，也就图个开心快乐，完全是文化娱乐为主了，有体育、渔业竞技项目，也会邀来外地歌舞、杂技节目，跑马灯、舞龙灯、彩阁巡游啥的，还有根据《辣螺姑娘招亲》等民间故事改编的越剧表演，还有啊，说是还有招亲呢。哈哈哈。”有凤开心地大笑道。

“招亲？怎么招啊？”

“说是‘辣螺姑娘抛彩球’，就是女方打扮成辣螺姑娘的样子，看见哪个男子顺眼，想嫁给他，就把手里的彩球抛给他，被抛中的呢，就是新郎官啰。”

“这,这不是封建主义嘛！要是被抛中的男子不喜欢这个辣螺姑娘呢？”

“什么脑子啊，人家就是一个游戏嘛！哎对了，要是你去了，你喜欢哪个辣螺姑娘抛给你绣球啊？”

“我咋知道，我不认识她们，再说，我也不想被抛！”

“哦？这么坚决？要是抛绣球的是……”

“是谁啊？”何可有点紧张。

“是玫儿呢？哈哈哈哈。”

“那，那不可能。”何可连忙快走几步，好像有意要避开有凤的视线，不让她看到自己脸上紧张的绯红。“哦，那我不去了。石浦太远了。要走一天呢。”

“你是县里的领导啊，要体察民情啊。这么大个节日你都不晓得不参与，那算什么了解象山啊，对吧？”

“又领导领导的来了，能不能改改口啊，有凤同志！”何可想想也对，大不了请事假，这样的民俗活动不参与，是很遗憾的。再说，玫儿也会去。

第六章

鱼的故事

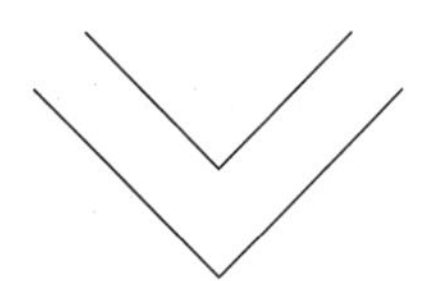

春日午后的阳光舒朗温暖，令人心情愉悦、视野透亮。有几片妖娆白云在阳光里游弋，仿若天空也需要一种节奏，尽管这节奏缓慢而不确定。

夏渔村，可以说是建明在县城的落脚点，虽然村子离县城有几公里远，但落脚点的主人却是建明的老师兼好友，或者说忘年之交。每次到县城买书、开会或者访友后，他总会到这里小坐，或者留宿一晚。

敲敲门，却无人应答。建明知道房主一定会来。便坐在门前的石条凳上翻看刚买的《世界气象研究》。

孩子们在门前的土路上玩一种叫打贱骨头的游戏，贱骨头，就是陀螺，因为你越抽它，它越转得欢转得快转得平稳。一个一脸黑红的小胖墩呼哧呼哧地甩着细木棍上缠着的细绳子，啪啪地响，贱骨头就在这凹凸不平的土路上飞速旋转起来。其他小朋友羡慕地看着小胖墩，看着旋转的陀螺，既想让陀螺磕碰一下倒掉，这样可以轮上他们也甩几鞭，又希望能旋转不停，这样的高速旋转吊足了胃口，就像世界也在自己手中操控着一样。

孩子们见建明来了，也三三两两地围了过去。他们一向对这位大阿哥敬重，甚至抱有一份神秘感，因为他总有满肚皮他们不懂的知识和技能，即使解释给他们听，也似懂非懂。他不仅懂得看天气，知道星星们叫什么名字，能讲很多外国的童话，他还能很快地修好乡里那辆老贵老贵无比稀罕的脚踏车，据他说，他还能自己组装收音机。有个稍大点的孩子很骄傲地证明了收音机的存在，说是他去城里的叔叔家，看见过一台很大的收音机，叫矿石收音机，上面用绣了花边的台布盖着，叔叔总说不要碰不要碰，他一拧开旋钮，里面会有很多人在说话，太神奇了。

一个小孩站在建明身边，焦急又无奈地等着陀螺倒掉。大概觉得总轮不上，就叹了一口气，说："我要回家去了，我阿爸讲，可能要刮台风了。天上云斑斑，地上雨淋淋。"

建明笑了，就说："不是所有云斑斑就会刮台风，这是民谣，这有区别，这种云只是积雨云，会下雨，但不会有台风。"

小孩说："看气象啊，我阿爸是村方上最厉害的。不会错的。"

"你晓得啥叫台风吗？"

"不晓得，反正阿拉这里经常刮的，很大很大的风，每次台风来，我们家里就要修屋顶修门窗。"

"我告诉你们，这台风呢，就像你们玩的贱骨头，要是孙悟空的话呢，他就能看到一只很大很大的贱骨头在天上旋转，一边转一边移动，动得很快，一般一秒钟可以跑六七十米，晓得这个速度有多快吗？"

"那我跑跑看。"小胖墩停住鞭子，站在那里听得出神，陀螺也就顺势倒掉了。大家就怂恿小胖墩跑两步，"跑，跑，跑！"小胖墩就抖动着肉肉晃荡晃荡地跑起来。然后，又呼哧呼哧地返回来。那年头，小孩肥胖的极少，几乎所有的孩子要么瘦要么黑，营养不良，稍微结实点，就被称为小胖了，就像小时候很多被取了绰号叫大头的，其实很多的头并不大。

"你们看看哦，他这样，十秒钟这样，才跑二十米远都不到，算二十米吧，就是一秒钟两米，而台风呢，是他的几十倍呢，什么概念？嗖一下，他跑一步，台风出去几十步了，快不快？"

大家纷纷喊起来："快！太快了！"

"所以啊，要是台风来了，你们逃跑，逃得过吗？老早，追上你，一把把你的屁股给掀起来，掀上去，再扔下来啰！扔到哪里？他又不长眼睛的，可能是……"小家伙们抢话头说："可能是稻田，可能是马路上，可能是小胖家屋顶。"刚才准备先走一步的那位，突然说："可能是茅坑，田洋头那里有一排茅坑。"大家就开心地笑起来，想象着谁会最倒霉，被台风掀起来，玩红皮小老鼠一样在天上摇一摇甩一甩，然后扔进茅坑去了。

正说得热闹，一个四十岁左右面色清癯的男人抱着几本书走来。

"你倒是会选时间哪，你咋晓得我今天一定会来啊？"来人也不寒暄。

"嗨，魏老师，石板凳还没坐热呢。我晓得你这几日下午没有课，而且这几天不是正好由你辅导扫盲吗？"

魏老师就是房主。他是县城中学的语文兼历史老师，因为师资缺乏，很多老师都是兼着几门课。县城里只有一所中学，而且是初中。魏老师虽然只是高中毕业，但是那时候的高中，相比较现在的全民平均知识层次，比大学生不知道要高几个级别。所以，他无疑是县里的高级知识分子啦，有时候大家也会暗地里叫他魏榜眼，也就是比状元差一点而已。

魏老师原来一直住县城。膝下无儿无女，妻子病故后，就害怕一个人独居老宅，每每想念妻子，就情绪低落，尤其害怕夜晚来临，青灯伴读，有时看见灯影晃动，都像是会浮现出妻子的面容来。所以他也总想着换个地方。

后来也算是"歪打正着"，和这个村子这套房子有了缘分。

怎么个歪法呢？

魏老师有些爱好，比如喜欢古玩，也常常帮着人家鉴定鉴定，或者随身放一两串珠子，闲来盘一盘，也算得是雅好了。不过后来人们说这是封建东西古旧做派，也便不再摆弄，只剩下读书的爱好了。

这几个月，他走背运。闲话讲多了，总要说漏嘴，夜路走多了，总要碰见鬼。

上课时，顺嘴说了一些读到过的历史常识，比如说义和团并不是好东西，慈禧太后也做过一些顺应潮流、至少是为了她的大清国繁荣稳定的事情。这就糟了，学生去报告学校领导了。那时候，一些学校领导经常会把学生干部单独叫去，进行思想教育，“端正认识”。对同学和老师的动向言论等，要是有可疑，这批学生是可以单线联络校领导的。

于是，学生将魏老师所说的那些在他们听来不太正确甚至反动的话告诉了校领导。魏老师自然就吃了批评。

第二天上课，魏老师照例严肃斯文地朝同学们看一眼，放好那只印着一颗五角星的搪瓷杯，静等班长喊：起立！然后同学们一起喊：老师好！然后，老师回一句：同学们好！

这天，他朝同学们看了三次，竟然都默不作声地坐着，有的歪斜着身子，有的拿铅笔在桌子上涂画，有的打着哈欠，有的干脆前后桌扳起手腕，似乎他来不来，都无所谓，都和他格外陌生。魏老师连问了两声“咋回事”后，一下明白过来了，这一定是校领导跟学生眼线打过招呼了，以前班有个老师曾经告诉过他这样的情况，就是让学生对有“错误”或者“阶级立场不稳的”老师，不必起立，不必喊老师好，只要听课就行，老师讲归讲，学生听归听。认为老师讲得对的就听，讲得不对或者反动的，就向校领导汇报。

“你们告我状了，是不是？我给你们说的一些知识，都有它的真实性客观性，什么叫兼听则明，多懂一些不是坏事，你们都快成人了，将来走上社会，都要独立思考，独立面对问题，毛主席说了，具体问题具体对待嘛，假的真不了，真的假不了，唉，我跟你们说这些作啥呢？好了，要是这样，我以后就随便照本宣科，你们满意就好。”

之后几天，他一直是混里混沌地说着，更像是自言自语。

再后来，全县要开展轰轰烈烈的扫盲和推广普通话运动，组织了几个示范点，然后大面积铺开，于是魏老师就申请去南庄林海参加扫盲。当时学校领导高兴地顺水推舟说：“好，戴罪立功！”这让魏老师怔了好久，罪？我有啥罪？于是叹息一声：“我也没背啥罪孽，我也不是去立功，教书是职责，扫盲是义务，否则读了书，浪费了。”

学校领导说：“那也要感谢党和国家的培养。”魏老师本想再说句什么，张张嘴，像浮出水面的河鲫鱼，还是把话噎了回去，仰面朝天自语道：“要谢，先谢阿拉爹娘！再谢党和国家吧！”

不过，到了南庄，村民倒是很欢迎，说是县里的才子老师榜眼老师来帮大家扫盲，好足了！专门腾出两间房，打扫干净，还特特为为多买了三盏火油灯，一盏放在魏老师床头边，两盏放在拼起来的大桌子上。一般都是白天上课，晚上讲“白搭”。后来因为魏老师知识渊博，讲话风趣幽默，晚上上课也引来一屋子的人。“听榜眼老师上课最有趣了，随便讲啥都有趣，一即听就懂，一即听就开眼界。”

于是，他这里就成了一个小小俱乐部，村民们甚至有些家长里短的事也跟魏老师讲，清官难断的事也来相烦魏老师，当然，这个俱乐部条件简陋，大家都是自带板凳竹椅，反正，来坐坐就觉着心里高兴相。

这其实也给魏老师以很大的慰藉。和村民们在一起，至少不用防前顾后的，再说了，一介书生，不谋名谋利谋权谋势，也没什么可以提心吊胆的。

也于是，这里成了魏老师最愿意待的地方，笑说是他的别院。

也就此认识了东明、长庚、桂云、阿珠、秀英阿婆和俞佑璋等一大批村里人。

当然，读书人和读书人是更能说上话的，比如和建明关系不错，也是因为都喜欢读书，有知识，术业各有专攻，气味相投。

“来来来，进屋里厢坐。”魏老师皱着眉头，下巴紧撮着，撮出一只八字来，整张脸看上去就好像被风吹干的包子，全是老皮褶子。

“有事？”建明找了条凳子坐下，见魏老师这样子，就假装轻松地问道。

“也没，没啥事。不过，看样子我要倒霉了。”

说到倒霉，他想起孩子们刚刚哄笑过的，被台风扔进茅坑去的场景。想笑，但是，魏老师带过来一阵隐隐的冷风，怎么笑得出来？

正欲言又止时，孩子们涌进屋里来。

看到魏老师，孩子们总是要缠着他讲故事。魏老师这些天自然心情大受影响，满肚子的故事也似乎被坏心情沥干了。

孩子们并不理会或者说并不了解大人们的世界，自然也就不能感知魏老师的沉重和无奈。小鱼儿也跑了进来，摇着魏老师的手，跟大家一起央求起来，蛋白水嫩的脸像擦拭过的瓷器。

魏老师拍拍小鱼儿的手背，说：“好吧，我就讲讲鱼的故事，鱼为什么没有脚，好不好？”

孩子们开心地连声说好，小鱼儿更是睁大眼睛，仿佛要讲的是她的故事，这故事就讲她。

建明看着魏老师被一堆孩子包围着，也就没法刨根究底地问了。

“很远很远的时候啊，鱼也是长脚的。我先考考大家，鱼字怎么写？”

孩子们摇摇头，说不知道。

胜男站在孩子群的最后，大声说：“我知道。”

“那，马呢，熊呢？”

胜男又说："我知道。熊字我刚学过。"

魏老师说："鱼，马，熊，这三个字下面都有四点，四点什么意思？"

大家都摇头。胜男愣一愣，也摇头。

魏老师从屋角找了根树枝，在地上划拉起来。"四点，像不像四只脚？"孩子们都点头，"很早很早时候的鱼，就和马呀熊呀一样，都长脚，都在陆地上走。走啊走，马、熊仍旧在陆地上走，鱼，咋就走到海里去了走到水里去了呢，还走没了脚。传说啊，从前的天和地都是混在一起的，像鸡蛋黄鸡蛋白一样包在一个壳里。这时候，有个叫盘古的大神仙，很生气，拿了一把大板斧，噼里啪啦就把鸡蛋黄和鸡蛋白给劈开了。不过，急急忙忙劈开的天地啊，有的分得很开，有的，还粘在一起，放羊的赶牛的牧马的，甩甩鞭就甩到天了，人走着走着就顶到天了，鸟飞着飞着就碰到天了，花草树木长着长着就被天压弯了腰。"

"嗯，难受，太难受。"孩子们又点头又大声附和。他们用这样的方式鼓励魏老师继续讲下去，好像不这样，魏老师就会不高兴，魏老师不高兴，就会溜走。

"那时候呢，有个叫女娲的娘娘从天上下来到凡间巡视，看来看去，觉得不大对劲，天和地咋是这个样子的呢？要想办法把天撑起来啊。譬如在天的四个角落，用天柱撑起，撑得越高越好。可是，天柱要用到大地上的走兽的脚，有了走兽的脚，她就有办法把它们变成天柱。

"女娲娘娘一路走着，碰见豺狼虎豹，就问：天地都要粘到一起了，你们就不难受？

"豺狼虎豹哭丧道：难受难受真难受，没有办法只能受。

"女娲娘娘说：我有法子，就是要用到你们的四只脚，有了脚，我就把它们变成天柱，把天顶得高高的。

"豺狼虎豹们一听说要他们的脚，吓得赶紧溜走了，边溜边喊：我们才四只脚，少一只都要瘸了，要去四只，我们不是要爬要滚了呀，不行啊！

“女娲望着这些走兽，叹一口气，只能继续走啰。走，走，走，正好碰到牛、马、熊、鱼。女娲用同样的问题问了它们一遍。而它们也和豺狼虎豹一样，回答了女娲。只是在问谁可以把脚献出来时，牛马熊，赶紧溜走了，而鱼却一声不吭地站在原地。

“女娲就问鱼：鱼呀，你不跑走也不吭声，是不是你肯献出脚来？

“鱼说：我也不舍得我的脚呀，不过，天低地暗，谁都觉着难受极了，要是都不肯献出自己的脚，一辈子就这样过了，阿拉后代也这样过，世世代代这样过。唉。

“女娲说：鱼啊，要是你不肯，我也不会强迫你的哦。

“鱼慢慢地走到女娲前面，平静地躺了下来，并伸出四只脚。

“女娲说：砍了脚，很疼的，而且，以后就不能走路了。你要是后悔，来得及。

“鱼难过地闭上眼，流出眼泪：总得有人承受，砍吧，不后悔。

“看着鱼横躺在地，女娲也很难受：世间这么多走兽，都自私自利，都胆小害怕，都想着眼前生活，相比起来，鱼最好啦。”

孩子们听到这里，小小的脖子紧张得都缩了起来，小拳头全都紧紧捏拢，都捏出一手心汗来。他们好像听到斧子挥舞的声音，看到鱼被斧子砍断的四只脚，闻到了流了一地的血腥味。

魏老师看到孩子们这样子，心中一凛，就快速地说道：

“嗯，勇敢善良的鱼啊，这时候昏死了过去。女娲娘娘连忙从身上撕下一块布来，包扎好鱼的伤口，再小心又小心地在伤口那里打了两个结。随后，女娲捧着鱼的脚，迅速飞向大地的东、南、西、北，把四只鱼脚安放在四个角上，口中念念有词，念完，朝四只角吹了一口气。哈哈，一霎时，四只脚生了根，又很快长高长粗，成了天柱，牢牢顶住了天，又顶高了天。

“鱼醒过来一看，哇，天好高好大好蓝啊！

“女娲说：鱼呀，你是天地的大功臣啊，只是苦了你不能在大地上走动，更不能奔跑了。这样吧，在天地之间，还有一个地方，叫海，我把大海赏给你。你就到那里去自由自在过日子吧！

“鱼儿道了谢，看到蓝色的大海，海上波浪在跳着舞，波浪上还有云的投影在游来游去，鱼很开心。女娲抱着没了脚的鱼，抚摸着，亲了亲，放进了大海。鱼一开始还被水呛了几口，没有脚，在水里扑腾。不过，鱼很快发现，女娲娘娘用她身上的布打成的结子刷刷刷地翕动起来，这就是鱼鳍，而尾巴摆动起来，又奇妙又自在，哈哈，在水里游啊游，比在陆地用脚走路还要有趣哪！”

孩子们听到这里，都开心地哦哦哦叫起来。小鱼儿更是开心中带着自豪，好像这条远古的鱼儿跟她有关系似的。

“所以啊，你们看到过大人剖鱼吗？鱼的血为啥那么少？就是当初把脚献出去的时候，流多了血。”

魏老师低着头，不想看见孩子们一会儿开心一会儿伤心的神情，心情复杂地说了最后一句。

孩子们懵懂着眨眼，好像在思考，也像在回想鱼在被开膛破肚时到底流了多少血。只有小鱼儿听到这最后一句，眼睛红红的，耷拉下嘴角，难过得要哭。

第七章

珊 珊 有 信

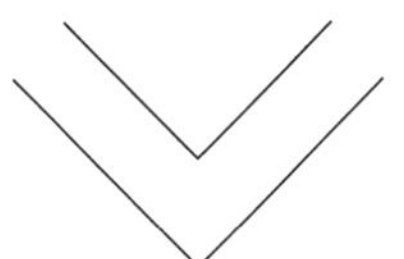

何可回到县城，刚到县政府大门口，就有门房老赵一脸喜色地喊：“小何小何，你有杭州来的一封信，交关厚！”

门房老赵是县政府的气象表，县里有好消息了，老赵就对谁都客气友好，喉咙贼胖，要是有坏消息，他就铁青了面孔，多讲一个字好像都欠了他的债。

今日县政府里喜气洋洋，那是肯定的，因为走来过去的同志们打起招呼来声气都很高。

何可就问老赵：“有啥好事啦？”

“收音机里都在播了，阿拉县里的爵溪镇派出所民警昨天下午被毛主席接见嘞！还拍了照呢！”老赵这一说，何可想起来了，民警奚久法因为工作出色立了功，前几日到北京去参加全国人民警察治安保卫功臣模范代表会议，“接见奚久法他们的还有好多党和国家领导人呢，嗯，朱德、刘少奇、陈云、彭真、邓小平，你说高兴不高兴！”

“高兴，高兴！”何可笑着应和，一边接过老赵递来的信。他下意识地把信放在胸口按了按，好像这一按，就能按出信里的内容。是珊珊寄来的，却不知为何这么厚。

高兴在心里洋溢，那是手里拽着的高兴和耳中听闻的高兴。他几乎要哼起歌来。

回到宿舍，即刻拆阅。一叠，足有七八张，密密麻麻写满珊珊娟秀的字，还有两条柳叶，柳叶下折叠着一张纸片，写了“采自柳浪闻莺”。何可会心一笑，这是他们两个友情的记录，当初信步西湖堤岸，何可说，谁离开杭州，都会想念这里的柳叶。珊珊果然有心。

不过，与字迹的娟秀和柳叶的情愫不相吻合的是信里的内容。

何可同学，见信安好。

上次你信中提到的苏联事件，我爸爸确实有一份内参，但他一直跟我们说，要关心政治与国家形势，但不要过多涉及政治与论争，所以我也怕被他发现，找骂，匆促抄写一部分内容，若有笔误，敬请谅解。

你的珊珊同学

何可一张张地阅读着抄录的顶头顶脚的信件，心里漫上说不出的咸涩。

看到五六张信笺后，字迹明显潦草起来，很多句子需要连蒙带猜。幸好何可熟悉珊珊的笔迹，也许，这抄写的文字太长了，也许她太困了，也许她有点慌乱，怕被她爸爸发现，也许她并不喜欢抄录这类文字，是因为何可她才那么坚持。

何可想象着珊珊的样子，想象着她抄录，起身，打哈欠，趿拉着拖鞋在房间里走来走去，或许还朝他做个鬼脸。但他很快收回想象，因为是在办公室里，何可心里发虚地跳着段落匆匆看完了信，但还是觉得很受震动。

折叠好信笺，与其说沉默了很久，不如说呆愣了很久。

虽然远在偏僻半岛，但是政治已经成了全国所有人生活的一部分，对政治的关心，已经成为生活的内容甚至核心，是活着的理由和方式，当然，对一部分人来说，也是恐惧、振奋、焦虑、诱惑的源泉，是血液一样无分彼此的融汇，是病毒一样无法用物理方式剔除的侵入。

即使这来自国外的政治动向和政局变故，也使得国内的人们充满了猜测的好奇和观望的担忧。更何况，这是苏联，是曾经作为老大哥身份的国家，苏联是中国人民心中的美好憧憬，全国许多城市都有苏联援建项目，并建起了中苏友好大厦。而阅读《青年近卫军》《卓娅与舒拉的故事》《钢铁是怎样炼成的》等苏联文学书籍，简直就是时尚和思想境界的代名词。苏联的政治、经济、科技、军事、文化、教育和发展模式等与我国多有交集，甚至我们的意识形态里也已与之有着深深的交融。

何可似乎感到自己成熟了很多，但这种似乎的成熟也使他蒙上一层莫名的恐惧和不安。

他走出办公室，望着高耸的银杏树，干枯的树枝上正在生长出细小的嫩芽，到了夏天，它们就枝繁叶茂、绿荫蔽日了，然后，秋天，它们渐渐变黄，黄得人心里欢喜荡漾。

这段时日，县里会议召开的频率明显加大。

前几日召开的是一个关于连作稻在象山首次播种问题的会议，根据其他地方的经验，连作稻非常适合江浙等地的土壤和气候特性，这种稻子，秆子粗，颗粒大，抗风力强，也就是抗倒伏的能力强，假如种植得当，每亩产量比其他稻种的产量会高出很多。如何推广和引种，各乡村如何分配等问题，都在会上提出并解决。粮管所，种子公司，供销社，水利局，以及宣传系统相关单位都参加了会议，并落实具体事项。

另一个是关于掀起第二个农业生产合作社高潮的会议，扩社并社。全县如何在今年完成从初级社到高级社的过渡。讨论了存在的问题和难点，也讨论了社员们对高级社的期望和积极性，等等，争取在这个好年景里完美地展开新的进程。

再就是有关肃反工作的，因为中央的指示精神必须落实，反革命活动和现象要严厉打击，但是经过新中国成立后几年来不遗余力的努力，本县反革命活动和现象已经锐减，有的活动本质上是一种群众对政府工作的意见，有的现象也可能起始于对现状的怨气，假如能做好各项工作，用实绩和沟通来消除怨气和解决意见，或许更合理。对于要肃清和管控的反革命人数，会上很多人还是表示担忧，因为按照指标或者比例，要揪出文件上的人数，势必会造成大鱼小鱼甚至不是鱼都一网抓的现象，会不会因为完成任务而将肃反扩大化。会议并未开成一言堂，还算充分尊重大家的意见，希望能更了解事实贴近事实，允许几种声音都有，并确定副书记兼肃反办公室主任。

不过，如何落实精神，完成“定额”，依然是令与会代表揪心的。尤其是另一个关于文化和思想意识形态的会议，讨论和传达了有关胡风集团的问题，这无疑是国内文化上的一次巨大动向，这让何可产生了困惑，当然，这困惑就像每天产生的新闻事件，在报纸上占据一角，然后，不断地被新的报道和报纸覆盖。

但不管怎样，对一个二十出头的年轻人而言，这都是宏大的问题，都是严肃的问题，所以，何可也显得有点紧张，不仅仅是工作压力的紧张，更多来自工作气氛的紧张。“每一次会议都是事关全县的大问题，甚至可以说是事关全县人命运甚至是人命的大问题。”他在日记中写道。

所以，这几天一直在思考着去石浦三月三踏沙滩的打算，就只能压一压，但是，时间不等人，三月三是农历，阳历是四月十三号，那天正好是星期五，要请假两天，因为大多的时间都必须耗在路上。

何可不得不压一压忐忑的心跳，走到徐主任办公室。

门半开着，还没等敲门，徐主任就喊了声：“是小何吗？进来吧。”

何可见桌子边还坐着沈鲁副书记。

每次会议结束，沈书记总会泡上一杯茶，用他那只写有“舟山地委第三次会议纪念”红字的白色搪瓷杯盛着，慢慢地踱到徐坤主任的办公室，一起探讨会议上的未决之事。

“我没、没事。”说着就想退出去。

“来吧，给沈书记续杯水。”徐主任显然是想多给何可一些接触领导的机会。

沈书记侧转身看着何可，也热情地说：“哈哈，我们省城来的新同志，来来来，一起听听，一起听听。”

“确实，我们现在干部队伍里的党员比例太小了。像小何这样，因为不是党员，所以，有些党的会议都参加不了。”徐主任续上了刚才被何可打断的话题。

“所以，发展党员，在干部队伍里，至少提高几个点的比例，也是当务之急。”

“有些工作，我们认真执行地委省委以及中央的精神，是必要，但在保障基本原则不变的前提下，我想，县里的工作方法与大城市的工作方法还是应当有些不同。”徐坤主任很坦然地和沈书记说出自己的想法。

“嗯，比如呢？”

“比如这几年打‘大老虎’，城市里是揪出很多大贪巨贪，也抓出很多不法工商业者，但是我们县里，有点财产的地主富农都已经被清理完了，也没什么大资本家，那些列入资本家的，与城市里的大资本家比，那就是小巫了。至于我们干部队伍里，是有一定比例思想消极的，却也并不是‘老虎’，大家都盯着紧紧的，即使有，也是一些蛀虫。”

沈书记很响地喝了一口茶。

“所以，我觉得，我，我个人认为……”

沈书记笑了起来，“你也结巴了？”

“没有，我确实只是个人的想法，也是私下里跟你书记说说的。”

何可听到这，忽然觉得身份有点尴尬，这可是讨论大事呢，是方针方法问题呢，就站起来准备回避。

“哎，小何，在在在，坐着。”沈书记再一次宽厚地看了一眼何可。

“我认为，既然我们是为人民服务的党和政府，那就多为老百姓考虑，眼下，吃饭是第一要紧的事，发展生产，改善人民生活应当是第一位的。”徐坤坚定地说。

“你想的，和我想的，一回事嘛，哈哈哈，我还以为你要说什么离经叛道的话来呢！”沈书记朗声大笑，杯子里的水都漾了出来。

何可也跟着笑了。他第一次觉得，在这些大领导面前，他丝毫不觉压抑，只感到工作充满了意义，内心里也充满了对这个领导班子更加的敬重和亲近。

沈书记离开后，徐坤就问何可所问何事。

“徐主任，真不好意思开口。”但一想到刚才领导们相互尊重又毫无架子的对话，就打消了言语的迟疑，“过几天，石浦那边有三月三的活动，我想请个事假去参加一下，不知道是否能准许。”

徐坤顿了一下，“这是象山的一个民俗大节，你刚来，是得多参与县里的各种活动，了解了解风土人情，其实这也是我们的工作之一，这样吧，也不要请假了，你去石浦走走，多了解一些民情，我还想请华定也去，你们结个伴有个照应，石浦路远，我再安排一辆脚踏车，华定他们有一辆的，这样路上也可以省下点时间来。”

何可愣住了。他不知道是感激还是高兴，只觉得心头暖热，血脉偾张。

“另外小何啊，你文化高，多写写，县里要办报纸了，以后要用到大量的稿子呢。”

何可心情愉悦得都忘了说感谢的话，都忘了是怎么离开徐主任办公室的，第一次感到两脚轻飘，生活色彩缤纷。

第八章

三 月 三 节

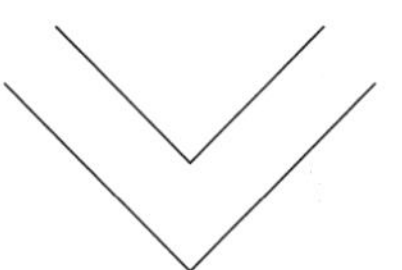

四月十三号，农历三月三。

何可和华定起个大早。五点钟天光微亮出发正好。太早，天还是黑的，骑车有危险，所以，差不多三个小时，翻山越岭，就能到石浦。

一路上，看到大地已经春气勃勃，农民们开始耕田，有水牛犁田的，有两人搭档、一个拉一个扶犁的，也有两个拉犁一个扶犁的。

华定个子高，骑车也快，腰板笔挺，伸长着脖子，一耸一耸，像一只奔跑在公路上的长颈鹿。何可努力跟上。

一踏上平坦路，华定就一脸兴奋地说《象山报》创办的事，这是县里的大事，有了报纸，政情民意都能通达了。

何可说："那以后我也会写点文章，投投稿啊。"

华定说："那是相当欢迎的啰。你也可以写写散文诗歌，报纸有副刊，最希望你能写些这类文字。"

"好啊，要不我第一篇就写三月三踏沙滩？不过我对三月三的由来还是很模糊，因为我翻了翻资料，说是有好几种说法。"

"是啊。说是南宋末年，石浦沙滩附近有一渔家姑娘，美丽善良，以拾辣螺为生，大家就叫她'辣螺姑娘'。有一次，辣螺姑娘在沙滩拾螺时，看见有个外地男子，受了伤，姑娘就救起他，扶回家悉心照料，在疗伤期间，辣螺姑娘和那男子渐渐互生爱慕之心，伤愈后，由于男子国事在身，就匆匆告别，临行之前许诺功成之后娶姑娘为妻。那个男子就是南宋大臣陆秀夫。陆秀夫走后，辣螺姑娘被当地渔霸看中，强迫成亲。娶亲这天，姑娘悲痛欲绝，以死明志，毅然跳海，淹没在滚滚海浪中，这一天，是农历三月初三。后来，以身殉情的辣螺姑娘冤魂不散，每年到了三月三，就会爬上沙滩，翘首北望，等候陆秀夫归来相会。村民被感动了，也就自发地在每年三月初三，赶到沙滩上来，以纪念忠贞不渝的爱情。时间一久，就衍化成民间传统活动了。”

华定一口气说了这么多，依然大气不喘，脚踏车在他身下，像玩具似的。

“这是一种，还有一种呢，说三月三，是出海打鱼遭遇海难的亲人，魂魄从海洋里归家团聚，但是他们不能离开大海，最多只能到沙滩游走。但是他们不想看到活着的亲人们哭哭啼啼，他们更想看到的是和亲人们手牵手在沙滩上快乐嬉戏。所以，三月三，不是悲伤的日子，无论生死，都要开心，这也是象山人独特的海祭文化，是隐喻着看淡生死的信念在的。

“还有就是与劳动有关啦。三月三、辣螺爬沙滩，三月三、螺子螺孙爬上滩。按农事在三月初三前后，地温、水温升始升高，浅海辣螺先知暖，到了这时节，螺们便不顾死活地爬上滩头，这不就是给人们送美食来了吗？再说当地百姓说，踏过三月三的浪，一年里会手脚轻健，不长疮疖。所以，这一天撮辣螺的人就摩肩接踵，人山人海。既能得到美食食材，还能防病，既得了好的口彩，又能开心快活地玩耍，尤其是那些单身人，说不定还有一份姻缘等着他们呢，你说，这还会不热闹吗？”

两人投契地说着，畅快地笑着。有时，人的快乐要求很低，遇见言语投机的人，就是人生大乐事，但，这又是很高的要求。

上坡了，两人跳下车，推着车走。天上的云彩各形妖娆，渐渐变化着，自在地游弋着。

目的地越来越近，这样的鼓励，是最能给人信心的。

何可想，幸亏徐主任成全，否则，一个人走路，吃力又寂寞。即使借着脚踏车，也一样寂寞。现在有华定做伴，感觉就像是旅行了。我们为什么喜欢这个世界？因为有朋友。嗯，这个感悟，我要写到日记里去。

华定对石浦可说是熟门熟路，建议抄条近路，直插沙滩，这样会省下至少十几二十分钟。

何可自然高兴。

虽说是四月份，浙东早晨的天光早早就来。

有风惊醒了，一看闹钟，五点半了。糟糕，玫儿估计还在被窝里，这女人，没心没肺呒心呒事的，一定睡得猪一样。有风匆忙梳洗完毕，骑着昨天单位里借来的脚踏车就赶往玫儿住处。

玫儿的宿舍，在供销社后面那一溜平房，每个新职员都能分到一间，十几平方米，有的男职员，光棍汉有一人一间的，也有两人一间的，有家庭的，则多个一室半间。每家每户都配了一只水缸，用来储水，一天的烧水做饭洗衣洗脸，甚至卫生洗漱，都靠这只水缸，当然，附近有水井，用完了用浅了，就去水井打水补上。

这时，宿舍区依然一片安静。

有风推着车，蹑手蹑脚走近玫儿宿舍。见窗子开着，玫儿站在窗子侧边，正发愣。

几乎同时，两人叫出声来，又几乎同时被各自的大声吓了一跳，赶紧捂嘴。

太阳光正从东边的山顶爬上来，虽不见太阳，但山顶九曲的弧线发散出光焰，像给群山镶了金边。朝霞变幻着好看的姿态。

两个人就一路说笑着，调侃着对方，轮流着骑车和坐在车后的书报架上，赶往石浦。当然，对于两个女孩子而言，这几个小时的骑车路程，也真是一场体力的考验。亏得年轻和激情是无敌的，身体的考验，路程的漫长都可以化作快乐的来源。

象山的沙滩是这个半岛县的特色，由于海岸线绵长，所以也就有着众多的沙滩。随着海边的山形变化，有的沙滩很长，被称为千步沙，有的短点，被称为百步沙，在这样长长短短的沙滩连绵中，海洋和陆地完成了温和而亲密的联结。沙滩，就是一根金黄的缎带，连起了大海的宽阔与汹涌，也连起了陆地的沉稳和坚实。

在这根缎带上，人们瞭望出海的男人安全归来，也瞭望鱼虾满仓的丰收带来生活的希望和殷实；在这根缎带上，人们看到陆地上的炊烟和妻儿老小的身影，看到让他们冒着生命危险与海洋的凶险莫测搏斗的勇气和智慧。人们将缎带当作快乐的舞台，散步的长廊，聚集的广场，还是收获沙滩边礁石群里丛生的壳类海鲜的天然宝地。礁石上会在不同季节爬满各种牡蛎、辣螺以及被誉为“东海夫人”的淡菜等，就像海边撒落的黑色铆钉，各种沙蜞蟹在沙滩上乱蹿，还有长相不讨人喜欢的海虱。

沙滩上已经聚集了很多人，足有几百号。虽然人们发出各种各样的声音，有怕孩子跑出视线急呼名字的，有惊喜于捡到辣螺的，有追着沙蜞蟹看它们慌乱逃进沙中的，有来回奔跑着发出欢笑声的，有向海喊叫的，但这一切，在海浪沉雄而有节奏的潮声里，都显得单薄而平淡。那千军万马冲杀而来的气概，那千军万马溃退而去的惊诧，令注视它们的人们无不震撼大自然的惊心动魄。

此时，有凤、玫儿看到建明、何可、华定都已抵达沙滩，高兴地蹦跳过去，“报告，红一方面军和红四方面军胜利会师！”

高大的华定憨憨地笑着，“俯视着”玫儿和有凤。何可伸出手去，想和玫儿和有凤握手，但看见玫儿一脸的促狭，觉着自己有点迂，这又不是工作交流，确实有点“正式”了，半空中的手迅速地画了条弧线，收了回来。这就给玫儿找到了调侃的机会，“咋啦，今天何领导是要改行当音乐指挥啦？”大家都哄笑起来。虽然何可这个动作有点滑稽，不过，局促后更多的是兴奋。建明说：“你们是红一方面的还是红四方面的？”说完也没要求谁作答，劈手夺过有凤把持着的脚踏车，往横陈沙滩的另一辆车边上推去。

大家围着自行车，开心地说笑着，玫儿蹦蹦跳跳，相比较，有凤倒像是姐姐，脸上有着不让须眉的坚定和沉稳，不过，今天她的笑容里还是出卖了她的年龄，童真，单纯。

何可第一次来到沙滩，这和船上海上还真不一样，他想起从宁波坐船到象山，他们刚刚认识的场景如在眼前，又好像隔过很多时间，这样的回忆温馨美好，又有点说不出的恍惚。

“要是海峰在，”玫儿感叹着，又用肘子轻轻撞了撞有凤，“那我们这批人就……”

“一网打尽了是否？”或许有凤也有这一闪念，便在若有所思状态里醒转过来，有点尴尬有点心虚地接过话去。

大家并不在意或察觉有凤那微小的内心骚动。

华定蹲着，把背包放在地上，并从包里取出他一路上心心念念的那台相机，那样子，好像手里抓着一条名贵无比的鱼，既怕捏得太紧，也怕抓得太松。他准备爬上沙滩尽头的小山坡去拍几张全景照，过些天，《象山报》要创办发行了，他需要拍点照片作为影像积累。

大家都围在一起，好奇地哇哇赞美。

“这是捷克牌相机，目前算是国内能买到的较好的进口相机了。”华定一边摆弄，一边掩饰不住骄傲地向众人解释，“过些天报纸要创刊了，不过印刷机只能印黑白的，所以，照片也只能是黑白片。”

大家看着华定手中黑色的相机，看着光滑圆润的相机边缘，看着罗盘一样刻着很多数字和字母的镜头，尤其看着相机镜头下方“PIONYR”这几个英文字母，感到一阵科技带来的神秘，也感到自己就好像站到时代最前沿似的，他们看着华定轻手轻脚地调焦测光，小心翼翼地将相机绳子套进脖颈，小心翼翼地捧着站起来。

“你可以设置彩色模式，你还可以向《人民画报》这些画刊投稿啊，宣传宣传我们象山的大好形势，美丽风光。”何可说。因为他读书时，他爸爸曾带过一台相机回家，什么牌子倒没注意，只是何可摆弄相机时，他爸爸神情紧张地跑过来，几乎是压低嗓子喊：“喂喂喂，小心啊，太金贵了，一碰坏，都没地方修，这可是贵重的国家财产。”这国家财产的定位，让他对相机有了一种敬畏。

华定说：“以后，我自己买的胶卷就可以给大家拍几张了。”

华定是个顶真的人，这是单位买的相机和胶卷，这是在工作，那么，每按一次快门，都得为集体为政府甚至为国家，假如为自己揿下快门，那就是营私，就是舞弊。

这也说明着这台相机的重要性。也确实，不说价钱，单从数量上来说，全县就这么一台，你说，金贵不金贵？重要不重要？

所以，大家也没奢望让华定给自己“咔嚓”一张。

望着华定高大的身影渐渐在沙滩那头变小，有凤他们四个就坐了下来。

潮声像巨大的喘息，大海的喘息，均匀，有力。

“海水开始退潮，”建明指着沙滩，“辣螺们亲吻着沙滩，坚决不随波逐流，或者说是大海坚决地将众多辣螺馈赠给人类做美餐。”

“退潮和涨潮的规律是咋样的，我一点都不懂。”有凤说。

“建明专家，解释解释？”何可也请求。

“唉，莫笑话我，”建明谦虚着，“海水的涨潮和落潮是很有规律的。因为月球和太阳对地球有引力，于是潮水的涨落，就形成了潮汐力，潮汐力是一个积分力，并非完全由引力大小决定。地球太大了，不同部分所承受的引力大小和方向就不完全相同，会出现力差和方向差，这两个差造成潮汐力。潮汐力的特点就是星体沿着引力方向被拉伸，垂直于引力的方向被压缩，地球上的潮汐就是这么来的，既然是拉伸，那么力的方向就是两个的，所以，地球上每天的潮汐涨落有两次。”

建明继续道：“有一种方法可以计算每天潮水涨落的时间。公式是这样的，按正规的半日潮推算，每次潮汐活动的周期为十二点四个小时多一点，一天涨落两次。也就是每天的涨落潮时间要比前一天推后约零点八个小时。”

大家听得懵里懵懂。感觉太专业了。

建明感觉到自己有点专业过头了，大家只是随便一问，这么专业，怕是以后都不敢跟他说话了。“不好意思啊，变成讲课了。简单点说，也就是每天涨潮退潮两次，每天的涨潮退潮时间都不一样，比如今天吧，是三月初三，那么第一次涨潮是凌晨两点半不到点，退潮是八点半多一点，所以，大家是不是感到现在的水位越来越低啦？就像一个人在冲刺，每冲一次都消耗一次体力，慢慢地，沙滩就全都露出来啦。那下午大概三点不到开始涨潮，大海吃过午饭，积蓄了力量又往沙滩上冲啦，落潮大概在九点了，乌漆嘛黑的，大海孤独地败退下去了，或者说，也没人看它用力地涌动、呐喊，还不如退回去休息一会儿啰。”

这下大家都听懂了。

人们拎着篮子和各种木桶木盆，赤着脚，追逐着好似败退的潮水，一边开始开心地寻找起四散在沙滩上的辣螺。

有凤和玫儿也忍不住海水与沙滩的诱惑，脱了鞋袜赤了脚，欢呼着跑向沙滩与海水的连接处。随着潮水的一浪下一浪上，她们奔跑着，嬉笑着，尽管水还有点凉，但她们的双脚很快适应了。

如果说建明与何可是在探讨有关气象问题，还不如说更像是何可向建明讨教。建明是入骨的气象迷，反正涉及气象学和相关的学科、知识甚至传说故事笑话等，似乎一个都不想放过，农谚里的节气与气象物候特征，太空的遥望和对气象理论的最新补充，西方的星相学和气象的渊源，易经里的道理和风水堪舆存在的一定科学意义，世界气象学发展的现状和前景，我国气象学现状和改进的方向，浙东沿海与台风的那些往事，历史上发生的海上灾难，中外历史上的海洋战争和人类对海洋未知领域的开拓，等等，但凡所涉话题，无不充满侃侃而谈的激情。

何可对建明益发钦佩。想不到，这年头，资料搜集那么难，书籍资源如此匮乏，尤其在这么偏远的浙东半岛，建明还是能从不同地方不同来源聚拢这些知识，提升自己的智慧，而所有的思考，似乎远远超出了仪器应用和常识学习的范畴，也超出了学习用功和对专业具有充分激情的评价，这已经是对专深渗入骨髓的热忱。

第九章

相聚沙滩

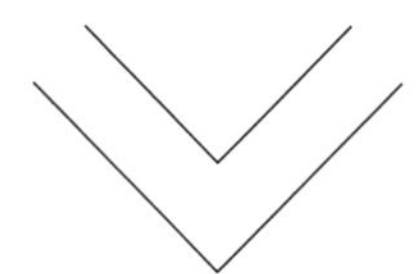

太阳高悬中天，已近中午。潮水退得远远的。沙滩完全地显露在人们面前，就像一个超级大的斜面广场。

玫儿牵着有凤的手，“我们踏沙归来了！”

有凤说：“同志们，肚子饿了。”

建明和何可经这一提醒，肚子也适时地咕咕叫着应和起来。大家商量去哪吃饭。建明提议去他的气象站吃，他最近学习烹饪，会做几个菜。不过，一说到气象站还要走三四里路，再爬上一个小山坡，玫儿就“哦哦”地叫起来：“吃不消了，还没走到，估计饿晕在路上了。”

正说得没主意时，见到沙滩的入口处来了几拨人，有挑着担子的，也有老老少少结队的，嘻嘻哈哈，步履轻松，像是周边村落的，又赫然见着一群，步履沉重，一脸疲惫不堪。

“这好像我们在夏渔见过的哎，你看那几个。”有凤指了指那群疲惫的人。

他们找了个沙滩地势较高的地方坐下。两个男的，两个女的，还有两个女孩。显然，见到了大海，小女孩哇哇地叫着，虽有欢喜，却不雀跃，估计真累坏了。

那些挑担的，则吭哧吭哧地从有凤她们那儿走过。

“等等等等，你这可以卖吗？”玫儿一见担子里都是吃的，熟玉米，烤土豆，茶叶蛋，米馒头，灰汁团，长脚螺蛳，番薯糖，印花大糕，甜麦糕，像个点心铺，应有尽有，两只夹箩，各用羹栏隔开，每打开一层，都让围观的人群爆发尖叫，对当地人而言，不是因为少见多怪，而是这个点，实在是饥饿在呼唤，是肚子在惊叫。

又挑过来好几担子。那些贩夫并不马上卸下担子，而是肩着担子，先用脚在沙滩上一蹭一耙地把地面弄平，才卸下担子。准确地说，他们也算不得贩夫，只是周围村落里的农民渔民。每年三月三，大量的游人会来到这里，虽然以县里各乡村的居多，因为交通不便，大多靠两只脚，有脚踏车的算是稀缺客人了，所以，有的会自带干粮，比如冷饭包什么的，附近村落的，到点了就回去吃饭，吃完了，过来再玩，不过还是有不少游人会饿了肚子，就像何可有凤他们，年轻人不一定会想得很周到，身上揣上三五毛钱，走哪里能饿死呢？所以，那些农民渔民就会连夜做了糕糕点点和一些零嘴，赚些小钱。这用的都是合作社的粮食，挣的都是合作社的工分，赚了钱，也是合作社一起平分的。这个做法，当初的社长也是要担责任的，好在是三月三，各方也都睁眼闭眼，主要是做好为人民服务嘛。

“辛苦辛苦，挑过来很远吧。”何可一边挑选，一边搭话，任由食物触动味蕾。

“也不远，三四里路吧。”挑夫一边用搭在脖颈上的毛巾擦汗，一边喘气。风吹来，毛巾里散发着一阵汗酸味，不过，海风一下子又把这汗酸味吹走了。

疲态的那群里跑过两个小女孩，“阿伯，我买两杯糖水！”

“好好好，一分一杯，一分一杯。”挑夫在箩底取出两只毛竹竹节做的杯子，打开放在其中一只箩里的木桶，用勺子舀了两杯糖水出来。这糖水，倒是真真实实叫糖水，就是将黄糖倒进温开水里搅拌均匀，什么都没加，味道倒是纯纯的。

玫儿也说要五杯，三杯就在担子前喝了，两杯要拿到建明守着的脚踏车那里，华定估计也快到了。挑夫说，拢共才四个杯子，最好在这喝。

小女孩咕嘟一下就喝完。挑夫问："还要吗？"

女孩盯着糖水桶，舌尖来回在嘴唇上下游走着。

"再要两杯吧。"说话的长相斯文，年纪约在四十岁，很有学者气息。然后又买了些灰汁团、米馒头，还给两个小女孩各买了一小酒盅的长脚螺蛳。总共两毛钱。

玫儿对何可说："我也请你吃螺蛳。"

三个人围着担子吃了几样糕点和糖水，何可直呼"好吃好吃"。

"城里人，知道什么最好吃吗？"玫儿问。何可摇头。

"肚饥，最好吃。"

"什么鸡？没吃过。"

"就是你肚子贼饿的时候，什么东西都贼好吃。"有凤学着北方人的腔调说完就大笑。

三人买了些糕点，用油纸包着，笑着回到建明身边。见着刚才那位斯文男正和建明说着话，华定也回来了，正蹲着小心翼翼把相机装进包里。

"来来来，几位，我给你们介绍一位我的忘年交，也是我尊敬的……魏老师。"建明难得欢快地伸出手，介绍道。

大家礼节性地和魏老师握手。

"何可，县里的，有凤，书店的，玫儿，供销社的。"建明又将三位介绍给魏老师。

"我记起来了，我刚来象山的时候，你说要去见一位老师，是不是就是……"

"对对对，何可，记性不错啊。这就算认识啦，以后就不用虚礼了吧。"

魏老师朝小女孩那群人招招手，唤他们挪过来一起坐。

“我们坐一起吧。”魏老师笑了笑，“刚才，我掉队了，老了。你看，还真不如两个小家伙呢。”小女孩一个七八岁，一个十来岁。有点怯生生的样子，完全没有了刚才欢天喜地的样子。“你看，正儿八经给你们介绍认识那么多大哥哥大姐姐，就难为情起来了。哈哈。”

大家在魏老师的介绍下，相互认识了，有凤和玫儿很快跟桂云和阿珠变成了“老熟人”，而长庚则局促地站在魏老师后面，虽然看起来像个农民，但是脸上还是有几分帅气和诚实男人的力度。

桂云、阿珠和长庚一边坐下，一边感谢着魏老师，都摆摆手，不好意思接下魏老师买的糕点，一边掏出包裹里的冷饭包。

“哎，王良呢？”魏老师转着头在人群里找人，“这家伙，你看看，活络头子，跑去撮辣螺嘞。”

远远看去，王良二十出头，壮实，中等个，走起路来双肩前后摆动，一脸农村二流子的张狂样，二流子是北方人的叫法，在这里称呼游手好闲、好吃懒做、偷鸡摸狗的一类人，毒舌点，叫魔头鬼，厌恨点，叫坏胚子，叫洋气点，叫白相人，中性点，叫空手人。

何可和有凤玫儿对视了一下，好像在说：怎么带这样的人一起来。

而长庚和桂云、阿珠的眼神，却看不出什么感受，也许是同村人吧，太熟悉了，一个人的很多缺点或者无德都会被弱化了，就像再难看的人，一旦做久朋友，也就不见得难看了。

“你们是不是觉得王良这小子不咋地呀？”魏老师似乎看出几位的想法，“确实不咋地，有时比你们想象中的还要坏。哈哈哈。不过今天他倒是做了件大好事，我们从凌晨出门赶来，两个小家伙，要不是王良和长庚轮流背一段，估计到下午都到不了。”

有凤和玫儿都笑了笑，有凤用手轻轻撞了撞阿珠和桂云，“撮辣螺去！”

阿珠爽快地答应了。桂云摆摆手，笑道：“我看孩子。”

不过，小鱼儿却立马松开了桂云的手，两脚甩动，把两只小布鞋甩得高高的，胜男也连忙脱了鞋，跟住三位姐姐或阿姨往海水跑去。桂云起身追了两步，看着有风和玫儿“小鱼儿胜男”地叫着去牵她们的手，也就放心了。

魏老师坐在沙滩的高处，身边是杂乱却干净的蒿草，那些迎风摇曳的狗尾巴草，长茅蒿，无忧无虑地招摇着。他随手折了几十根，分开两把，又用细茎当绳子绕了几圈扎住，像两束另类的花。他要等下送给胜男和小鱼儿。

风吹来，心旷神怡，他感受到大自然的恩赐，多么伟大。沙滩上处处是人，这些人是快乐的，无忧的，是与天地山水紧密相连的，人是自然的，自然是人的，他们之间或许也有抗争和敌对，有亲近和温情，尽管自然无言，却总是人类的庇护之所，他们提供了那么多的食物和赖以栖身的材料。

他一想起人类自我的争斗，一回到乡镇和“社会”，各种斗争就紧锣密鼓纷至沓来，就会让自己置于一个又一个漩涡，风暴是潜伏着的，危险是看不见的。而大自然似乎敞亮和坦荡得多了。他即使要惩罚你、整治你、作弄你、唾弃你，都会给出明示暗示，除非你无知无觉，甚至违背规律和提醒，那大自然就会按照他自己的规律来。

可你有何办法？你无法逃避，你的血缘关系在“社会”里，你的温饱要依赖“社会”，你有很多的梦想和愿望，也在这个“社会”里，你不得不面对庞大的机器运转，那会把你抛向高空，也会把你绞进齿轮，会把你变成百兽敬畏的强大狮子，也会把你变成人人厌恶的细小虱子，你的人生会充满鲜花和歌声，但也有可能一夜之间歌声成了咒骂和恫吓，鲜花成了狗屎和皮鞭。

几位相谈甚欢。却听见一声尖叫。是有凤。

建明和何可都跑了过去。有凤拉着建明的手臂，摇了摇，指着礁石丛。原来是一根长脚的蛆虫在水洼里慢吞吞蠕动，吓到了。何可看着那长长的蛆虫，也觉得有点害怕和恶心。建明笑着说："不要怕哦，这个叫沙蚕，也叫海蜈蚣、海蚂蟥，专门吃浮游生物和腐烂的植物，不过，它不会咬人，最适合做饵料了，要买的话，还很贵呢。不过，渔民一般是不会要这种东西的，长得实在得人憎啊。"

阿珠和玫儿则领着两个小女孩一起玩冲浪，就是潮水退下的时候冲下去，潮水涨上来的时候，被浪头追着跑上来，海水打湿了她们撩起的裤管，不亦乐乎。

这时又来了一队人马，为首的瘦小个子，三十出零的样子，面相上却很显威势，手里拿着鼓槌，穿着米黄色土布对襟衣，黑色大脚裤，腰间系着一根红布条，精神头十足，这使他排不上干姜瘪枣行列，后面跟着舞龙队，七八个人，抬着一条红黄相间的布龙，龙头虽然高昂着，却萎靡不振。

走到沙滩中间时，为首的举起鼓槌朝舞龙队后面挥动起来。

很快，又赶上来三个男人，面有菜色，抬着一面大鼓，憨厚地笑着。为首的走到大鼓边上，和各位队员说了几句，整个队伍立时摆开了架势。舞龙珠的是个二十多的年轻人，而持龙头的估计超过五十了，想是舞龙老将了。

鼓声一起，龙珠像一根巨大的棒棒糖，引诱着老龙头上下追扑，锣钹铿锵，一下子盖过了海浪的声音，或者说，穿透了海浪的沉雄，刚才那条萎靡的布龙突然像安进了魂灵，起伏翻飞，潜挪腾移，一下子把四散在沙滩上的人群吸引了过来。

"为首的，就是那个打鼓的，是老董，虽然年纪不大，不过大大小小都叫他老董，也就叫下了。原来是乡村里的文艺活跃分子，现在调到县文化馆了。"

魏老师介绍道，“等下我介绍他给大家认识认识，是个有意思的人。”

何可一边听着魏老师说话，一边却盯着玫儿她们嬉闹。

“哎，有凤，你说的那个，那个，抛绣球呢？”转向魏老师，“不是听说还有抛绣球吗？”

魏老师笑道：“现在哪有这个啊，都封建了。”

“不也是民俗吗？”

“那像烧香拜佛，严格地说，也是民俗喏，为啥就都扫掉了呢？”

“可惜。”

“解放前是有的，不过也是娱乐娱乐，哪会真用抛绣球来定姻缘啊。”魏老师似乎说得有劲了，“三月三啊，现在都变样了。以前才是节日呢。”

三月三，真是魏老师很开心谈论的话题。

这时，长庚和桂云也靠过来参与回忆闲聊，王良也不知何时蹲在长庚后面听。这话题，男女老少、有文化没文化、县里的村里的，都没有了文化距离或者心理隔阂。

三月三，在全国好多地方都作为节日，很多少数民族比如壮族、瑶族、侗族、苗族，会将三月三定位为情人节，踏青歌节，据说有上千年的历史了，歌会十分盛行，古代青年男女聚集在街头江边饮宴欢唱，几百人上千人聚唱，成了大规模的歌圩，黄帝故里还举办拜祖大典。

我们现在提倡自由恋爱，其实早在远古、可能春秋的时候就有了，《诗经》里有描写：“溱与洧，方涣涣兮。士与女，方秉蕑兮。女曰：‘观乎？’士曰：‘既且。’‘且往观乎？’洧之外，洵訏且乐。维士与女，伊其相谑，赠之以芍药。”这就是描写每年三月三，春暖花开，男女相约，河畔嬉戏玩耍。

人家说，七夕也是节日，这算什么节日啊，拖儿带女的，偷偷相会一下，这演的都是苦情戏啊，我们汉人感情都是闷着的，不敢表达，不敢声张，那么好的事情，我们都是当罪错来看的。牛郎织女，故事很动人，可惜太凄婉，悲悲切切的，想想都难过啊。

在象山，三月三实际上更多定位为民间综合性集市，有娱乐的，有买卖的，有纯粹来看海的，有父母带着适龄孩子来相对象的，有年轻人趁机混个脸熟的，还没有大胆到明目张胆说是来相亲的。还有很多好吃的食品好玩的物品，农村人没见过啥世面，但凡有些新鲜货色，没见过的，就很惊奇很开心。

生活条件稍好点的，会带了些木炭和小铁锅来，将捡拾来的辣螺，放在小铁锅上，下面生火，一烤，香喷喷，咸滋滋，鲜撩撩，好吃啊。

当然三月三也要看年景，年景好的，就热闹，各种娱乐也多，像舞龙舞狮，象山锣鼓，唱新闻，越剧，路头戏，耍刀弄棒，都来了，还有变戏法的，算命测字的，斗鸡戏猴的，有替人写对联的，写藏头诗的，画画的，到了晚上，买卖兔灯鱼灯的，猜灯谜的，轧轧闹猛偷偷摸摸牵个小手的，沙滩可以说是最大的集市最大的广场了。不管是僧道还是凡夫，官宦还是平民，大人小孩，鸿儒白丁，男女老少，艺人商贩，三教九流，可以说是人烟阜盛。各种叫卖声，讨价还价声，吟哦诵经，欢声笑语，嬉嬉闹闹，声杂音汇，不绝于耳。

小孩子当然最有收获最开心，可以放风筝，可以吃到很多风味小吃，可以买到布偶玩具木质刀剑，不用说有吃有看有玩，单在沙滩上跑来跑去，就已是他们的欢乐好时光。

有钱人家的女子，虽然不一定都是碧玉名媛，但都会钟情精巧漂亮的物件，比如珠钗啦、发卡啦、玉佩啦、束发丝结、开光护符，等等。

人们可以在这里赁地而卧，占地而居，沽酒煮茗，行令聚饮，不管是驻足望海的，还是到此一游的，都会看尽世相，感受凡俗生活的热烈瓷实。

不过现在那些算命测字看风水的，那些和尚尼姑道士，也都会来，但他们的身份已改，不再从事封建迷信行当了，有的改行做手艺，有的还俗做农民，有的嫁人了，有的变成了游手好闲的空手人。

大家都被魏老师描绘的旧时场景吸引了，虽是很多并非象山或浙东场景，是魏老师读书读来的其他地方的场景，已不重要，重要的是哪怕再艰难困厄的生活，人们总还是要找到点生活的乐趣。

锣鼓声停止，舞龙队休息。

老董解开胸前纽扣，用领子扇起风来。魏老师就站起来“老董老董”地喊。

老董小跑着过来。见这么多人，竟然有点局促。

“来来来，介绍介绍，”魏老师拉着老董的手臂，“这个是我们县里的文艺家，大家叫他老董好了。大概营养不良，瘦成猴精了。”

“天生的，天生的。”老董抱起双拳，朝大家转着圈拱了拱。

然后魏老师又把一众人介绍给老董认识。打过招呼照过面，大家也就算认识了。

“正在讲过去的三月三的热闹场景呢。”

“会好起来的，现在不是百废待兴嘛，我们抓好经济，把生活水平搞上去，我们文化系统也在商量，每年都要更进一步，让更多的人参与，让更多的人开心愉快。”老董抓抓头发，好像文化娱乐的兴与衰，这都是他的责任似的。

“大家齐心协力，会蒸蒸日上的，不过主要还是要人才，各种各样的人才，”何可说，“专职的少，就多用兼职的。反正业余时间，多发挥发挥，闲着也闲着。”

魏老师好像受了启发，拍了下何可的肩膀，“我倒有个想法，要么，你来一起当扫盲班的老师？可惜大材小用了，大材小用了。”其实最后的叹息，是真心的感慨，也是一种婉转的激将法。

“有啥大才不大才，你魏老师需要，也是县里的工作嘛，我愿意小用的。”何可笑着说。

“真的？那就这么定下？”

“能管饭不？我下班赶来，怕没饭吃了，饭钱我自己会付的。”

“管！扫盲班老师有工分的，工分当饭钱。”

“那赶赶快快何老师何老师叫起来啊。”魏老师跟大家笑道。

“那我要鼓动鼓动邻村的人都来听了，太好了。”长庚也插话道。

“我也来。”竟然是王良在说话。大家觉得有点不可思议，这个村里有名的捣蛋鬼坏胚子，竟然也会来学习？

太阳开始西沉，下午的潮水又开始涨了。

大家开始商量各自回程的事。

长庚说，他在石浦有亲戚，打算住一晚再走，桂云阿珠等也决定住石浦亲戚家。

华定则想骑车回县城去，他心头热乎乎的，今天拍的照片想尽快洗出来。

建明邀请何可和有凤、玫儿等住到他单位去，有几间宿舍正好空着，也好一起聊聊天，而且今天捡拾了好多辣螺，煮一煮，顺道买几只蟹几条鱼，美味。他还存了两瓶西乡人的番薯烧，和魏老师对酌。嗯，这确实有诱惑力。

老董说，他们舞龙队打算在晚上再舞一场，附近村子里也说好了，会调来一批马灯，据说还有两盏汽灯，说是完成了对社会主义的初级改造，全国今年也大多数要转为高级社了，准备进入社会主义，新社会，要热闹热闹。

大家正说着遗憾遗憾，猛听得传来玫儿和阿珠的尖叫：“快救命啊，救命啊！”

循着声音方向，只见胜男和小鱼儿在海浪里扑腾。随着海浪的起伏，被海水越拖越远。

大家拔脚跑去。

建明边跑边把鞋子踢了，把上衣剥掉，冲进浪头里。

小鱼儿一边用力拍打海浪，一边呛得咳嗽。建明伸出左手用力抓住小鱼儿的胳膊，往上托举，并伸出右手去抓胜男，但是浪头太大，一下把胜男冲开了。

阿珠和玫儿急得跳脚乱喊。沙滩上一下子聚拢了很多人，有的也准备脱衣营救。

这时，长庚和王良已经跳进水里，朝胜男游去。

好在涨潮，潮水是一浪一浪往沙滩上推，趁着又一浪推进时，长庚和王良一人抓住一个胳膊，将胜男托举起来，在第三浪往沙滩推进时，脚触到了沙滩，发了狠力，跑离了海水。

两个女孩瑟瑟发抖。

桂云哭着把小鱼儿抱在怀里，阿珠和玫儿也蹲下来抱紧胜男，眼泪禁不住掉落下来。

围观人群都说着命大福大、虚惊一场的安慰话，渐渐散去。

“好啦，这里向东走，大概半里路，有一只池塘，赶紧去冲冲，把海水冲掉，把衣服绞一绞。”王良声气很足地说。

众人对王良印象大为改观，也都投去欣赏和感激的目光，马上附和王良的说法。

第十章

村 里 日 子

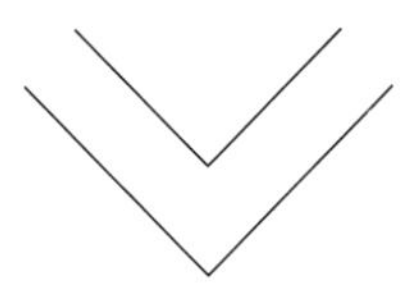

胜男背着书包回家了，高兴地和长庚说："阿爹，今天学了一首新歌。"

长庚正搓着草绳，笑着应道："好哎，唱唱听听。"

胜男清清嗓子，双手绞着，横在胸口，眼睛看着窗外，就像窗外有着美妙的景色和音乐的起伏：

让我们荡起双桨，小船儿推开波浪。
海面倒映着美丽的白塔， 四周环绕着绿树红墙。
小船儿轻轻，飘荡在水中，迎面吹来了凉爽的风。

红领巾迎着太阳，阳光洒在海面上，
水中鱼儿望着我们，悄悄地听我们愉快歌唱。
小船儿轻轻，飘荡在水中，迎面吹来了凉爽的风。

做完了一天的功课，我们来尽情欢乐，
我问你亲爱的伙伴，谁给我们安排下幸福的生活。
小船儿轻轻，飘荡在水中，迎面吹来了凉爽的风。

清亮的歌声回荡开来，长庚不由自主停下手中的活，怔怔地盯着女儿，盯着头上扎得像一只绿蝴蝶的头绳，目光迷离，好像看到的女儿不是他的孩子，而是从哪个神奇的地方飘来的仙童。他听着听着，咧着嘴笑，渐渐地这笑容就僵硬起来，渐变成一副哭脸，他从开心转而成了伤心，开心的是他有这么可爱的女儿，伤心的是，这么有天分好看可爱的孩子，竟然降生在他家，跟着他们一起受苦。

让我们荡起双桨，小船儿推开波浪。

海面倒映着美丽的白塔，四周环绕着绿树红墙。

小船儿轻轻，飘荡在水中，迎面吹来了凉爽的风。

啦……小船儿轻轻，飘荡在水中，迎面吹来了凉爽的风。

胜男认认真真地唱完了，说："这首歌啊，其实我们学校还没开始教，说是大城市里的小朋友旧年就会唱了。阿拉乡下嘛！老师也不大会唱。"

"哦？那你咋就会了呢？"

"老师说我有天分，就先我们两个一起哼，哼着哼着就哼出来的。"

长庚一直看着女儿的小脸，觉着这两片小红唇眨巴眨巴像会飞的花瓣，咋就有这么好听的声音呢。"人家说，山窝窝里飞出金凤凰，阿拉胜男怕不定就是一只金凤凰，她停落到阿拉屋里，投胎来我家，真是我的福气。"这样想着想着，出了神，直到胜男说话，才晃过神来，眼睑涩涩的，差一点落下泪来。他有个想法，他想给胜男改名。因为很多村庄都有叫胜男的，生不出儿子的，都会把女孩取名赛男啊、超男啊、招娣啊、来娣的，虽然长庚没啥文化，很多大字都是从扫盲班上学来的，但是，也觉得女儿的名字太土了。

第二天，他就去请来这些天一直住在村里的魏老师。

“看样子老酒烫好了，哈哈。”人未到，声先到。

长庚连忙出门相迎。

和村民们相处一久，魏老师心情也舒畅很多。村民们心下也略有疑惑，这魏榜眼刚来不久时，端肃、严谨，虽然也偶尔开开玩笑，说起天南地北上下五千年来，也风趣又亲和，但是终究有一种阴翳笼罩着，一个人的时候，常见着他发愣，神情暗淡，但这段时间，却是一扫阴霾，话音琅琅，大大咧咧，完全和以前的那个魏榜眼判若两人，好像心头有什么放下了。

当然大家也从没觉得魏老师是古旧人，并非眼睛高度近视、说话之乎者也的迂腐老学究，性格蛮好，爽朗，温和，长相斯文，有时也急公好义，这是大家基本的看法。所以，村方上的人有啥事也愿就找他商量，有时候，感觉权力比高级社的主任还大，至少，权威感比主任要大。主任东明对他也是小半妒忌大半钦佩，很多事也会请教他，但凡请教过魏老师的事情，做起来总是村民满意上头领导也满意的，这给东明赢得很大面子，给东明更大面子的是，当别人或者东明总结功劳并要感谢魏老师时，他总是把这些功劳推得一干二净，替东明打足圆场，给足面子，尽管大家都心知肚明，好点子大多是魏老师出的。

今天的魏老师还是穿着他最中意的那件土黄色中山装，风纪扣扣得贴紧，领子已经翻卷起来，四个口袋也像四只招风耳，不服帖地翘起来，但是角角落落被洗得发白的衣服，依然透出知识分子的安静和干净。

长庚抹桌掇凳，一脸殷勤地说：“备了几只菜，烫了一壶米酒，魏老师，屋里穷，将就将就哦。”

魏老师拉过长凳，居中坐下，也不看长庚，抓过酒盅，斟满，咪了一口："嗯，今天难得贪个杯，酒烫了刚好，刚好。"又小饮了一口。

魏老师不是个好酒之人，但是自从妻子病故后，心里一难过，也无人倾诉，就会小酌几杯。在象山，几乎家家都会自酿米酒，入口稍带酸涩，几秒钟后就口齿回甘、颊齿留香，从喉咙到肠胃，醇和服膺，多喝几回，也就小有瘾头了。不过，魏老师有个习惯，喜欢喝热酒，哪怕大夏天的，酒也是要温的。

魏老师帮忙甚是热心，也不求任何回报，于是大家又都不好意思，就常常留下他喝两杯，这个，魏老师自然也是最喜欢了，喝酒连吃饭，剃头带糨面，省得到家里自己炒冷饭喝闷酒。所以，村方上的人但凡相劳魏老师，请他小酌，先就早早温好了酒。

"胜男这小姑娘也是真聪明，长大了，我们这鸡窝窝里可能真飞出金凤凰。"魏老师对长庚这个聪明可爱的女儿也是不吝夸赞地喜欢。

长庚听别人说女儿的好，倒也没啥，听魏老师这么夸，比学生被老师打了满分还高兴，就激动得像捡着宝："多谢魏老师了，讲得人胸口好热馒头了。"

"胜男这名字呢，最好字变音不变，叫了这么些年，叫顺了，全部都改，好像在叫别人家小孩了。"

"咯好足了好足了。"长庚想，这真是有文化的人，连这个都帮我想周全了，于是连着敬了三杯。

天气渐热，不过，屋子四门大开，风吹进来，倒也舒爽，于是两人就有一搭没一搭地说些闲话，村庄上的事，村庄上的人，今年的年景，长庚还请教了几个不认识的字。

正说话间，王良闪了进来，"有客人啊，哎呀，魏老师。"一边拉了条凳坐下，复又径直跑进灶间里取了个酒盅，自斟自饮起来。

“今日阿嫂出门去了？”

“呃，做好饭，出去了。”

“咯两日没吵了？那边，倒是在，弗过去看看？”

“讲卵啊讲，魔头鬼。”

王良朝魏老师翣翣眼。

魏老师当然知道“那边”指的是谁，呵呵了一下。

喝了几杯，王良看着魏老师也不多话，就自觉无趣，说是他舟山的舅舅今天下午要来，就走了。

桂云怎么成“那边”了呢？

初级社时，因为桂云母女两个，没劳动力，而长庚家里人少，不像很多家庭，孩子生了三四个，甚至为了生男孩，结果生出七八个都有，所以，就他和秀英阿婆等五六户人家合成了一个组，吃起了小锅饭，当然，这也就是田头里的活，按人头分配粮食和其他收成，而桂云则主要做些女红，去田头送水送饭，也帮着插个秧拔个草，反正比较轻科的事务都做，只是时间一久，又是左邻右舍的，长庚又为人热情，桂云也缺个肩膀依靠，慢慢就更多亲热，也就有了些流言蜚语，大家都是村方上的人，虽然背后嘀嘀咕咕，当了面还是长庚是长庚，桂云是桂云。只有像王良这样的快嘴才会收不住鼻子下那两片贱肉。

闲话一说多，两人还真有了不一样的感情，长庚心里自然放不下桂云，桂云呢，总是让小鱼儿跟胜男做起小伙伴。

长庚老婆也看出了端倪，只是也没天天“寻慊头寻生事”，她身体弱，生了胜男后大病一场，弄得夫妻之间对男女之事都没了兴致，所以两人私下里开玩笑说，一个是石女，一个是太监。假如长庚真和桂云有奥妙，只要不让她照眼，也随便了。当然这种憋闷在心头的不畅快总会有爆发的时机，爆发了，就吵一顿，想想男人和别的女人一起做那事，总是心里翻江倒海的，只有假装没发生、不晓得，自我慰藉一下。

倒是儿子小定，听多了他人闲言，以及打打动动地旁敲侧击，譬如你阿爹有相好、比你姆妈生了好看，譬如小鱼儿是你外头的妹妹之类，就感到委屈，积久了，就对长庚有了怨气，常常有话只和姆妈说，长庚一讲话，就装聋作哑。这也让父子之间有了隔阂。

“桂云他男人到底咋回事呢？”不爱听家长里短的魏老师也忍不住问。

“弄不大灵清，有的说是前几年就死了，在外地，据说是牺牲了，有的说是到外省当了大官，那边也有个老婆，所以，就索性断了来往，说是前几年桂云带着小鱼儿还去寻过爹，有的说是肃反的时候被诬陷了，熬不过，就自杀了。”

“那你问过桂云吗？”

“问也问过，只是她说了句‘人活着的’，就不想多说，我也就不好再追问。”

嗯，如果是反革命家属，那应当会有组织来调查，如果是革命烈士的家属，也应当有组织来慰问，不知道有没有？魏老师脑子里跳出些问号，斟满酒盅，一仰脖，干了。“经太多，每家都有，难念。”

两人一时无语。长庚只是喝酒。

魏老师说：“咋啦，不吃菜，省下来让我吃独食？”

“好好好，我吃。”长庚有点尴尬地拿起筷子夹了一块茄子，“都是苦命人啊，你看，秀英阿婆，一个人，地主家俞佑璋屋里，更加可怜，好在原先好日脚也过过了，也不亏了，可怜他儿子和囡。”

“囡嘛，就是三月三辰光的阿珠，儿子呢？”

“儿子叫阿琭。十多岁了，瘦骨伶仃，农务种不来田，出海�不了鱼，读书没书本，写字买不起纸，不过画画蛮好，反正撮根柴棒，在地上也好画，随便啥纸头，统统没啥要求。”

“那咋办？俞佑璋还自己种田？”

“种啊。阿珠也种，和阿拉一样赚工分啊。不过呢，佑璋伯，书读得高，明白事理，对乡里人也不错，有啥困难，也经常接济，不像有几个村的地主，横山无情，作恶多端，不过，这也算是人性，因为穷人里坏胚子也多得是。”

“叫佑璋伯？村里人都这样叫？”

“是啊，习惯了。反正拉到台上，胸前挂起牌子，头上戴起高帽，他是恶霸地主俞佑璋，斗完了，还不是那个佑璋伯啊。不过，有意见的也有，骂起来恶毒毒的。”

魏老师叹了口气：“富得响当当的，还是穷得响叮当的，命啊，反正都是可怜人。”

吃完了，长庚就弓着背，送魏老师：“咯就拜托魏老师了！”

正好长庚老婆和小定进得门来，看魏老师要走，就挽留了几句，小定声音含混地叫了声魏老师，就进里间去了。

“刚看见王良娘舅来了。”长庚老婆说。

魏老师走到门口，突然又止了步，斜着脖子：“我刚才想了几个，有一个，我比较满意，叫圣楠，圣女的圣，金丝楠木的楠！圣洁，金贵，稀有。”

长庚虽然写不整齐“楠”字，但听魏老师这么解释，就觉着好得不得了。

王良的小娘舅是个战斗英雄，在朝鲜战场立了功，又在剿匪斗争立了功，现在舟山地委工作，虽说是娘舅，其实也就三十来岁，看起来像王良的大阿哥。王良母亲家有两女两男，母亲是大姐，嫁给农民，姨娘嫁给石浦的渔民，大娘舅也是农民，所以这个小娘舅是最令家里自豪的，名字也似乎注定要成为他们母亲一系的骄傲，叫启豪。所以每次回家，总让王良倍感荣耀。

王良虽算得村中泼皮，好吃懒做，蹭吃蹭喝，常做出些偷鸡摸狗的事，倒也不算坏到头顶生疮脚底流脓，遇着事，仗义起来，也判若两人，要是你以汉子待他时，他却又不三不四窝你一肚子老气，弄得村民远不得近不得甚至哭笑不得，不过大家觉得，王良要横发威的辰光，总有那么一种底气在，也许，这底气就来自他的小娘舅。还有一个原因，启豪和东明是朋友，东明对王良的行为总是睁眼闭眼，偶然也有提醒不要过分出格，却也很少眼乌珠突出地对王良发狠。

这次来，照例是东明陪着，王良则跟屁虫似的紧随左右。

东明说："过几天又要开大会了，几个村联合开，捉两个地主富农斗一斗，给大家讲讲政策，好像是一台戏咯几个必要节目。"

"全国都一样吧。"

"刚解放时，参加斗争大会啊审判大会啊也觉得有劲，近两年，大家一门心思，想搞经济，改善改善生活，所以，七斗八斗，也斗得有点疲了。"

"这是政府要做的事吗，按照上头的指示精神执行就是了。"启豪像安慰东明，也像自我总结经验。

东明连连称是。

"我们都是党员，也都是打仗打出身，执行政策，就是执行命令。"

说着就到了东明家。

"玉香，启豪来了。"

东明老婆玉香连忙从灶间奔出，一边在饭单上擦着手，一边笑眯眯招呼启豪。

“啊呀玉香，越来越嫩了。我又来摆龙门阵了。”

“阿里哦，你大干部莫笑话人了。”说话间，杯子茶壶也就摆上了桌。

“弄双布鞋给我穿穿，”启豪边说边开始抬脚解鞋带，“这皮鞋不适合走长路，穿得脚都肿了。”

王良看着启豪脱下的半高帮皮鞋，眼睛发亮，看着自己那双破旧的布鞋：“哇，噱头噱头！啥时光我也能穿穿就好了。”

玉香拿出一双新的布鞋来。

“弗要弗要，旧鞋好了，我又不去做新郎，就是脚难过啦。”

“东明穿过咯，三里外咯田鸡都要被熏死。”玉香把鞋子往启豪身上一塞就进灶间去了。

东明尴尬地笑了笑。

“看样子没长进，还是外头扮长人，屋里做矮子。”启豪调侃道。

“哈哈哈，就是，我也就外面头威风凛凛，到屋里厢是汗毛凛凛。”

“你不是说过几天又要斗地主富农了吗？不是又好威风了？”

“唉，其实我也是没办法，啥人愿意做咯种事啊，要是到外县外区，我要个威风倒也没关系，被斗咯，讲实在，很多也无冤无仇，统是乡里乡亲，阶级是弗一样，弗过，人怕当面，树怕剥皮啊。”东明平日里声气十足，在屋里，在老友面前，竟“萎靡”起来。

“我去斗！”王良看着东明，好像要显摆一下英雄气。

“你斗？好啊，你去斗佑璋伯喏，交给你。”

王良立时噔住了。这倒是个难题，佑璋伯已经见了谁都缩头乌龟一样，看了都恨不起来，再说了，王良心里还有个说不出的梗，就是他喜欢阿珠，虽然这户人家被打倒了，不过，阿珠依旧是村里鲜淋淋的一朵花，即使讨厌她的阶级成分，但没人讨厌知书达理、没人讨厌生相好看，要是阿珠多看他一眼，他心跳得像敲锣鼓。

他想起前几年去外村看热闹，也是斗地主，天气很冷，斗了几个钟头，台下有人扔石头，吐口水，还有舀了一勺冷水当头浇到地主头上，地主很老了，整个人缩成一团，要不是胸前还挂了一块写了名字打了红叉的木牌，活像一堆青紫罱泥。后来，地主困难地抬起头，眼神浑浊迷糊地看了台下一眼，王良感觉就像看他，当然，更是看台下所有的人，然后身子一歪，死了。台上的人还用脚踹他，骂他装死。后来发现真死了，两个人就像拖沙包一样拖下台去。同时，台下响起三三两两断断续续的哭声。

“像这种场合吧，我有个经验，心里不要东忖西想，更不要看这人眼睛，”启豪说，“你要是看眼睛啊，敌人你都下不去手。”

说起这，东明也很有感触，他总是忘不了那双眼睛，那临死前无法言说的复杂眼神。那是他的少年朋友，因为后来入伙当了土匪，被捉住后，绑赴刑场枪毙，当时，东明犹豫了一下，土匪抬起头来，定定地看着他，而两个肃反队员则用力反剪着土匪的手臂，并用力地把他往地上压去。开枪的就是东明。

“那你开枪了没？”王良问。

“当然，开了。只是，只是第一枪竟然没打死，我晓得自家心里慌，我忘弗了咯眼神，我咯手一直在颤抖，第二枪，我差弗多是枪口顶着他脑壳打。脑浆迸裂出来，鲜血从他整个头上飞溅出来，唉，比我在山林里打土匪可怕多了。我三日三夜没吃落饭。”东明很沮丧。

启豪从包里摸出一根香烟，没牌子，白锡包。一般抽烟的都晓得，白锡包，就是内部烟，有来头才搞得到。他问东明抽不抽，东明摆摆手。

“所以，打仗时，近身肉搏，你不能看对方的眼睛，否则你的刀就戳不下去了。”说起这个，启豪就有点神思恍惚，好像耳边响起久远年代的钟声，并且一声重过一声，左脸不自禁地抽搐着，好像钟声直接震颤到他的头，也好像谁在打脸。

一次是在内战打仗时，炮声停止后，还有一部分步兵没有来得及撤退，都是伤兵残部，战壕里都是横七竖八的尸体，各种狼藉的子弹箱、武器、水壶、血污、炸飞的衣帽，还有断腿断手，启豪和战友去清理战场，正要赶回的时候，看见浑身血迹的国民党兵，也就二十出头的样子，趴在一个跟他也差不多年纪样子很像他的小兵身上。“当他看到近旁只有我一个人时，怒冲冲站起来，手里抓着一块石头，一颠一踱地扑过来，我被吓了一跳，赶忙挺枪就刺，他正想举起石头的手立马垂了下来，像沙袋一样扑通倒了下去，我一看正好刺中了他的肚皮，血从刺刀尖上飙出来，他下意识地用两只手握住刺进肚子的刺刀把，眼睛翻白，脸也刷白，痛苦地乱张着嘴，好像要把刺刀拔出来，也好像要再往里送。这时，我也有点慌，慌，不是害怕，是不晓得咋办。按理，我也大大小小打过好几场硬仗，见多了敌军的死，也见多了战友的死，在子弹飞进敌军脑壳和胸脯时，我还很有成就感，可是，这次不一样，我不知道该拔出刺刀还是再往里送一把。那个国民党兵用浑浊浊的眼睛盯着我，‘大哥，行个好，送我，一把’，我突然腿都软了，心里堵块石头，我竟然握着刺刀点点头。‘再放我，到，边上，我阿弟’。听口音，他也是江浙人。我突然有一种救他的冲动，不过，这个你们不能跟别人说哦，千万别说，说了，我也完蛋。”

王良和东明都坚决表示不说。

启豪点着了烟，继续道：“这时候，不远处有战友在叫我，‘启豪，好了没有，快走啦！’我用力拔出刺刀，他蜷缩起来，捂着肚子，一下下工夫，人就软了，死了。我慌急慌忙把他拖到旁边他阿弟那里，一个趴着，一个侧着，样子实在恐怖悲惨。”

“后来呢？”王良盯着启豪的香烟，烟气本来是直上的，偶有轻舞跳跃，而此刻，也在微微颤抖中冒出各种难看的样子。

“后来我就爬出战壕归队去了。记得我那时是一边擦眼泪一边跑步，跌跌撞撞，比喝醉酒难受多了。”说完，启豪眼睛红红的，不知道是被烟熏的还是想起当时难受的。

三个人就这样默默坐着，周边声音都没了。抬头看着门外的云，云在慢慢飘着。一只黄黄的土狗跑经门口，停下，看看他仨，又看看门外，跑走了。

启豪滋滋地吸了吸快燃尽的旱烟，烟气很弱了，但还是很呛人，王良轻轻咳了一下，像是怕打断了说书人讲到精彩的章回，又期待又不安。

王良最喜欢听舞枪弄棒打仗打架英雄土匪的故事，每次听到这类故事，总会代入进去，好像自己就是故事里那些英明神勇武术高强总是能百战百胜的主角，尤其是舅舅亲身经历的故事，听来更是亢奋自豪，想不到这次听到的是这样的故事，自然十分诧异。

启豪依旧沉浸在往事中。

王良伸手摇了摇启豪的手臂，很怕他身子一软瘫倒，也怕他会深陷于记忆，野马脱了缰，狂奔于荒野，出不来了。

一种莫名的感动涌溢，说厚重的力量不像，说温热的心酸，也不像。他无法描述。一向被视为英雄的启豪小娘舅，此刻，仁慈，柔软，痛苦。

王良眼睑酸涩，胸腔憋闷，他不确定是不是想掉泪。

第十一章

敲庙事件

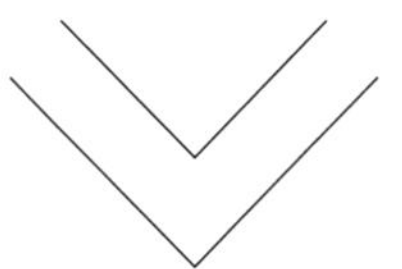

平静的生活里，总是会有一些隐隐的担忧。比如反右，比如村里长舌妇的叙长白短。生活境遇的变故、观念与作风的差异、贫穷、科技落后等，都还可以勉力应对，更大更无奈的困局，其实来自疾风暴雨连续不断的人与人的斗争。

连年战乱与兵燹，动荡与贻害，你方唱罢我登场，终于迎来了值得期待的政府，老百姓最大的愿望自然就是：太太平平。

在浙东，民间信仰较为隆盛，而且在老百姓的传统文化记忆和信仰传承里，各种文化信息是混杂不悖的，人们既相信儒家释家道家，也相信各种鬼怪神异，既接受各种家规家训，也接受各种乡规民约，还有各种“俗话说”“老人言”“古人曰”，别看山野平阔、海洋浩远，人们脑子里装满了这些信息，就像一张张巨大结实的网，一层层覆盖着，只要稍一逾越，这些信息就会遮罩下来。

沿海一带，几乎村村有寺庙，而这些寺庙，更多亲海特色，比如有大量的妈祖庙、如意娘娘庙，有各种海神庙，龙王庙，也有历史传承沿革下来的寺庙，供奉着当地历史文化名人或民间故事传说演绎而成的塑像，比如某位将军、某位恩公贵人、某位籍贯本乡而在外当了大官的，被某朝皇帝册封为名仕的，等等，时间久了，都有可能成为本地菩萨，成为村民跪拜的神。它们像铆钉一样铆在大海与陆地之间，像巨大的纽扣一样连接着大海与陆地。

龙王，是道教神祇之一，龙王形象多是龙头人身，被认为具有在海洋掌管生灵、在人间司管风雨的权力和能力，因此在水旱灾频发地区常被崇拜。中国古人有龙神崇拜和海神信仰之信俗。在道教典籍中：地龙神辅佐后土皇地祇、南极长生大帝、五岳大帝等孕育、管理大地上各区域的阴阳、物产，管理山陵、江河、平原高地等，以及神仙、阴冥众生。海龙神辅佐妈祖管理海洋生灵，是渔民的保护神。

清远子道长《太上元始天尊说大雨龙王经》："如是诸龙王闻是称善，即现感通，兴腾云雨，遍洒人间，救彼焦枯，悉得生发，免其时害，无损禾苗，川渎流通，河源注润。"

专门供奉龙王的庙宇叫龙王庙，逢着久旱不雨、风雨失调，民众就会到龙王庙烧香跪拜，来主事调顺，兴云布雨，以除酷暑之烈、干旱之灾。或者久雨不止，积涝成患，也求龙王散云歇雨，大地恒常。

一般的庙里供养四海龙王和龙母。掌管四方之海，称四海龙王，东海王敖广、南海王敖钦、北海王敖顺、西海王敖闰，也有的将海龙王的管辖区域延伸扩大，变身出比如云龙王、雨龙王、江龙王、河龙王、湖龙王、泉龙王、溪龙王，连潭、池、井，都设立专门龙王来管理，虽然井龙王池龙王的，听起来有点别扭，这么逼仄的水域，龙王住着也够委屈，但这就是龙王的伟大了，条件差点没关系，一切水域，皆须入驻龙王，一切水域，责任同样重大，所以，民众们也深刻领会龙王的意思与精神，凡是有水的地方，都供奉龙王。这跟灶间里供奉灶神是一样的。正规的龙王庙不会供养除龙以外的神明！假如龙王庙里什么神明都有，那只能和谐地理解为，人家是租房子的租神。

新社会了，泥塑木雕的菩萨属于封建思想残余，自然留不得。在全国多地敲庙砸菩萨的大方向影响下，夏渔村一年前就将菩萨“清除”完毕。

前阵子，有个县里的干部路过夏渔村，看到香火湮灭却依旧飞檐挂角雕梁画栋桀骜不羁的龙王庙，信口言道：你们反封建还是不够彻底啊，梁上的，檐角的，柱子上的，牌牌匾匾的，还有很多封建迷信的东西嘛，这龙啊，石狮子啊，麒麟，白龙驹，各种封建的纹饰还很多啊，封建的残余不扫除干净，都是后患啊。

作为主任的东明听了，顿感事态严重。尽管他从小就住在这里，看着那些“封建残余”长大，看着菩萨和拜菩萨的人长大，也并不觉着这有多么害人，但县领导的话就是政府说的话，政府的话就是政策和正确，不管哪个领导，一定都是有政治头脑的，他们代表着意识形态，代表着红头文件。

他越想越不安，辗转反侧，夜不能寐。他内心里也充满了忐忑，这么精致好看的工艺，以前是想都不敢想，摸一下都怕神灵怪罪。还有一个不安，就是社员们村民们会怎么想，即使不来阻止，就是白眼和唾沫都会辱没了祖宗八代。

第二天，东明还是领了几个人，要去把那些“残余”给敲砸干净。

“东明，你要做啥哦？”

秀英阿婆正好出门倒水。看到东明领着几个握榔头背锄头的人，就随口问了下。

“县里领导说，庙里的七雕八塑很多都是封建残余，要把其敲掉。”

“啥？讲啥？”秀英阿婆扯了大嗓门喊道。她是故意要让村里的邻里街坊听到。

果然，很多村民纷纷从自家门洞里探出头来，看着东明领着人气势汹汹的样子，问是咋回事。

东明就给渐渐围过来的村民讲了县领导的意思，也要求大家配合配合。

一听说要敲庙，村民们神奇地从各条弄堂村道墙壁之间钻了出来，嘀嘀咕咕地说些六神无主的话，不过，里三层外三层地围着，将东明的去路给封堵了，也许这也是一种意愿的表达。

东明身边一矮壮青年黑着已经很黑的脸，吼了一声："让开让开，莫妨碍执行任务！"

人群开始有点松动。

突然人群外围发了声喊："任务个卵啊任务！"听声音，好像是王良。

一个长者说："有红头文件？"

东明身边瘦高个帮了腔："县领导的话就是文件。"说完，后退了一步。

"你们统统是有爹有娘咯，你们爹娘同意嘎？"村民明显有了怒意。

"要是你们爹娘同意，祖宗八代也饶弗过你们。"

好了，从一开始针对打砸龙王庙逐渐动了肝火，上升到牵名吊姓骂爹骂娘，或者含沙射影祖宗八代了。

一般而言，就事论事，即使看上去红头赤颈，像吵架，也总是有度的，最多不欢而散，而一旦话锋转变，以人对人起来，那就有可能从言语转化成手脚并用的"身体力行"了。

人群开始骚动。

"菩萨已经被你们砸了，屋壳上这点东西你们也不放过啊，罪过啊罪过。"

"那是旧文化旧思想，我们建设新社会，就是要砸烂旧社会，我们信共产主义，我们信马克思主义，你们这是要反共产主义反马克思主义反毛……"

东明不得不提高声音，用他并不熟练表述的新词汇，半是解释，半是恫吓。

不过他说到这，突然停住了，因为再说下去，万一惹到村民们集体上了火，止不住吼下去，那就真成了反革命，也就真害了他们了。

“好啦，我想大家都是拥护的，别再吵了，再吵，问题严重了。”

村民也不是没头脑，经过他这么一吓唬，还真被镇住了，再吵，不就是反革命了吗？

僵持中，有人想起去叫魏老师来。

这天刚好魏老师在海塘岸上散步，有人来叫，就匆匆赶到龙王庙争吵现场。魏老师一来，双方都略略松了口气，这种一触即发的火药味立时就消散开去。因为双方对魏老师都有期待。

东明一方，自然是相信魏老师能说服村民，因为砸庙几乎是国策是政策是政府要办的事情，即使政府没有明确要砸到哪样程度，至少也是领导的意图，是代表政府的，政府是人民的政府，那就是说，政府要想办的一定是人民的事情，作为知识分子的教师，政策文件领会得应当比他更多更全吧，魏老师必定会跟他站一起。东明是这么个思路和逻辑。

村民们的期望则是：菩萨故事是有知识的人讲的，庙里的对联牌匾告示是有知识的人写的，供奉文昌菩萨文曲星也是保佑有知识的人的，一本本经书也是有知识的人抄的，所以，魏老师怎么会跟强盗绿壳一样，说打砸就打砸呢？再说了，过去强盗绿壳看到菩萨也会先拜上几拜的。

这实在也是个难题。

“你们这些木头脑壳，现在是新社会，是社会主义社会了，你们还装了一水咯封建思想。”东明身边的两个人愤愤地朝人群吼了起来。

“魏老师，你来评评理。菩萨也敲掉了，就剩落一只屋壳，还要再敲完，还有天理啊？啊？这庙也是村方上人自家一寸一尺造起来咯，弗看僧面看佛面，弗看佛面看人面，你讲讲道理，是弗是啊？”

秀英阿婆也站出来。

魏老师被围在中间，各种情绪和话音混杂一起，正在变成一种沼气，只要点根火柴空气就会燃烧起来。他朝人堆外挤了挤，大家也就不再围拢来，准备听课一样等着魏老师开讲。

“这个事呢我也说不好。东明要敲庙，是上头的指示，要是不敲掉，东明算是办事不力，甚至上头怪罪落来，说不定来个抗拒执行政策的定性。大家不让东明当头，还不是要来个西明南明北明来当你们的头啊！”

东明听了这番说辞，心头大石放下一半，心想，毕竟是老师，站在政策一边的。

“要是撤了东明，大家觉得阿谁来当合适？”

众人沉默了一下。有人嘀咕道：“东明当头，阿拉是弗反对咯。”

剑拔弩张的局面貌似缓和了一下，但问题还在啊。村民们的怨气和失望也还在增加。

大家看着魏老师。

“不过呢，庙是庙，菩萨是菩萨，大家不信菩萨信共产党，当初那些菩萨，不也被敲了吗？没了菩萨的庙还算是庙吗？”魏老师声音一亮。大家有点迷糊，不知道这个魏榜眼问这个什么意思。

“庙里没菩萨，算啥个庙。不就是一幢屋壳嘛！”有人说。

“对嘛。阿拉敲屋壳做啥？”

“那屋壳上不是有封建迷信东西，有龙啊凤，有这些东西在，就是要敲掉。”剃着平头的矮黑壮跟班说着浙东书面话，语带怒意。

“这倒是弗一样咯，如果这些都敲掉，那县城里周家大地主还有张家资本家的房子全部都要敲光，现在咋样，政府征用咯征用，没收咯没收，不是好好的都在啊？还有很多政府办公地点都在这些屋壳里头呢？还有儒雅洋的何家，东陈的陈家，南庄的杨家，多啦，不统统要敲个精光？再去看看村村落落家家户户，过去稍微有点积余的人家，瓦当上石窗上也有麒麟啊朱雀玄武啊这种瑞兽，被面子上也有绣龙画凤的，门板壁落上也有八仙过海、才子佳人、封神榜故事这类雕刻，有的床板上更多，连马桶箱上都有呢。”

魏老师这一段半普半土的话，众人算是听明白了，原来魏老师兜圈子绕弯子就是为了阻止东明他们的莽撞。而东明自然也明白了，内心里他也并不反感这幢庙，况且，屋壳有啥？小时候还经常去里边玩耍，母亲还教他学拜佛的规矩呢。只不过既然上头有指示，不敲掉它，不好交代，也体现不出自己思想的进步，说不定就像魏老师刚才说的那样，给个抗拒执行政策的说法，那就糟糕了。

这时，大家忽然发现身后已经被围得水泄不通，高低错落地站满了人，一看，原来是蔡家、尚渔等邻村来的，估计一是来看热闹，二是赶来探风向。因为几乎村村都有庙，富村穷村，大小不同而已。所以，一下子让村中两方都紧张起来，搞不好，这要出大事，县里树典型，省里树典型，这典型又不是好典型，反面教材啊，那不是卵蛋甩碎？

东明虽然还能沉住气，但场面至此，也不得不大了声音给自己找退路：“呃，你讲，咋办？呒没好办法，政策还是要执行。”

那个跟班矮黑壮见东明这么说，没听出找台阶的意思，以为是怪怨魏老师挡了道，怒气一霎时冲上脖颈，青筋都曲张出来，一把抓住魏老师的胸前头，作势要推打的样子。魏老师趔趄了一下，双手下意识抓住身边的人，这一抓，正好抓住的是桂云的手。桂云原本站在人群后面，因为邻村的人围过来多，她站不住，就被挤到魏老师这边稍微空落点的地方来了。魏老师一看是桂云，立马松了手。

矮黑壮说：“你算老几，你说不敲就不敲啊，你是县里头领导啊！”

“他不算老几，他是魏老师。没有老师，你晓得个天高地厚啊，没有老师，你连名字也不会写，你连你阿爹阿娘叫啥也弄不清。”人群里有人喊了声。

这时，桂云往前站了一步，拦在魏老师的前面，像个汉子似的狠狠劲就把矮黑壮的手从魏老师胸前扯了下来。

一看这阵势，有村民就笑了。瘦高跟班插话了：“耶？充好汉啊！这是你男人啊！”

桂云挺挺胸，眼神坚定地说：“是又咋样！”

“哦？听讲你男人不是死了？”

“是牺牲，是为国牺牲好伐！”人堆里的长庚实在受不住气，也挤了进来，“讲话要摸良心积口德。”

“他活着，他没死。”桂云涨红了脸说。

“哦，没死，也是哦，听说是人家不要你了。”矮壮跟班阴阳怪气地挖苦。

“你欺负女人家做啥，算你结棍了？”长庚道。

“哈哈，长庚长庚，你根长啊，有人欢喜啊。”人群里有人开起长庚的玩笑来。

长庚有些愠怒。

倒不是别人拿他名字调笑，而是这个时候，有点是非不分嘛。我帮桂云，不就是帮魏老师嘛，我帮魏老师不就是帮大家嘛！这时候咋还会取笑我的？这都什么人啊！但这就是同村人。人心齐，齐一时，一旦没什么利益损害了，形势逆转了，大家又都无事佬一样了。长庚思忖着，有点沮丧地收了声、杵着。毕竟大都是看热闹的，起个哄，图个乐。再说了，他自己也知道，不是没有一点私心的驱动，因为被羞辱的是桂云，要是别的女人，可能他也就跟其他人一样，踮起脚，伸长脖子，看看好戏再说。

又有人“长庚根长”地笑话长庚。长庚愠怒起来：“是阿里一只猢狲在放屁，站出来！”

眼看有人接招的话都要打起来了。人群不自主地往后退了退。

“吵个卵啊！讲不讲道理啦！”人群里钻出王良来。大家以为是谁那么正义凛然地，一看是从不讲道理的空手人魔头鬼王良，想想都要笑，不过，大家怕被王良见着他们的嬉笑样子，都憋住了。

王良目露凶光，眼珠朝人群转了一圈：“谁再说，我把谁的卵给废了。长庚不敢，我敢！”

魏老师这时也恢复了平静，毕竟刚才的场面令他有些憋屈和小小的紧张。

“这样吧东明，我县里呢还有点关系，我跟主管领导去讲讲，假如他们说一定要敲，那就敲，假如说可以缓一缓，也不急着半年一载，你呢，也就没责任。你当主任，担责任最大，这个大家晓得，也不容易，对否？”

说完，朝村民群里喊了喊：“大家讲，对否？”

大家都说“对”。

“那要不今日就散了吧？”魏老师朝向东明，“东明你讲呢？”

东明心想，我今日子本来就是领了上头的命来的，看你还能去领导那说成啥结果回来。不过，不管怎么样，结果是敲，那大家闹也闹了，也就没话可说，结果是不敲，我也省心，等于魏老师给我找了台阶。不过他内心里真是感谢魏老师，这会儿散不散还征询他意见，让他最后给大家发个号，给足他面子。

“那就散了吧，反正，阿拉就等魏老师消息啰！”东明说完转头就走。

两个跟班也快速跟上，瘦高个本能地缩起脖子，脖子根上凉飕飕，好像走慢了，说不定会有啥东西飞过来。

经过魏老师这一番劝解，算是平息了事端。否则棍棍棒棒一干起来，真不晓得后果如何。虽然双方人数上是大不对等，但好歹都是村方上的人，而且，东明是代表了政府、至少是代表了县领导的意图来的，东明还顶着个主任头衔，所以，无论哪方赢了，都不是好事。再说了，菩萨也没了，谁也帮不到，谁也不保佑，那就只能由着不长眼睛的棍棒去找要揍要倒霉的人。

众人陆续散了。有几个人请魏老师吃饭，他就一一谢绝了。

他只是想静一静，在村子里走一走，想一想后续怎么处理。

村子里已经飘出炊烟，饭香，咸鱼的香味，在村道上被风吹来吹去。

恢复宁静的村庄，是令人安心的，就像那些几十年几百年的树，秋天茂盛，过冬叶片凋零，一到春来，就开始蓬蓬勃勃地发绿，年复一年，风一来，就摇曳，雨一来，就轻吟，霜雪来了，就沉默，飞鸟来了，就听着它们唱歌对话。

他慢慢走着，对敲庙这件事，已经心中有底。他会去找这位发话的领导，会找什么样的理由，从哪个角度出发解释。即使庙里有菩萨有海神，那也只是民间信俗，何况，目前只是屋壳而已，就一建筑，根本可视作文化遗留啊。嗯，如果这个道理说通，至少能因此拖个一年半载，那结局也算不坏。以后开全县文化教育会议时，一定会讨论，如果讨论的结果是这些庙的屋壳能保留保护起来，这自然算给全县做了件不算小的好事。还有，要是全县依照这个概念对待此类建筑设施，或许，全国都会引为经验，全面推广呢？这真是大好事啊。

魏老师想想都开心。

不觉间到了桂云家门口。桂云正在抹桌子，看到魏老师，眉眼都亮了，急忙走出门来，邀请魏老师进屋里喝杯水。魏老师看着桂云热络的眼神，也站着，只是感激地微笑。桂云看魏老师一时傻愣，就嗔怨又亲昵地伸手拽了一把。魏老师一个小趔趄，一脚踏进了门内，又赶紧抽身出来，站在门外对桂云说："改天来喝茶，改天来，"并压低声音，"外面村方上邻居看着，不好意思，我就站在门外说好了。"

确实，魏老师一路踱来，路上前前后后的都有村里人招呼着，大家也都余兴未尽地在家里家外穿进穿出，而对桂云家的情况他也大抵有了解，为免生误会，魏老师取谨慎以待。

桂云听魏老师这么一说，就不再勉强，她虽没探身门外，也能猜出大概情形。

"有啥困难就开口说哦。"

"也没啥，都要转高级社了，存也存不起啥财物粮食，当然呢，饿也饿不死的，我想。就是，就是……"

"就是啥？"

"风言风语蛮多咯。其实阿拉两个也没啥，他看阿拉一大一小两个女人可怜，总会相帮着点，种种地啊，田头收拾收拾，不过我也没啥好报答，有辰光热羹热饭做点给他吃吃。唉，人家要讲闲话，嘴巴长在人家头颈上，我也堵不牢。"桂云低着头，声音越说越低。

魏老师知道桂云说的那个他是长庚，但还是心里颤了颤，觉得桂云对他还真是信任，也是一份积久的无奈，哪个女子愿意跟一个并不十分亲近的异性说出这种隐秘难言的事情呢？他看着有点孱弱的桂云，很想伸出手去扶一扶她的肩膀，这样，似乎可以给她点力量和抵御流言的勇气，不过，他还是止住了，局促道："桂云，日子会一日日好起来，别人家想法堵弗住，你咯活路别人也堵弗住。我先走了，改日，再来过。”

说完，就脸色凝重地走了。

桂云也没出门相送，她知道分寸。

第十二章

偶会俞家

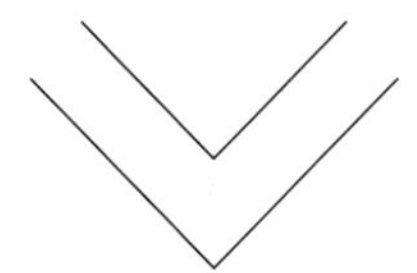

关于龙王庙里那些“封建迷信”的建筑装饰装置等要不要砸烂，这问题悬了几天，终于有了结果。

魏老师还真把自己当初的设想给办圆满了。他通过县里的朋友找到那位领导，说出了自己的想法，虽然他也没十分把握能说服这位领导。有趣的是，这位领导听完魏老师的叙述，竟然一把拉过魏老师的手，连声说谢谢。并说：他当时也是一时脑热，随口一说，想不到，基层干部会这么认真，当作政策来做了。他表示如果有啥事，他顶着。并依照魏老师的要求，备了份手信给东明，嘱咐东明要相信群众反对封建的决心和觉悟，在工作中要多听听文化人士和有识之士的意见，尽量少意气用事。封建迷信的要打击铲除，但是文物就应当善加保护，更不要说破坏了。

手信交托魏老师带给东明。虽是这位领导没对自己的话做形式上的检讨，但还是看出了一百八十度的转变和愧疚之心。

有了这份手信，东明也就安了心，同时也给自己布下台阶。这事也就这么不了了之了，应当说是，了之了。龙王庙侥幸避免了一场不大不小的伤害。

领导手信交给东明后，魏老师心情大好，脚头也便格外轻健。下午的太阳斜照在巷子里，半明半暗的，就像一种难以言说的心情或情感。

拐角处有一口井，井边两只狗在嬉戏，一只白一只黄，见魏老师走近，也不避逃，依旧你扑我、我抓你，你摇尾巴我咬嘴。魏老师突然想起张打油的句子来，“江山一笼统，井口一窟窿，黄狗身上白，白狗身上肿。”想着想着，便暗自失笑。

“魏老师，有好事啊？”阿珠正在井台不远处的长石条上洗衣服。见着魏老师走来，又开心又有点尴尬。开心的是，她对魏老师一直怀有很大的好感和敬意，在她心目中，能和这样的男人一起生活，是向往的，尽管魏老师年龄大过她很多；尴尬的，是因为自己捋着袖子、蓬松着头发，多少有失仪态。

本来想说，见到你就是好事，就是开心，这也是魏老师此时内心真实的想法和感受，可是，到了嘴边却是“看到两只狗，觉着蛮开心”，这，倒也是真实想法。

“哦，原来弗是因为看到我。”阿珠假装失望。

“弗是弗是，看到你也开心咯，看到狗跟看到你一样开心，讲错，是看到你跟看到狗一样开心，讲错讲错，是……”魏老师正在思忖自己不该油腔滑调，但是，也不能总是弄得古板严肃，被阿珠将了一军，言辞竟然变成这种怪味。

“是先看到狗开心，后看到我也开心。”阿珠收拾衣物，准备回屋。

“呃，洗了一半，不洗了？”魏老师觉得这狗与人的话头听起来总有点怪，连忙岔开话。

“不洗了，”阿珠端起盆子就走，走了两步，回头看魏老师正愣着看她，“走，邀请你去我家坐坐。没茶，有白开水。”

魏老师“哦”了一下，就嗒嗒嗒跟着阿珠走。他觉得奇怪，为啥不是回答“好”，而是“哦”呢？

到了俞家大宅，也就是阿珠的家。高门大院。闾门上本来有“齐梓英贤”四个浮雕阳文，后被敲掉，只留下斑驳的残迹。当然，院落虽大，却很凌乱破旧，堆满稻桶、钉耙、锄头、稻草、柴爿、酒瓮之类的，廊柱和廊柱间横七竖八拉了多条铁丝和麻绳，有的挂着粗布衣裤，院子被一分为六，里面住了六户人家，阿珠他们被赶到靠西首的厢房。

这俞家，是过去方圆几十里首屈一指的大户人家。祖先从陕西迁来，落户象山后，香火接续数十代，出过很多人才，耕读传家，历近千年而不衰，世居政实，乡美政里，可以说是齐梓英贤，有光今古，是县里的望族。不过，到了这一辈，俞家算彻底没落了。

进到屋里，光线弱，有点暗。因为靠西首的房子，怕西晒太阳，一般不开大窗，最多挖出个小窗透透光。

“我阿爹。”阿珠抬抬下巴，朝向屋里的老者。

“俞先生，久仰，我，魏……”魏老师突然感到古风尚存，必须这样寒暄。

“魏老师，县中学大名鼎鼎咯魏榜眼。”阿珠抢过魏老师话头介绍。

“唉，不要叫我俞先生，他们都叫我老地主、坏货，专政对象。”

“一般都叫佑璋伯。”阿珠又抢过她阿爹话头。

“对对对，我也改口叫佑璋伯。”

“阿珠，把门开大点。”俞佑璋对阿珠说。

魏老师正疑惑为何要开大点门，门不是已经开着的吗?

“怕有影响。我是啥人，你是啥人呢?怕对你影响弗好。”佑璋伯神情黯然地说。但是这份为人着想的警觉，还是让魏老师心有触动。

“到得现今，只留几分薄田，徒留叹息啊。家道中落，落魄至此，也算是丢尽祖宗脸面了。”

“阿爹，你又瞎七倒八，上次被人举了报，还弗怕少挨打？”阿珠白了她爹一眼，“老背了。幸亏是魏老师，弗是别人！”

“好好，弗讲，我也是新社会咯人，接受改造，只弗过人家弗想接受我改造。”

魏老师笑了笑。

阿珠真倒了杯白开水来。

俞佑璋，其实也不老，尚未过六十甲子，只是这几年，背已微驼，眼已老花，头发也黑白相间，由于精神上惧怕和担忧，生活上缺衣少食捉襟见肘的压力，身体变得很是羸弱，再说其妻前几年过世，中年丧偶，就更显出老相。曾经的俞佑璋，性格豪爽也刚烈，行事顶真，借的一定要还，但是讨要的却也不会计较，所以在乡里乡亲的，既多有得罪，也积了些口碑。不过他老婆、阿珠她妈正好相反，待人不薄，做事圆融，所以，俞家在乡里一直未有多大的恶名，即使现在合住一起的几户人家，都是贫下中农，对佑璋伯也鲜少恶语相向。

俞家生有三个孩子。大儿子是国民党军官，后随国民党大军溃退至台湾。临行时劝说他同行，他坚辞不受。直到五五年还托了留在岛礁上的国民党军部残余捎口信给他，让他带着弟妹逃离大陆，如果愿意，他会派人来接应。俞佑璋依然托来人回复他长子：你作为军人，服从为天职，我不拦你。大陆才是我的根，我要死也要死在家里，否则，你母亲的灵魂都找不到我们了。后被人告发，说他和蒋匪帮依然有联系，一定是国民党的特务，是潜伏着的反革命。再三申辩也无济于事，每次开批斗会，总少不了他的份。

当然，他屡遭委屈，依然愿意忍受，除了故土难离的情，亡魂难慰的祭，更重要的是期盼形势能够有所改变，至少让膝下一儿一女能有善处。

夜深人静，就只能对着阿珠她妈的遗像，上半截香，泣诉一番，求她保佑。

阳光从小窗里射入屋内，照着桌上两长条红纸。

“哎，喜联啊。”魏老师看着好像刚写成的一副对子说。

“难得有红颜色进门。”佑璋伯浅笑了一下。

“这是谁家喜事啦？难道是阿珠？”魏老师明知不会是阿珠，但总得找点话头。

“哪里哪里，阿珠喜事，远嘞。她看中咯男人，远天八只脚，弗晓得在阿里片云顶飘。是邻村一户熟人，嫁囡。”

“哦？邻村咯都叫你来写，名声在外啦。”

“唉，本村，谁还敢叫我写？避都来弗及。我一个经常上台被斗咯倒霉佬，人家怕晦气。”

“邻村咯为啥就弗怕晦气呢？”

“唉，主要是其拉呒没见过我台上咯馊气样，或者是这户人家过去跟我也蛮好，总是讲点交情吧。”魏老师看到佑璋伯眼神里有了点亮光，露出难得一见的笑容。他想象着当年活在兴头上的俞家主人的神情，“我也是做点好事，结婚大事，总是值得相贺。再说了，我也有点私心。前几年，抄家咯人，怕我写反革命咯信件文字，把屋里厢咯纸头一搜而光。弗过，新郎家也客气，晓得阿珠弟弟阿琭喜欢画画，就送来好些干净纸头。”

魏老师读着对联语：新人新事新天地，吉年吉日吉风尚。横批：和合家室。

“好字，馆阁体，很正。”魏老师叹了一声。

“本来呢，想按照旧俗写几句，现在不是新社会了吗，要有新气象，所以，唉，浅白杜撰，见笑见笑。”

阿珠站在她阿爹边上，视线却挂在魏老师那儿。

“阿珠对你是交关佩服，交关有好感。说上次三月三去踏沙滩，虽是没和你说过啥个话，回来后，像个小老太婆，老是跟我铎铎念铎铎念。”

“佩服？从何说起啦？”魏老师腼腆地笑了下。

“还有，喏，上回你阻止东明几个敲庙，阿珠都看到了。”

当然，遇到敲庙这种事情，像地主富农这样的人家是不敢靠近围观的，只能远远地站在自家门口，或者趴在靠路边的自家矮墙上偷窥偷窥。不用说这种涉及政治性和高级社的公共大事，就是一般鸡零狗碎的小事，他们也没法也不敢说话和参与。村里开大会，地主富农家的是一拨人，归在一堆，其他人则是另外分出一拨，当然，数量上一定是地主富农那一拨少多了。所以，这部分人，包括他们的子女，一开会和参加群体事情，就像寒风里的鸭子，缩着脖子，低着头，黑乎乎地憋一旁。

解放前，大凡遇见这类村中公共事件，大家都会请教佑璋，因为他见多识广处事公正，虽然言语不多，总是说得入情入理，各方不同意见，也就慢慢在这个得出的“理”中归于统一。假如还会有可能需要集资凑份子啥的，佑璋总是等众人讲完了，方案定完了，或者无奈僵局了，说“大家摊一摊，我来刨箩底”。于是众人就心事落肩，陆续散去。

不过现在，都成了如烟往事。佑璋万事不管，也管不好，更不用他管啦。他除了日日担心和想办法弄到点粮食，让两个小的都能吃饱，就不错了。所以，他也总是跟阿珠和阿球说，万事莫管，除了自己吃穿，都是闲事。而这样夹住尾巴战战兢兢地几年下来，人家也把佑璋这个村方上的头面人物给忘了，甚至根本就不相信他的判断能力、办事能力。

现在一般的规律是：遇事找社主任，主任解决不了的，找像魏老师这样的做主心骨或者中间人，虽然没权没力，但是有文化有头脑啊。有时在吵架或者争论时，还给你讲一两个故事，堪比听书，故事听完，解决问题的道理也明了了，大家的脾气也就泄了。再说，像魏老师，他可是从县城中学来的，这在当时，中学就是本地最高学府，咋会不自带威信呢？

阿珠，是俞家的女儿，她自然也只能远远地站在自家门口远观。尽管村里人对阿珠一点都不恨不讨厌，甚至还很喜欢。上回敲庙争执这一幕，虽然远归远，阿珠都还是看在眼里的。她看到了机智而公义的魏老师如何化解一场难堪的事件，看到桂云竟然有不让须眉的豪气，看到深受“妻压”的长庚为了美人也男人了一把，还看到令人讨厌让人鄙视的王良，也有地痞变英雄的时候。所以，当她随着围观的众人散尽，走回屋里，心里却有足够值得回味的开心，她自问也不知为何开心，只是，就想开心。

“魏老师，喝茶，哦，喝水，莫嫌贬哦。”阿珠看魏老师总是一愣一愣，完全不像沙滩上那个谈笑风生的样子，就招呼道。

“白开水好，白开水好。”就抿了一口，像喝酒。

“哎呀，今日高兴，我去拿点字给你看看。”佑璋伯自言自语着走进里屋去，“说我字好，实在难为情。”

一时间，屋里静默下来。留下魏老师和阿珠两个人面面相对，竟然有点不自在。

阿珠低着头，脸红红的，胸脯起伏。尽管隔着衣服，魏老师还是感受到青春的蓬勃和女性的气息从这一起一伏中像热浪般涌出。他突然有点晕眩。这是久违的男女欢爱的味道，在这光线暗淡的屋子里，这味道是人间的奇香，是晃眼的日照，甚至有点像惊蛰的雷声。他不该再沉默下去，这令人慌乱的感受，会让自己失态。他脑子里闪过几个女子的面孔，学校里那个数学女老师，桂云，从前的女同学，有个朋友给他介绍过的“对象”，她们同样是出色的女子，要么长相好看，要么年轻活泼，要么知性文静，要么一看就是为人妻室的传统女子，可是，他从来没有现在这种感觉，也许是因为想念亡妻而关闭心门，也许因为忙于读书教书，无心旁骛，反正，现在这感觉令自己又惊喜又不安。

“想啥呀，木头人一样。”倒是阿珠首先打破这样的沉默，或者说是沉默中的激荡。

魏老师抬起头，正视着阿珠，他发现阿珠并没恭恭敬敬叫他魏老师，而是有点娇嗔地说他“木头人”，而这个说法多么熟悉，多么亲切，这是他亡妻曾经的口头禅，当然，也是这个地方所有人的常用词，只是从阿珠口中说出，一个二十出零的妙龄女子口中说出，这无疑具有别样的美好。

阿珠和魏老师也对视了一下，也感觉像划过闪电，她迅速低下头去。岔开十指，绞来绞去。魏老师的手颤抖着，像不听话的小动物要跃出笼子，他想伸出手去，握一握，或者就轻轻触碰一下阿珠的手。

“翻箱倒橱，翻箱倒橱。总算找出来。”佑璋伯抱着两卷纸和几本线装书，从里屋出来。

“哦，阿拉屋里老古董。”阿珠反应过快、假装轻松地对魏老师说。

魏老师也像从梦中惊醒，狠狠眨了眨眼，好像这样就可以把刚才的一切雷电云雨都甩脱了。

佑璋伯收拾了一下对联，把手中的卷轴和书本放到桌上。

这是俞家原先挂在堂前的对子。左联是：事理通达心气和平，右联是：品节详明德行坚定。中间四字：品高望重。联语出自朱熹的《论语集注》。字迹清晰，笔力遒劲，端庄凝练，有隶书的朴拙，也有楷书的刚正，不知出自哪位书家之手。

“祖上咯，大概有两三百年了。前几年抄走大多数书画和金银细软，咯是我求了东明才保留落来。”

大家立时肃然起来。

佑璋伯又摊开几本线装书，是俞家的家谱和祖训。

魏老师禁不住念出声来：

敦孝悌以重人伦，笃宗亲以昭雍睦，和乡党以息争讼，重农桑以足衣食，尚节俭以惜财用，隆学校以端士习，黜异端以崇正学，讲法律以儆愚顽，明礼让已成风俗，务本业已定民志，训子弟以禁非为，息诬告以全善良，诫匿逃以免株连，完钱粮以省催科，联保甲以弭盗贼，解仇忿以重身命。

“喏，俞家恪守咯十六条祖训，唉，到我这辈，怕是守不住啰。”

“阿爹，你又叹气，叹气叹气，运道会叹坏，弗是你讲咯？”阿珠又恢复了她调皮无拘的样子。

“唉，还有啥运道啊，都活成烂糊泥了，运道再坏还能坏到阿里？”

“就是嘛，祖训祖训，祖训顶个屁用啊，还有啥个家规家风，现在是新社会了，你那套旧思想，封建，没用，活命，才第一要紧。”阿珠有点气嘟嘟地说。

照以往，阿珠要是这么说话，佑璋伯非给出一顿臭骂，或者唐僧念经一样叨念半天，今日，佑璋伯竟然只是摇摇头，叹了口气。

魏老师捧起书本，一页页翻着，心里也是五味杂陈。

阳光已经从桌子上移开了，照射在墙壁上，墙上斑斑驳驳，挂着些蓑衣笠帽和镰刀。

“哦，我也要做生活。高级社里，大家统要挣工分，就是我老了，工分还挣不到别人咯一半。弗过趁我还做嘞动，尽量挣口活命饭啰。”佑璋伯看魏老师盯着墙上的农具、衣帽，解释道。

阿珠突然低声抽泣起来。

魏老师赶忙岔开话题：“阿璟呢？”

“阿璟小鬼头身子太弱，做弗了生活。”

“哦，我是问阿球现在阿里去了。”

“阿球去东明家了，”阿珠迅速抹了泪，扬起头说，“阿球很喜欢画画，以前也读过书，后来因为经常被同学嘲笑，打击多了，就受不了，辍学了。屋里也没啥粮食，分到咯口粮最多能填饱一只半肚皮，我屋里三个人，只好轮流着饿，阿球正好长身体，吃弗饱，再加病病歪歪咯，农活做弗动，弄嘞皮包骨头、瘦骨伶仃，屋里窝着，没事就画画。弗过玉香倒是喜欢阿球咯画，总是让他去她屋里画画，经常送阿球吃咯。哦，玉香，东明老婆。”

魏老师听着阿珠说话，一边抚摸着俞家的家谱，突然向佑璋伯鞠了一躬，告辞出门。

阿珠和佑璋伯愣了一下，不知道魏老师为何要行这个礼。

第十三章

推普扫盲

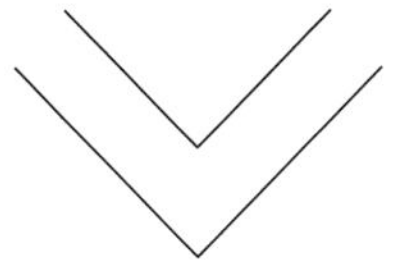

五月一号，筹备多时的《象山报》终于出刊了第一张报纸。这对地处偏远的浙东半岛而言，多少改变了数年来资讯相对封闭的格局，使得普通百姓也能相对及时了解整个县和国家的一些信息，这真是县域的一件大事。

有报，本身就是喜报。

当第一批报纸发送到各乡镇后，大家自然心情激动。拿着报纸就像拿着圣旨，早上读，中午读，晚上点着美孚灯、煤油灯也读。

夏渔村也有了一份《象山报》，按期投递到东明家。

在一个村子里，抬头不见低头见，要不是恨成死敌，大多数都不会结成心病。前天还打过一架，昨天就一起喝酒，昨天恨不得用剪刀戳死对方，今天就坐在一起纳鞋底补衣裳家长里短了。因为砸庙的事情东明和村民结下的疙瘩，其实几天后就消散了。再说了，东明也没真动手，话头也没说绝，到底又是主任，尤其是玉香，对人真诚和善，实在让村里人做不到牙根发痒戳心戳肺眼乌珠突出。闲下来时，东明家又像俱乐部一样热闹了。

不过报纸一天天发下来，问题也来了，大家其实大多不是看报，而是听报，是识字的人拿着纸头读故事。像东明自己也识字不多，很多字不认识就匆匆跳过，有的文章听起来也就云里雾里。这时候，到处找识字的人。读过一两年私塾的就已经心气高昂，像魏老师这样，自然是凤毛麟角，所以，大家对识字的呼声再一次高了起来。

扫盲，又被大家推为重要的工作。还有，推广普通话，也非常重要。

县里的扫盲和推普工作虽然一直在做，但是进展并不快捷，也不顺利，所以，县政府就着手加强这两项工作的力度。

工作的难点在哪里？

第一，当然是文盲太多，农村里，十个人里有一个人识字已经不错了，大量的农民渔民，连自己的名字也不会写，连很多充当记账员的，也不识字。怎么办？记账时只好画圈圈划杠杠，农具用个三角符号，肥料用个四角符号，时间一久，只见账本上各种象形符号，谁看了谁糊涂，记账员当然也会糊涂，最后，就真正变成了一本糊涂账。北方有些村子里“盲”得更厉害，一个村子一两千人，识字的，十个都找不全。

第二，就是师资问题。县城里的识字人大多有自己的工作，而乡村里的识字人也都当主任的，当会计的，各有各的忙。

第三，教材问题。很多教材都是一板一眼循序渐进的，比如，开始先教“中华人民共和国”，教“长江黄河长城北京”，但很多年纪大的，觉得这很难学，提不起劲来。他们更关心自己的名字、村庄、数字之类，当然也包括四季农时、鸡鸭鹅猪狗羊。这能不能自己来因地制宜编一本呢？

魏老师突然福至心灵，想到一些好的方法。

组成一个扫盲教师团。何可，阿珠，阿璟，都是扫盲团成员。况且，这还可以给阿璟解决吃饭问题，上一课，就记一工，而且是记十分的满分工，因为老师是特别需要尊重的，满分工一般不会有人讲闲话，还有，阿璟不是很喜欢画画吗？就让他把要学的某些单字单词用画笔画出来，比如飞机、火车、轮船或者手枪、大炮、刀剑什么的，大家在看画的同时又识了字。

这样也能发挥阿球的才能，多好。

过几日端午，是个时机。

浙东农村的节日很多，家家户户也很重视。

尽管新社会总有这样那样的新鲜事，有令人心惊胆战的事，有令人费解的事，有与自己好像有关又好像无关的事，有国家大事，有邻里隔壁鸡鸣狗盗的事，但对老百姓来讲，总归还是平淡日子占到多数。所以，节日的准备期会很长，或者说，老百姓对每一个节日的期待很长、兴奋期很长。也不管是什么大事小事，能有得吃，能吃饱，民以食为天，吃，就是天大的事，一等一的事。每逢佳节倍思亲，每逢佳节也倍思吃啊。有人总是很豪气地说，只要吃饱喝足，管他天塌不塌下来。当然啰，天都已经在肚子里了，塌下来，也就是肚皮贴后背。

端午节来了，虽然过节大多是一天工夫，但是家家户户对节日的氛围营造和节后余延的快乐却总有好几天，而且，希望这种节日的气氛能拖得越长越好。就像喝了酒，能不醉，也能不早醒，拖着点余兴，不消，最妙。

于是大家老早就会准备粽子的料，粽子的棉线，箬叶，先一遍遍洗干净了，柴火，也备足了，富裕一点的人家，会准备些咸肉和红枣，或者把红豆捣成泥，这样，就会有咸肉粽、红枣粽、豆沙粽等。再买点碱水，裹几只特大的黄包粽，裹一批三角形的狗头粽，水在大锅里煮上，生粽子落锅，熟粽子出锅，粽香满溢出来。这都是过节应有的程序，忙忙碌碌，就等着一家人围坐一起，狗头粽一人一只，黄包粽则要大人用棉线割出来，大人们都好像无师自通，往往先洗了手，一手兜住足有几斤重的粽子，一手将粗粗的棉线送进牙缝咬住，然后捏住棉线另一头，像锯一棵树一样，像打结一样，将粽子一块一块均匀地割到盆子里去。当然，黄糖白糖是要准备好的，黄糖首选，白糖次之，如果有古巴糖，那就更好了，入口就又甜又酥地和着粽子的香味，糯糯地满口跌宕起来。

有文化一点的，读过点书识得一点文字的人家，就会说说粽子的由来，说说楚国的大夫古代的诗人怎么投河死了，这个叫屈原的人，为了国家，保持自己的气节，人民是多么爱戴他，怕鱼儿围拢来吃了他的身体，就用米包起来扔到江里去，这样，鱼儿吃饱，就放过屈原了。不过，孩子们被朦朦胧胧的爱国气节镇住时，总是会问，粽子吃完了，那些鱼儿不是还要吃屈原吗？粮食多宝贵啊，这么多倒下去，多可惜啊，那为什么不打捞屈原呢？投江后呛死是不是很难受啊，要是不投江，比如上吊什么的，就不用浪费粽子了？楚国不是中国吗？是中国为啥叫楚国呢？大人说那时候中国有很多个国家，比如我们浙东这一块叫越国，小孩又会问，那既然我们是越国，为啥要去纪念别国的人啊，大人再说，楚国亡了，后来就全都合并成一个国了，屈原是为了他的楚国要亡了所以投江的，孩子又会说，那亡了不就是一个国了吗，不是好事吗？结果大人就被绕进去了，就吼一声别啰唆了，或者反正我们是纪念他的爱国精神。

没文化的家庭，就简单多了，就说是端午吃粽子，门上挂菖蒲，避邪，喝雄黄酒，反正，吃吃喝喝就是了。

过节，中国人过节就是吃喝。

当日下午，魏老师邀请了几个人一起到他夏渔的“别院”来过节，一个是何可，一个是有凤，还有一个是华定。不过，魏老师可是要做一箭双雕的事，或者三雕四雕。

因为何可和有凤都是城市里来的，在象山也无亲无戚，一起过节可缓解思乡思亲之苦，也可让他们融入和了解象山的当地生活和文化，关键是，下午有堂扫盲课，让他们参与一下，也可以发展他们成为扫盲教师的团队成员，请华定来呢，是给这位《象山报》副主编兼首席记者提供一则新闻材料，比如可以写一篇诸如《过节不忘学文化》啦什么的报道，还可以配发一张现场照片。至于还有什么“雕”，等下再说。

吃完午饭，大家陆陆续续来到了魏老师的住处，也就是教室。

大家习惯地各自搬了凳子坐定。

魏老师从里屋拿出一张纸来，折叠着，“来来来，我给大家看样好东西。”

众人很好奇，各个站在桌子边上，像一群挖宝的人等待头脑人打开藏宝图。

魏老师落座后环顾了一下众人，有点小小得意地慢慢翻开这张纸，“我花了两天时间画出来的。”

纸张完全翻开，几乎遮住了桌面。

“双轮双铧犁！看着简单，实际生产过程也不简单，要九十多道工序呢。这犁镜最难生产，主要是报废率比较高。这个家伙原来是北方农村里常用的耕作农具，不过，很重，要用两三匹骡马拖拉才可以，到了阿拉南方啊，水田，也可以用，只是水牛的训练很重要，两头牛一定要齐头并进，要是一头牛偷懒嫌重，那就犁不起来了。”

众人围过来看，伸长脖子，像大白鹅似的，一根比一根长，好像这张图是神笔马良画的，不看仔细，画里的物事就会飞走。

“这个当时县里的供销社张副主任最清楚，他当年去杭州梅花碑参加全省新式农具工作会议，嘉兴的王江泾农场陈春桂场长还将铁轮换成木轮，因为木轮的幅宽，浮力附着力大，这犁壁的上方加装辅助犁壁，就是把犁壁加长，这样呢，犁铧与犁头套衔接的地方就有空隙，水引上，泥就脱掉了，烂水田，二翻田，就容易耕作了。”

大家听得似懂非懂，不过还是觉得像个宝贝。就都说好好好，一律显出兴奋来。

“当时毛主席怎么说的？”魏老师自言自语道。

“在我国农业实行社会主义，要分两步走，第一步实现合作化，第二步实现机械化。而在我国实现机械化，也要分两步走。在我国还不能大量生产拖拉机和汽油前，只能在合作化的基础上，大力推广半机械化的双轮双铧犁等新式畜力农具，使农业生产工具得到初步改造。”站在一旁的何可阿宝背书一样背了出来。

魏老师笑了：“真是年轻人好记性啊。”

“我再讲讲普通话推广，”魏老师环顾众人，见大家屏声静气，似乎还沉浸在对新农具的想象里，“为什么要推广普通话呢？因为啊，我们这个国家民族众多，语言很丰富，你看看，就哪怕我们沪方言区，就五花八门，到了一个地方，就像到了一个什么国家，舟山人听不懂温州人的，湖州人听不懂丽水人的，就阿拉象山，爵溪话跟石浦话，西周话和东乡话，完全不同，我们虽然能听懂，那是因为阿拉从小生活在这个地方，也强调了区域的依附性，五朋六友，七亲八眷，都生活在这块土地上，所以，有亲近感，也有机会互相学习方言，不过，要是走出外头，不会说普通话，那就要闹笑话嘞。有个象山人到北方去走亲戚，一口方言，人家问他去哪里干吗找谁，一概听不懂，他说出来的，人家也一概不懂，那就是哑巴啊，那就是傻子啊。你走不出去，那世界要那么大干吗啊，所以，有一种普遍通用的普通话，很重要，是不是？

“什么？你们说我就老死在这？那你们的孩子总要走出去吧，你们说，我就只和同乡人说话？那每个地方都有很多流动人口，流出去，流进来，历古世代都这样，你们的上代的上代，估计大多不是本地的，象山有很多福建的、台州的、河南的、山东的，到了这里，还不是学这里的方言？学这里的方言是为了融入，同样是学，学普通话作用更大，不仅大家可以听得懂，走到外头，谁都可以说上话，多好啊。”

大家听着魏老师土洋结合的话，都点头称是。

华定插话道：“其实啊，不仅仅我们南方人要学普通话，北方人也要学普通话。”

解放后，一大批军人南下任职地方各部门的要员，象山宁海等地自然也迎来了一大批北方来的转业军人。那时候，团级干部可以当县委领导，比如县委副书记这一级别，以此类推，连级干部也已不得了了。不像现在，团级干部，估计能在县里谋个副局长，上上大吉了。这批南下干部，有山东的、河南的、苏北的、安徽的，但在南方人看来，他们有个特点，都讲普通话。其实北方话并不是普通话，连北京话严格说也不是普通话。北方话有很多不同的语系，只是南方的老百姓或者说浙东的老百姓才不会分那么清楚，凡是讲普通话的人，就是北方人，凡是北方话就是普通话，而到象山这边的北方人以山东人较多，所以，凡讲北方话的，又都被老百姓混而统称为“山东北佬”。

华定继续道：“抗美援朝那年，有个山东干部在西周那边作报告，语言成了问题，老百姓去参加大会还是小范围交流，基本上是连蒙带猜的，一场大会下来，只要听懂几句，就算理解会议精神了，反正在家里闲着也是闲着，聚拢一道，有听没听，总是热闹事情，比如镇反动员大会，就知道坏东西要杀，哪些坏东西呢？乡里县里面抓出来的，就是坏的，要是身边有人讲死人白话，满腹牢骚，一定也是坏的，不过要看乡里乡亲关系远近，看着顺眼的，就是好人，看着不顺眼的，就要划到坏人后备队去了。当然，本乡本土的领导在台上讲话，还是听得懂的。因为都是普通话的腔调，字眼还是土话。可是，这样的土普，山东北佬听不懂了呀。‘毛竹梗，好做我们大草扇’这个段子就是这里讲出来的。当初那位南下干部，台上讲了一堆话，大家基本不懂啥意思，但有一句，台下百姓听懂了。大家窃窃私语，都说这个干部讲得没有道理，毛竹梗，好做大草扇？草扇，是茅草屋的顶棚，毛竹的细枝咋可以做呢？这个干部完全外行啊！其实南下干部是讲‘毛主席，号召打朝鲜’，他也是文化程度不高，表述的意思应当是“毛主席，号召我们打到朝鲜去”，是去朝鲜打仗，支援朝鲜打李承晚打美国人。也许这是个笑话，也许这是真的不懂，但最后，还是成了笑话。”

有凤声调很高地站起来说：“我们现在是新中国了，新中国，就要做新人，从学写字、学说普通话开始。”

秀英阿婆说：“唉，我老啰，脑筋转不过来，学弗会啰。”

魏老师说：“学嘞会学嘞会。你会写自家名字吗？”

“弗会哎。”

魏老师就写了几个字在小黑板上。张，章，姜，蒋，江。“秀英阿婆你姓张，张和章在普通话里是一个音，象山话里，张咯读音是姜，弗过姜是一个姓，和蒋一个音，音调弗同，而江和姜在普通话里，又是一个音，而象山话里咯江，念缸，你看看，毛主席咯老婆叫江青，弗叫缸青，要是有一日，江青同志来阿拉村，你同她握手了，叫人家缸青同志，弗是闹笑话啦？”

大家前部分听得没记住，后几句听清楚了，就哄笑起来。长庚笑说：“缸青，缸青，变糯米老酒缸边清了。”

魏老师也笑了：“莫要乱缸哦，再多缸就要犯政治错误嘞。”转头问长庚：“你家缸边清蛮好喝咯。”

长庚豪气道："魏老师来，随时随地，菜没有，酒还是有咯。我去钓几条鱼来，再烤一盆毛豆节，给你过老酒。"

"譬如长庚，长庚名字取嘞好啊……"

长庚一时紧张了起来，因为他有点难堪自己的名字，长根，长根，根很长啊，总是被人笑话。不过以前，谁也不知道根就代表着那玩意儿，是被北方过来的人给说到一起去的。

魏老师翻看着那本发黄的书说："长庚名字很好啊，你们晓得庚是啥意思吗？"说着板书了一个"庚"字，"第一重意思是……"

"工，长工的工，"角落里有个湖南人喊了一声，复又压低声音像自言自语，"我们那里长工就是雇工的意思。"大家对这个解释有点云里雾里，因为湖南话"工"与"庚"是一个音。

魏老师的话被打断后，笑了笑，又顾自说下去："庚的第一重意思是……"

大家哄笑起来："长工，长工。"魏老师有点小尴尬，大了声说："有个将军，叫陈赓的知道吧？那也难听了？"尽管庚与赓并不一样，但还是唬住了众人。和大将军的名字一样，那可千万莫要笑话，笑出政治问题来，那就湿手罩米粉了。

"好！"魏老师边说边把小黑板竖起来朝向秀英阿婆，"你看，这就是张，张是大姓，就是全国姓张咯人很多，比方十个人里有一个姓张，就叫大姓，一千个人里才有一个姓，叫小姓，叫阿狗阿猫咯很多，姓阿狗阿猫咯也有，还有姓虎咯，很多人念虎，实际上，在姓氏里啊，念猫。有趣吧？老虎不发威当我是病猫，姓氏里，所有虎，统统是猫。"

大家像听天书，眼睛睁圆了，看上去比听三国水浒要好听。

"阿婆啊，张字左边这个呢叫弓，弓箭咯弓，右边念长，长是个多音字，比如军长团长，就念长，小人长大嘞，就念长，这个小人长（zhǎng）了嘎长（cháng）大，你看看，前个长跟后一个长就弗一样发音，意思也弗一样，对否？弗过，我会慢慢讲，讲多了，大家记弗牢，反正啊，你弗会写，先晓得咋回事就好了，要是有外乡人问你是哪个张，你就说弓长张。尚渔那边，有人姓章，文章咯章，就说是立早章，上面立字，下面早字。”

有人插话道：“魏老师，我阿侄叫立志，是弗是头起你讲咯立早章咯立字？”

魏老师说：“对啊对啊，到时我教你写立志两个字。对了，早上头咯早，就是咯么写。我先把大家的名字一个个教会写了，以后呢，有啥事情了只要签字就好了，弗用老是画押，摁手印。”

大家都觉得好神奇啊，就听听讲名字，便学了这么多，也好像不太难，讲故事一样，学写字、学普通话真有意思啊。

长庚很高兴地说：“我这个长字也会写了。”

“以后再教大家写双轮双铧犁，写毛主席，写象山，写龙王，写中国，写双抢、写台风、写大海良田、写蓝天白云、写梅兰竹菊、春夏秋冬，我们学一年，报纸都会读了，每个人统是知识分子嘞！”

村民甲说：“太好了，太好了，阿拉乌眼人就要变成亮眼人了。”

村民乙说：“过去读私塾，要缴学费，嘎即新社会，统统免费了，老师还上门来教阿拉，真好足嘞。”

秀英阿婆笑说：“看样子我老太婆，老归老，还好做一回亮眼人。”

这时华定举起相机，“咔嚓咔嚓”，将一屋子人开心的笑容拍了下来。

讲完了，魏老师突然朝坐在后面的阿球招招手。阿球抱着一卷纸片走到魏老师边上。

“社员同志们，我要向大家推荐一个老师，”魏老师清清嗓子正色道，“这个老师既能画画，也识字，他还可以将画和字结合起来跟大家讲解。想不想晓得是哪位老师吗？”大家都咧着嘴笑等着魏老师揭开谜底，“是这位，阿琭！”

大家的嘴依然咧着，但表情僵住了。因为大家觉得这病恹恹的小毛孩虽然读过几年书，咋就好做他们的老师呢？再说了，他可是俞佑璋的儿子，这，合适吗？

“阿琭，你把图片钉几张到黑板上去。”于是阿琭挑了几张图片，用图钉摁在黑板上。

大家立刻就轰轰轰地发出声音来。“画了好足了，好看好看，这是飞机，这是手枪！”

魏老师看着大家惊奇满意的眼神，又补了一句：“这是阿琭专门为你们画的。怎么样，这个老师，大家是不是要鼓鼓掌啊！”

屋里响起了热烈的掌声。

阿琭很害羞，也很有荣誉感，自信地挺了挺腰板，脸上有了红润的颜色。

第十四章

乡 间 情 事

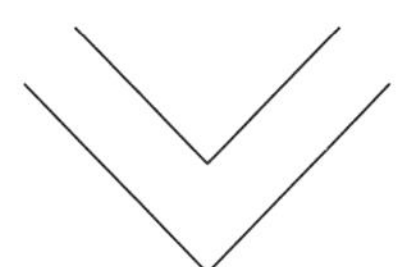

乡村的夜和城市的夜是不一样的。

乡村的夜来得特别早。因为乡村的夜是以夜色降临作为和白昼区分标准的，夜色来临，就得吃完晚饭，收拾碗筷，洗漱上床，一天就此结束。而城市，夜色只是时间赋予的一种颜色，还有很多生活和工作的程序需要在夜色中完成。

所以，城市有夜生活，而乡村，只有夜。

农村人，其实并不喜欢养一大堆孩子，生活穷困，养孩子多么劳心劳累，只是被多子多福的观念影响，没有国家的社保，只能靠养儿防老，也希望孩子们有出息，能够光耀门楣，让低微的抬高点，让咸鱼翻个身，让穷人尝点为富者的甜头，而那些既得利益和家世显赫的，可以香火传留，永续生息。除了这，就是多点劳动力，劳力多，就像牛多，设备多。还有吗？有，就是没有夜生活！天地合欢，那就是上苍造人，给了人类最大的福利和快乐源泉，一到夜幕降临，好戏开锣，就是男欢女爱的人生乐趣。即使白日里，累到虚脱，一上床，男女的身体依然会提供源源不断的能量，这就是为什么生育孩子就是一件大事，也是一件常事。人类有源源不断的欢爱，就会产出源源不断的结果。

从阶级的对立角度出发，这年头基本不存在强烈的有颠覆力的对抗体了，土匪恶霸被消灭了，反革命特务被肃清了。大多数还是人民内部矛盾，恶行，无非是做坏事，而坏事，无非是吃喝嫖赌抽，坑蒙拐骗偷，但那年头大家都穷，地主富农乡绅有钱的，也早就成了普通人，甚至在社会地位和物质占有上，是比贫下中农更贫穷的一类，所以前十个字里，一般也就留下一个字：偷。要么偷吃，要么偷人。村人说：要么偷东西，要么偷冬瓜。

比如王良，可说是占全了这两个偷，不仅占全，还常常对不满他言行的人恶作剧，或在某些场合捣蛋，这都属于责骂和皮肉修理的范畴。同村同乡的，打也打了，骂也骂了，大多也就不了了之了。再说，他偷的往往是谁家寡妇啦或者还没出阁的女子，被偷了，人家也不好意思大喊大叫，且也有一部分两相情愿的成分在，那些决计不从的，一声大喊，十里八乡的全都听得到，他也实在没那狗胆。

偷女人偷男人，在这年头的乡村里，属于高风险行为，偷不好，一辈子要背上孽债，被人戳指头，吐口水，都是屁股大的地方，喊一声，全村的狗都叫起来，跺一脚，全村的草都摇起来，所以男男女女要么不说，一说起来，都会融入这过嘴瘾的群体。田头山脚，船上海上，坐在一起，不说男女之事，这日脚实在无趣，人们的想象力也已经降到最低点，依靠男女之事的想象，总算使得想象力这种能力还不至于完全消失，同时，靠着嘴巴过干瘾，也给自己找来点自信。像桂云这样的女人，十个男人九个想，还有一个“上头和下头”正商量。

天一黑，日头隐退，把大地上热烘烘的空气带走。黑暗，是能降温的。

趁着天气凉爽，长庚老婆阿月早早睡下了。看着孩子也呼呼地睡得很沉，长庚蹑手蹑脚爬上床去。床板吱嘎吱嘎响了几响，长庚就同阿月前胸贴了后背。

阿月朝里睡着，虽然身体羸弱，两只乳房因为以前喂奶和未能好好保养，塌陷了，身材却凹凸有致，臀部依然圆润柔软。长庚有多日未及亲近阿月了，搂着那瘦削的肩膀和鼓突的臀部，一下子全身热潮涌动，一只手轻轻解开自己的裤带，一只手伸进阿月的双腿之间，手指像泥鳅，慢慢滑动，往阿月的私处接近。

阿月并没睡着，只是迷迷糊糊而已。阿月两腿一颤，转过身，一把将长庚的手圈住，又用力甩开，像甩掉一根烂了的麻绳，像甩掉一条僵死的菜花蛇。

“要找，找你咯狐狸精去啊。人家大烤肉，要我个咸鲞菜作啥。”

“唉，冤枉官司冤枉官司啊，我跟桂云真当没事情，我跟她连嘴都没亲过。”

“要亲啥个嘴，你直接钻进狐狸洞去好了。”

“你莫后悔啊！我去钻！”长庚悻悻地嬉皮笑脸说道。

“死开！我反正不想要，你要作死你作去！”阿月一边说，一边狠狠地拍打着长庚的“长根”，并踹了长庚一脚。

长庚无奈，起了床，心想，看来今日夜到的戏没得唱，遂至灶间，端出盆盐水烤花生，又倒了碗米酒，闷闷地喝起来。

咯老女！越喝越生气。我跟桂云清清白白，你却是非要我弄出事来，好，我就去弄事。还忖我长庚没有豹子胆？狗胆总是有的。

夜很黑。乡村的夜特别黑。没有路灯，没有邻家窗口透出的亮光，只有远远近近偶尔的狗叫，打破无边的静谧。有时候，静谧是瘆人的，有时候，却像一张巨大的篷布，给人安慰。

长庚往桂云家走去，脚头有点晃。村道上没有一个行人。

走了几步，风吹酒意，脚步忽地滞重起来。万一桂云已经睡了，敲门，万万不可，那么安静的夜里，敲门声等于告诉别人自己的响动。万一桂云没睡，却是不开门呢？万一开了门，又问我作啥来呢？如果桂云倒是让我进门，阿月发现我出了门，跟来了呢？

长庚犹豫了一歇，就折向海塘方向，打算吹吹海风，让自己雄性呼号的身体和糊糟糟的脑子降降温。

走上堤坝，是大片的泥涂，海水在远远地冲上来退下去，就像他现在的心头，欲望也在冲上来退下去。

听王良说，县城里过几天要来一个剧团，是一个正规的有名的剧团，要是能跟桂云一起去看就好了。他不懂戏，桂云喜欢。唉，桂云这长相，真是亏了，要是她能演戏，准定是个主角，台上一亮相，灯光都要暗了。

海水涌动夜黑，浪波间一闪而逝的灰白，就像一条条飞跃的剑鱼，唉，它们多自在啊。

长庚坐在堤坝上，抬头看着天上深灰的云，看久了，晕晕的。就返回村里。两只脚却不由自主，脑子长到脚筋上，还是往桂云家走去。

弄堂里混杂着青草和泥涂的气息，对长庚而言，站在桂云家门口，这气息竟然格外醉人。他驻了足，找着板壁缝，闭起一只眼，撅着的屁股像被踹了一脚，一紧，只见幽幽的煤油灯蹿着橙黄的光焰。桂云没睡，她正在给小鱼儿缝补衣服，在破洞处绣出一朵晚饭花来，手真巧。这让长庚心跳加速。他用劲地将额头抵住板壁，收住腰，就像看西洋镜里的画片。只是太用劲了，板壁发出嘎嘎的响声。

桂云警觉起来，放下衣物，走到门口："啥人？"

长庚屏住呼吸，想走，双脚却被定住了似的。借着尚未消散的酒劲，长庚轻轻咳嗽了一下。

桂云听得出这咳嗽。隔着门缝问："你来作啥？"

"路过，"长庚心虚了，等着里面的回答，里面却是沉默，"咯我，我走了，本来想同你讲，讲看戏咯事。”

门打开了。桂云皱着眉，用力招了下手，像凤凰点头。

长庚左右看了下，猫腰进屋。好像猫着腰，别人就看不到似的。

“小鱼儿呢？”

“困去了。喝了酒？”

“呃，嗯，大半蓝边碗。”

“喝酒壮胆？”

长庚觉得心底里的那些九九全被这四个字捞出来晒着了。

一时默然。只听见彼此粗重的呼吸，这呼吸声像一台引擎，一发动起来，可以是哭泣，可以是欢笑，可以是激烈的动作，合作，或对抗。

“我老婆说我和你有咯么，我，冤枉，我连手都没拉过你，要是，要是咯么了，我死都值过了。”长庚晓得自己的脸一定涨红得猪肝一样。

在幽幽的灯光里，他看到桂云的眼睛定定地看他，那眼睛是杀人的，小小的鼻子下，嘴唇的弧线比画里的美人好看多了，玉白蓝的上衣，领子敞开，像盛放的月季花瓣，两颗盘扣解开着，起伏的胸部圆润饱满，隐约中仿似有香气飘出。

他不敢再看，低下头，感觉桂云的眼神，像看一个傻子。他自卑极了。

这时，村道上响起了脚步声，塔拉塔拉的。

桂云一转头就把灯给吹灭了。既然长庚能通过门缝看到，别人也能。

一霎时，屋里又黑又静。长庚听到的呼吸声更大了。

随着塔拉塔拉声远去，长庚低声骂道：“好死弗死咯。”

“好生弗生咯。”桂云浅笑着应了一句。

“害了我苦胆吓出。”

桂云捂着嘴笑出声来：“苦胆呢？没看见啊。”

小屋里漾满了亲昵温馨的光线。

长庚一把抓住桂云的手。桂云竟然也没推脱，软软地靠了过去。

长庚欣喜若狂。

两人靠着墙壁，像饥饿的疯狂的动物，一阵胡乱的亲吻抚摸揉捏拉扯。

当长庚褪下了桂云的裤子，颤抖着触摸到那令他朝思暮想的神仙居时，感到天崩地裂天塌地陷都不再是大事了，那是人间多么美妙的事情啊，这个女人，是令所有男人都朝思暮想的女人，今天，我长庚命好，我抱着，我要着。

当长庚终于慌慌乱乱地蹿进神仙居的时候，禁不住低声吼起："死也值过了，死也值过了，死也值过了。"

桂云也紧紧抓着长庚，身体完全酥软，任由长庚时而恶虎一般时而笨熊一般地摆弄，唯独有力的是双手，她只是紧紧抓着长庚的肩膀，像一个深埋地底的小兽，要抓住射入洞口的难得光亮。

屋里越黑，欲望的气息越是浓稠。两人紧紧地抱着，亲着，抚摸着。偶尔四目相对中发闪出银白的光来，就像天神引路中回头的一瞥。

在黑色里，世界就是两个人的，是身体的，是欲望的，也是孤独和幻灭的。

小鱼儿轻轻地在里屋咳嗽了两声。

长庚突然有想哭的感觉，桂云也是。他们也说不出这到底是悲伤还是狂喜，或者是悲喜交集。只有身体是最清醒的，欲望退潮，又不断地冲上来。

两人摸摸索索着，又要了一次。

当长庚全身酸软地从桂云家里离开时，弄堂里好像有窸窸窣窣的声音。长庚狐疑地张望了一下。不过，此时的长庚觉得任何恐惧和疑虑都不足挂齿，他像一个英雄，可以抵挡所有的敌人和打击。

"死也值过了！"长庚在心底吼了一声，像海底的闷雷滚过。

地方越小，闲话越多。毕竟村子小，长庚和桂云那天晚上的事还是传开了。

长庚难应付的是老婆阿月，而桂云难应付的，是全村人的眼光和窃窃私语。

长庚天天像做贼似的缩进缩出，要么田头，要么一个人跑到塘岸去枯坐，要么就格外勤快地帮着阿月做家务。倒是阿月，就当什么都没发生。有天夜里，突然问长庚："真做了？"

长庚本来想否认，一看阿月的眼神，似乎全看透了，也就默不作声。

"做了就做了，缩头乌龟样，让全村人笑话啊？啊？"阿月在灶台忙碌，一边叨叨叨念着，长庚瘪在门框边，等待着火山爆发，等待砧板白刀，等待呼天抢地，长庚头皮麻麻地。

"我也想清通了，过去我当大街骂人家，也没有撮着一点好啊，村方上咯人反而看阿拉屋里笑话！你弄嘞瘟鸡一样，小定和圣楠咋办？啊？我打死你也没用啊。你既然做了，就抬起头来！"

长庚真就抬起头来，不过，是抬头看着阿月。他不确定阿月讲的是正话还是反话，也不确定阿月手里的勺子啊锅盖啊会不会像大刀长枪一样飞过来。

"昨日我路过桂云门头口，看到她抱着小鱼儿在哭，唉，统是女人啊，可怜。"这时，长庚才发现，这老女是真心善良宽容，以上的话是正话，不是反话。长庚低了头，双手胡乱地搓着裤脚筒，都快哭出来了。

长庚真想靠近阿月，抱一抱这个上辈子修来的老婆，却只是定在门口，好像不合适在自己家里，倒像是外村要饭的碰见好心的女主人。

"要么，明朝子，你叫桂云两娘到阿拉屋里来吃饭，我倒要让村里嚼舌头咯看看，人还能让闲话给憋死啊！"

这几句，倒是让长庚紧张了一下，万一这老女饭里下个老鼠药呢？连忙说"不要叫不要叫"。

第十五章

幕后洋相

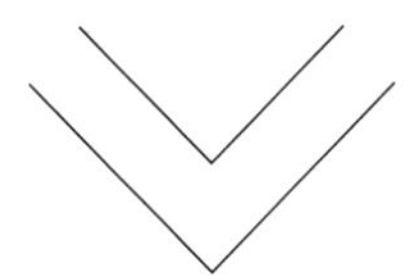

贯彻第一个五年计划，经济建设要进入高潮。改善物质生活的期盼，也增加了人们更多精神和文化的需求，县政府的工作日程里，丰富全县人民文化生活成为重要的事项。

浙东各地也像江浙其他地方一样，纷纷向省里和上海提出，要求相关剧团支援文化建设。

在江浙沪，最当红的剧种自然是越剧。越剧之于南方人，就好比京剧之于北方人。所以，当时的“越剧下乡”，就成为浙江各级政府部门对文化全面布局的重要戏码。

一九零六年春，越剧在浙江嵊县的一个乡下草台开始了首场演出，至一九五六年，正好历经半个世纪的风雨春秋。一个乡下人自娱自乐的地方剧种，至此已华丽地蜕变成全国闻名的江南雅韵，好戏连台，名家辈出。

浙江省文化部门确定了精华、荣艺、朝民、少少、光海、文华、更生、合力八个越剧团，分别“支援”岱山、昌化、天台、洞头、定海等地，也包括象山。

于是，老董就成为县政府“钦定”的剧团挑选人和联络人，代表象山赶赴上海物色剧团，给边远小城引进文化的“高级货”。

这个从旧政权接管过来不久的濒海县域，文盲比例高达近九成，即使在“政治、经济、文化中心”的县治，文盲比例也在八成以上，文化人才奇缺，像老董这样敲得了桶鼓、扭得来秧歌、画得像花鸟、编得顺快板的人才，自然要当宝，即使与文化艺术沾点边蜻蜓点水略懂一二的，也算得是“慧人”。所以，宁可学艺不精，先将十八般武艺十八般兵器摸上手操弄起来。而学校里当老师的，只懂一门课的也不行，语文算术体育唱歌都要兼着几样，体育老师教写作文、俄语老师教农业知识的，那是常态。

对文艺，老董真是骨子里爱好，什么都想摸一摸闻一闻看一看，学了书法想学画画，学了唱戏想学乐器。文艺就像花果山，气息相连，色彩相融，总之，老董就是一脚跌进藏宝洞了。老董常常自嘲：我就是只癞蛤蟆，吃不到天鹅肉，流流口水看看也好啊。

有上海市文化局有关文化干部作陪，老董天天头颈静脉鼓胀、眼神发绿，一连观看了多家剧团的多场演出，过足戏瘾。当然，也不忘使命，比较来比较去，终于暗暗选定了“对象”：精华剧团。

精华剧团，组建于一九五一年七八月，创办者是上海的六七位二十来岁的青年，那可是省里鼎鼎有名的剧团，演员有吕嘻嘻、董伟君、罗佩芳、罗佩琴、老戏师傅裘嘉俊、俞东海及随后加入的王鸿芳、张六奎、筱汉香等，虽说大多二十来岁青葱年纪，却都已是台上“戏精”、梨园好手。

琴好还须抚琴人，曲妙还须听曲人。象山人对越剧的钟情也由来已久，软语侬声，莺悲鹂啭，长舒短叹，早已植根人心，名剧名段也家喻户晓，有较强的“群众基础”，民间也培养出了不少梨园弟子，甚至有远赴上海等地学艺成才成名成角的。

所以群众一听说“精华”要来象山，比过节还要高兴。

只是老董一想起从码头到县城这么长的路就犯起愁来，“剧团叫精华，人叫金贵，要是几个钟头的路走下来，咯批宝贝，莲步还迈得开？水袖还甩得动？”

抬！现在不作兴八抬大轿，就用高轿。老董主意打定，就赶往县政府。

老董找到徐主任，徐主任又找到俞县长。老董见到了俞县长，有点紧张，搓着手说出了自己的想法，俞县长却不假思索道：“好事体！要迎接新娘子一样去迎进来，我也去！”

县长带头，好足嘞！老董一下子觉着自己增高了三五公分。

有了令箭，老董声气高了许多。择了时间，风风火火找到了励乡长，商量找些“临时轿夫”，征用一批高轿，去白墩码头抬人。一顶高轿两人抬，共需组织三十六人、十八顶高轿。

励乡长于是发动了各乡村，自愿报名，条件是：管来回两餐饭，还有，每个参加抬轿子的人可以免费带上三个人去剧场看戏。

长庚一听，心底发痒：要是我得了咯机会，就好带上阿月圣楠加桂云两娘去免费看戏了，圣楠和小鱼儿嘛，最多算半票，加起来算全票。又想，不对，阿月跟桂云咋可以坐一道呢？弄不好台上唱文戏、台下唱武戏了。再是觉得抬演员抬大姑娘是好事，却不是正事，比如抬新娘，这就是正事了。

精壮劳力们一时嬉笑推搡，却无人报名。大家犹豫的原因，估计和长庚差不多，怕屋里人或邻舍家闲话不做“正事”。

倒是王良自告奋勇，第一个报名。东明瞪住王良，说：“县领导亲自带队去迎接，你要是弗正打经，浑水摸鱼，孽手孽脚，丢我面孔坍我台，我找你算账！”

王良嘭嘭地拍胸脯保证："咋会，咋会！"

秀英阿婆白了一眼"精壮劳力"们："抬新娘，是为了一家一户，抬这些唱戏的，是为了千家万户，嘎好事体，咋统统缩头缩尾了？"

阿婆一语点醒众人，大家纷纷报名。

"精华"赴象那天，几十名临时轿夫和一众"各界代表"，从各村各地赶到县城指定大食堂，吃了早中饭，在俞副县长的带领下，浩浩荡荡开赴白墩码头。

剧团从杭州坐火车到宁波，再从宁波坐船到象山白墩码头，下午三点左右，船到岸。

王良激动地站在队伍最前头，伸长脖子看着一个个长相好看身材标致的女孩子欢天喜地莺声燕语大惊小怪咯跳下船来，当然还有几个男的，都肩挑手提着各种道具、箱子啥的。

老董朝向欢迎队伍，手一挥，锣鼓就热烈地敲打起来。

老董指着一位珠圆玉润、眼睛水灵的姑娘耳语县长，县长就疾步上前，伸手紧握住姑娘："吕团长，辛苦啦辛苦啦！"

吕团长客套了几句，就介绍身边几位女演员，县长自然又一一握了手。

王良心想，这个女的这么年轻，就当了团长，真了得。要么，我就抬团长？

县长发话了："同志们，这是精华越剧团的同志们，给我们县里送精神食粮来啦，我们鼓鼓掌欢迎欢迎！"大家就哗啦啦鼓掌。

"这样吧，我们按照顺序，来，吕团长，你上第一顶轿子，下面依次上轿。"

王良的轿子排在第四，听了安排，自然小小失落，好在款步走来的是一位身材苗条，穿着小翻领米黄衬衣的姑娘，两颊微微红晕，烘托一对杏眼，眉梢轻轻一翘，朝王良这两位临时轿夫笑了笑，煞是妩媚。

王良骨头都要酥了。

王良抬着轿子，半路歇脚的时候，最是有劲。当日，骄阳逼人，暑热如蒸，人家坐在原地休息，取下帽子扇风，或者从腰间取下水壶喝几口，他却跑前跑后，恨不得把每个演员的漂亮脸蛋给吞了。要是哪个漂亮演员跟他搭话，那更是快活得王子一样，尽管一声令下，上路时还得是个老老实实的轿夫。但这又有什么关系，在王良心里，他抬的好像不是演员，是他的新娘，是径直抬进他牙床去的新娘。他还了解到他抬的那位叫“姣姣”，所以，一路上，心情愉悦，脚头屁轻。

老董在队伍里，像个指挥官，一下前一下后，指挥大家跟紧了，其实，他不指挥，队伍一样不会有差错。轿夫有轿夫的经验，一颠一颠，嗟嗝嗟嗝，冲杠和肩胛，和着节奏，才不会吃力。

看到王良亢奋又卖力的样子，老董禁不住隔三岔五表扬几句：后生好，好后生!

迎来剧团后第二天上午，县委、县政府就在县城的光明剧场举行欢迎大会。县长主持大会，宣布剧团易名为“象山县精华越剧团”，除了《花逢春》，还将赶排《打金枝》《宝玉与黛玉》《千里送京娘》《绿衣人传》等十余个剧目。精华越剧团是象山县第一个在艺术上水平高、不演路头戏的剧团。经过有关部门研究了又研究，决定拨款近五万元建造新剧场。这可是一笔巨款啊。当会场上响起的掌声，真叫“雷鸣一般”时，县里的领导也放下心来，晓得这钞票是花在刀口上了，花得深应民心了。

过着几日，励乡长派人来通知王良等几位临时轿夫，可以带人去县城看戏了，戏票在入场口领取。

满心骄傲的王良首先想到应当叫上阿珠，这免费票可是他大热天走了七八个钟头、抬着百来斤的人换来的。

阿珠拒绝了。

王良丧气一番，只得去找桂云，因为桂云是最喜欢越剧的。桂云问还有谁？王良想了想只得说实话："我有三个人好带进，阿珠不去，就你和小鱼儿。"

桂云说："要不叫上秀英阿婆？"

王良怕阿婆年纪大，走那么多路吃不消。桂云叫王良等一等，连忙跑去秀英阿婆家，回来时，喊着："定了定了，阿婆高兴死了，说是十年没进过剧场，爬也要爬去！"

晚霞尚在。

桂云早早吃了晚饭，拉着小鱼儿去叫秀英阿婆。

王良见阿婆满面春风，也很高兴，伸手去搀扶，阿婆甩了一下手，说："你当我老太婆啊，我脚轻手健。你个魔头鬼，总算还有点良心。"

一路上，桂云给王良和小鱼儿普及戏剧知识，比如什么叫路头戏。路头戏又名"幕表戏"，没有剧本和固定的唱词说白，仅有故事框架和分场提纲。新戏演出前，由派场师傅说说故事梗概、人物名称和相互关系，重点场子则到台上走走地位。正式演出时，即按师傅规定的演出提纲，由演员即兴发挥，俗称"掼路头"。为了免于演员上台难以措辞，科班习艺时常由师傅传授一些"赋子"。同时，凡路头戏，剧情中往往有"路头"可循，如"行路""宿店""花园""抢亲""公堂""探监"等都是惯用的场景，演员可按所学赋子及演出经验，移花接木、临时凑合。这种演出方式始行于辛亥革命后上海和苏南一带的文明戏和草台班京剧，早期越剧沿用这一方式，至四十年代后逐渐减少。有名的有《观音出世》《三打桃花》《满堂红》等。

王良说："听讲上一场叫啥《花逢春》，故事讲《水浒》里咯花荣后人花逢春。今日一场是剧团刚刚排出咯《宝玉与黛玉》，还去舟山演出过，轰动了，地委领导还发奖牌了呢。"

剧场门口，人山人海，都在等票或者来场外凑热闹的，有票的，自然挺胸抬头踌躇满志，就好像幸福指数比别人高很多，来头比别人大很多的样子，那些没票的，自然一脸失落。

一开始桂云也有点担心，这手中没票，心中发慌啊，万一这脚高脚低的王良失了面子带不进去呢?

王良站在门口，看着检票的人铁面无私，黑白无常似的，心里也发了虚，不过他很快看到励乡长，乡长边上还站着何可，何可边上还站着玫儿、有凤，王良大声地招呼起来。何可他们几个见王良猴急的样子也开心回应。励乡长对拿着一沓票子的何可说："王良是抬轿子的，给他四张票。"这时有凤也发现了跟过来的桂云几个，举起手，用力摇着高兴地招呼。

对王良来说，重要的哪里是看戏，这个时候，这个人前能露脸扎面子的时候，才最重要。这充分证明王良的能耐，你看，我县里有人，我办事落直有谱。

一进剧场，就见着两个同村后生朝他招呼，安顿好桂云她们，王良就匆匆挤去后生边上。

锣鼓一响，演出开始。

"天上掉下个林妹妹，似一朵轻云刚出岫，只道他腹内草莽人轻浮，却原来骨格清奇非俗流，娴静犹如花照水，行动好比风扶柳，眉梢眼角藏秀气，声音笑貌露温柔，眼前分明外来客，心底却似旧时友。”

黛玉出场，水袖一甩，掩了玉面，莲步生风，台下观众立时响起一阵嗡嗡声，都在说扮相好看，声音好听，演得活灵活现，开眼界了。

“生了真好看，仙女一样。”坐在王良边上的两个后生假作镇定地议论道，眼乌珠都发绿了。“可惜是扮咯。要是卸了妆，还不如阿珠呢。”

“阿珠是好看，弗过这个黛玉卸了妆也蛮好看的。”王良说。

“你咋晓得？”

王良抖着脚，看着演出，得意地吊起眼皮眉毛：“黛玉演员叫姣姣，就是我去抬来咯。”

“又弗是抬老婆，你只是抬轿子咯，吹啥牛皮，有本事你去摸人家一记看看。”

“小看我王良？人家当时还给我打俏眼呢。要是摸了，有啥好处？”

两后生就和王良打赌，说是能摸到姣姣屁股，就输给王良八只馒头，另一个说，假如能摸到姣姣奶部，他再出十只。

“当真？十八只哦。哼哼，你们两只魔头鬼，输定。”王良点点指头，朝着两个促狭者露出淫贱又自信的笑来。

戏演完，众人陆续散去。桂云几个左等右等不见王良出剧场，就只好和同村的几位一道回转了。

几只汽灯在剧场外的夜空中发出“嗤嗤”的响声，飞蛾在灯光里欢舞。大家发出满足的嗡嗡声。四散而去的人，有的划着手电筒，有的点起方灯，照着路，三五成群，结伴而行。

王良一心想着十八个馒头的赌注，把同来同回的承诺忘个精光。

他偷偷来到后台，见有演员在卸妆，也有人在收拾道具服装。见姣姣正对着一只铜脸盆弯腰掬水擦脸，王良就壮起胆，结巴着夸戏文很好看，演得真好，再夸姣姣人长得仙女一样，啥时候到他们乡里也去演一场。姣姣用小毛巾擦干脸，欢喜地道了谢，一边开始脱戏装。那一层层绫罗绸缎脱卸下来，那一阵阵香氛扑面而来，那白里透红的肌肤晃动起来，王良魂灵出窍般几乎站立不住。在姣姣脱鞋时，单腿站立不稳，王良赶紧上前扶住她，并伸手帮着把鞋子扒下来。姣姣有些尴尬，也有些感激，而王良盯着姣姣紧致圆润的臀部，浑身凌乱，用劲咽了咽口水，却只感到唇干舌燥、喉管发硬，口水早已被胸腔里涌上的燥热蒸发完了。

后台的人已散尽，姣姣也快整好包袱。这时，王良忽然发现两个魔头鬼伏在角落偷窥。想着那十八只馒头的赌约，一下蛮勇横生，撑开手指朝姣姣的臀部袭去。姣姣缩身一闪，盯了一眼王良，又看看周边，没作声。其实王良虽然偷鸡摸狗惯了，并非“生手”，但此种场合，这般妙人，他的寒毛也是要倒竖的。要是姣姣顺了他的意愿，不消说能赚十八只馒头，倒贴三十六只也愿意。

王良假装帮着叠放戏装，一只手搭住姣姣的细腰，一只手就在她胸前晃着，“啥时候再来抬你？要是直接抬到我屋里给我做老婆就好了。”姣姣白了王良一眼，“哼，忖得出！”

“忖得出，我还做得出呢！”王良闻着姣姣身上迷醉的气息，头晕而胆壮，竟然把晃动的手伸进姣姣胸脯里去。姣姣挣扎起来，慌乱地环顾四周想寻人来阻止，见卸妆的和搬道具的都离开了，只能用力地把王良的手甩开。一挣一扎间，姣姣赫然看见两只魔头鬼色眯眯地在角落里偷笑，失声惊叫起来。

这下好！左左右右散去的人呱啦啦一下子都赶到后台来，见王良这个样子，那还用解释？拳头脚头冰雹一样落了下去。

当王良醒转，想从地上挣扎爬起，看到的是两个派出所民警，一群人正愤怒地斥责着，那两个打赌的魔头鬼已无影无踪。

王良瘫坐在地，嘴唇翻翘起来，眼皮耷拉下来，脸上火辣辣的，上衣有血迹，浑身酸痛，他想，鬼刮了，这样子一定很糟糕，人家说，洋相出到外国山，我王良是洋相出到全象山，等一下估计要去小牢间了，唉，最好莫戴手铐，太坍台了。

只听老董正低声下气地和姣姣说话："这个空手人，流里流气是可恶，你顺顺气，原谅其底子不坏，要是小牢间里蹲个十日半月，能解了你的气，也好，唉，关键是，蹲过小牢间，那这人也就毁了。"

老董贴了脸面跟姣姣讲情，求她高抬贵手，放王良一马。毕竟老董还是文化干部，在旁人看来，大小也算个领导。

姣姣抹着泪，点点头。

老董就走到派出所的同志面前，又是一番求告。民警看了一眼瘫在地上的王良说："下作胚"，又转身对老董和众人说"那你们自己好好教育教育啊"。

十八只馒头，王良是赚到了，只是"名声"也比十八只馒头更大了。这让他好长一阵不敢走大路。尤其见着阿珠，比老鼠逃得还利索。

对阿珠，王良心底充满深深的自卑，虽然相较阿珠的成分，贫下中农的光环也总令他有几分得意。而在成分上自然是失落的，但阿珠快乐的天性、无拘和不屈的个性，从没让人看低过她。在王良眼中，阿珠就是天鹅肉，至少是落毛凤凰。这样的内心纠缠，让王良一直对阿珠既尊重又爱慕，所以，他总想用自负又狂躁的烂人样子希望在村里占点位子，其实也就是想在阿珠心里占点位子。

阿珠听闻王良出了这等洋相，心里竟然有一种虱叮蚤咬的难受。想想王良也曾人前人后捉弄她，父亲挨斗，王良也上过台动手动脚，还总在门口唱些不晓得哪里学来的“龙游浅水遭虾戏，虎落平阳被犬欺，得志猫儿雄过虎，落毛凤凰不如鸡”，实在可恶，不过阿珠若有事情要帮忙，他倒也脚背嘞肩胛头地来讨好，有时家里断了粮，他还偷偷塞进一小袋米来，尽管每次都被阿珠扔出去，也总归一番好意。善恶相抵，感情吗，归零。

阿珠心里是有人的，只有他，才真正牵挂。

第十六章

听海催波

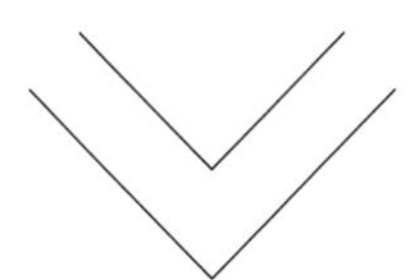

何可，见信如面！

我爸爸说，最近“气压”有点变化，要聊就聊点革命志向，或者风花雪月，虽然，有时候，风花雪月也难免卷入政治，但相对可以“保全”。对了，据说，法国作家萨特来我国了，还看了好几部戏，有的戏，他评价说，“太公式太简单”，说得真是有水平、很智慧。他说“他相信事实本身更感人更有回味处”。他还在作家陈学昭等人陪同下去了南京、上海、杭州、广州呢。

最近有几部新戏，像《草原之歌》等，可惜，无缘，不能饱眼福。以后你要是有机会回杭州，我请你看大戏。最近看了很多苏联的小说，也只有这些可看。你在你们县里的新华书店，不是有朋友吗？她是不是漂亮又可爱啊？你可以经常去借书，书店不是有租书服务的嘛，顺便，嗯，不用老同学提醒了吧，哈哈哈。

老同学　珊珊

读信和写信，或许是远离省城的何可最重要的业余生活。家人的来信，令人心生温暖，但内容大致是嘘寒问暖保重身体注意安全之类，所以，最渴望的，倒是珊珊的信，文字不多，但内容新鲜、话题多变，每次总要读到几乎会背诵。

随着各自生活工作的差异，以及城乡信息接收的差异，两人相交集的话题越来越少，不过，何可发现自己的回信常常像工作和生活的汇报，一些无人倾听或无处倾诉的事理心声，只有珊珊才是最适合的听众。所以，何可给珊珊的回信，往往会誊抄一份出来，一来一往两地书，用橡皮筋一扎，成为时光的存念。

何可的回信写完已经几天，却一直蛰伏在抽屉。寄出前，何可又匆匆浏览了一遍。

珊珊，来函收悉！

近来工作很是紧张，不知道什么原因，反正千头万绪，肃反，扫盲，推广普通话，宣传党的政策，去参加各种会议，还有，办所有事都要靠两条腿，假如跑去乡村，有时一天要走几十里路啊。这里不像城市，有脚踏车，有公交车，有时还能蹭到一辆小包车，坐在车上威风凛凛，尤其风吹头发，感觉飘逸帅气，真好。哈哈，不过你没见到过。

至于你说的那位姑娘儿，珊珊同学，你不要张冠李戴，我说的那位不是书店的，是供销社的，是书店有凤的小姊妹，叫程玫儿，听名字，就知道可爱了吧。说实在，我一直没有勇气点破，而她似乎也在配合我的胆小，装糊涂，不过，这样的过程倒也美好。

又，我新认识一个朋友，算是忘年之交。在这个边远的半岛，也有几位可交之友。他是中学老师，姓魏，知识渊博，爱好广泛，是在石浦“三月三”的沙滩上认识的。

记得当时，朋友建明也学着魏老师摘了根狗尾巴草叼嘴里，挨着陷入沉思的魏老师坐下。

“魏老师一定在思考什么哲学或历史问题吧？”

“哈哈，只是现实问题的一些杂乱联想。我以为，呃，还是算了。”魏老师突然警觉起来，这倒不是防备建明，这种神经质一般的条件反射，源自这些年来形成的“政治警觉”，因为人不传播，风也会啊。

建明看出了魏老师的欲言又止，也不迫着听。“前几天看了一个诗人的诗句，很有感触，”建明干咳一声，“岭外音书断，经冬复历春。”

“近乡情更怯，不敢问来人。”我听建明这么吟着，不禁大声附和起来。

魏老师侧侧身，用手压了压蒿草，让我坐他身边。

建明站起身，拍拍屁股，“哎，魏老师，今天可是文人雅集了。”

“封建哦！”我笑道，“我是来听魏老师上课的。”

“这么说，你就不要坐我身边，”魏老师佯装生气，“来，伸手，摊开手掌，先让我打几板子。”

我笑问为甚。

“你省城来的读书人，还听我这个乡村扫盲班老师上课？孺子不可教，打板子。”

人称魏榜眼，这样自谦，我觉着有意思。

“年年岁岁花相似，岁岁年年人不同，这句诗写得真是好，不过，听说这句诗还害死一个人，那就令人唏嘘了。”

“这也算一个史上的诗歌公案了。人性至于这么恶劣，我有点怀疑这公案的真实性，为了一首诗，连自己的侄子都杀，况且他自己确实有文才，有过那么多精彩的诗文。”

“论才气，宋之问真的不输给同时代的任何一个诗人，尽管被后人评为仙宗十友的王维、贺知章、李白、陈子昂、孟浩然等，名气都比他大。他是个很努力的读书人，不过，一心想当大官，难免会卑躬屈膝起来，无欲则刚嘛。其实，他后来还真做到了大官位子，成了最高统治者的近臣。只是，这人也算是草根出身，遇见了位高权重者，就把持不住了，连给武则天的面首张易之张宗昌提夜壶倒马桶之类的事都干，更幻想爬上龙床能得女皇垂青。无奈，最高统治者武则天在和他谈话时，闻到了宋之问浓重的口臭，因为宋有牙疾，皇上不悦啦，从此，变近臣为远臣了。”

“文才，历史上对他的评价都很高，做人，历史上几乎没有什么好的词汇形容他。除了因诗杀亲，还有告密、卖友求荣、逢迎谄媚什么的，不过就凭卖友求荣这条，因诗杀亲倒也有可能。”

“我们中国文人，要承担的伦理责任太重了。要将一身文武艺货与帝王家，这好像是绝大多数文人的理想，但往往没有地位也就没有权力，没有权力，有再大的能力又有何用？所以，为了权力，或者在追逐权力的过程中，就会发生很多人性的异变，本来一心想做清官，想为民请命的人，至少有些人只是想发挥能力以求得功名和美名，但进入权力游戏中，无法坚持初衷，甚至同流合污成为当年鄙视和嘲讽的人了。”

“对当时代的人来说，为人与为文是分不开的，但是，时隔一久，文和艺，人和品，尤其是政治理念，就相对分开了，时隔越久，分得就越开。比如曹操啊赵孟頫啊。”

“不过，无论文才有多高，为人还是最要紧的，否则历史也不会将这些不堪的事迹都记录下来。”

这都是魏老师说的，是不是他懂得比我多多啦？亦师亦友，感觉很好，你若有机会来这里，我带你认识认识。

另，这个地方，虽然偏远，可我好像越来越喜欢了。

何可

程玫儿约了何可，晚上去门前涂的堤坝上听海。

听海？有意思。

何可刚写完一份工作报告，也正想听听他人建议，一边听海，一边听建议，两便！

碰头点叫龙洞，是三面岛礁环抱的海湾湾口。

他们坐在堤坝上。

海浪袭来，撞击在龙洞的礁岩上，浪花飞溅，煞是好看，刚开始会觉得惊心动魄，看久了，会觉得更像是海水与礁石间的一种嬉戏，这嬉戏，不停，不歇，每一次撞击迸溅的浪花形态都不一样。

也许，玫儿与何可的“约会”，没有激动的拥抱，甚至没有热烈的握手，似乎所有的语言和情绪都被这浪花与礁石的缠绵代替。

何可说“大自然的嬉戏真是既有规律”，玫儿接话道“又不断地打破规律”。

两人相视而笑。

看着夕阳离开了海面，又慢慢开始沉落到远山背面。

这山海与日落，这涛声和海风，这不断变化形状和光影色彩的云，令何可突然升起一股浅浅的愧意。初到象山时，暗黑的夜，寂寞的日子，远离父母和同学，远离城市的繁华和灯光，落后的乡村，众多的文盲，泥泞坎坷的村道，无休无止的行走，听不大懂的土话，这一切，都曾经成为他怨叹的原因，尤其夜深人静孤独一人时，甚至一度有想办法调回省城的念头，即使做工人，也比这里好。

今日，大海与夕阳，情绪和思维似乎被沐浴、被洗涤，竟然通透起来。

随着时间推移，随着对这片土地的了解加深，随着自己在工作中有更积极主动的追求，随着朋友不断增加，这片土地，这片海，就像浓郁的情意不停不歇地起伏，竟也难以割舍。

玫儿双手抱着并拢的膝盖，短发被海风一吹，英姿飒爽里平添几分妩媚，平时活泼调皮的眼睛，在天光映照下却逸出一丝含蓄和羞涩。此时的玫儿不同于平素的玫儿，这是全身洋溢清纯和女性魅力的玫儿。

何可斜斜地欣赏着玫儿的脸，真想靠过去，抱住她，再，亲吻她。

不过，他脑子里不适时地出现珊珊的样子，还有放在抽屉里那封未发出的信。

他迅速拉回了思绪。

“哎，我给你看一份报告，我写的，很短，请给我点建议。”

玫儿也从她自己的思绪里收回来。何可自然不会知道玫儿在想什么，或者说在等待什么。尽管他们俩认识不过几个月，见面次数也不多，却一见如故，在一起，更像多年老友。

报告的大致意思是这样：

第一，结合最新颁布的两百多个简化字方案，能否将扫盲班和推广普通话都联通起来学习，三个项目分出孰轻孰重，也就是时间顺序上和日用性上作为考虑的要点？

第二，推普和扫盲结合，但是推普似乎更重要。因为普通话，百分之九十以上的人都不懂，沟通主要靠猜，外地的尽量学方言，学南方官话，本地人尽量学南方官话，学半懂不懂的普通话，闹出各种笑话是经常的。好在大家对南北语言和各地方言的不同，往往报以宽容和打趣的调笑。因此，普通话的推广是第一位的。很多群众不识字，语言能力却很强，也就是靠听力来学习语言，这最要解决的，是从数字，象山和各村地名、自己的名字和主要接触的名字，春夏秋冬和农时节气，身体上的器官以及政府政策的相关词汇比如毛主席、共产党、县政府、社会主义、高级社、解放军等作为切入口。

第三，扫盲，用方言和普通话的双语形式切入，这样，使村民们感到亲切实用，从而配合推普教育，也推动推普教育；而简化字教育，是相对有一定知识程度者而言的，知道繁体字的才知道简体字，所以在扫盲教育中，直接教简体的字，采用重庆《新华日报》介绍的西南军区文化干事祁建华利用注音识字发明的速成识字法。扫盲班的和推普的教师教员直接学习简化字，边学边教，不用专门组织学习。

第四，我们可以把这三项合在一起宣传，组成一个团队，口号统一，精力也更充沛。

玫儿严肃地看着报告，突然笑了起来，原来是读到何可举的一个例子：

一个肃反时候的笑话。某乡村秀才，涉嫌反革命活动，于是上级把抓捕秀才的信函交由村里的干部，结果，村干部不识字，就把这封信函拿去给秀才，让他看看信函里说的什么？秀才一看，原来这是一封抓捕自己的信函，就假装说，这是一份普通的告示、说要注意农时节气、不要误了时间云云，结果，秀才自然就逃脱啦。

何可说："我把这个设想写成了建议，准备上报县领导，你看看，有什么问题和补充的吗？"

玫儿笑个不停："这秀才的故事太有趣啦。我也讲个笑话给你听，猪肝和耳朵的故事。那可是原汁原味土生土长的象山本地产故事哦。"

然后就边笑边说："某山东领导对象山本土的部下说：你帮我去拿个竹竿来。部下急忙出得门去，一路小跑，呼哧呼哧，到附近卖熟食的店里称了半斤猪肝，油纸包好，呼哧呼哧跑回来，哈哈身子：领导，猪肝来了。领导一看这，苦笑一下，嗔怪道：唉，你啊，耳朵呢！领导的意思是这小伙耳朵不知怎么长的，让拿竹竿，竟然拿来猪肝，不过，也是好心。正要安慰几句，部下已经拔腿跑出门外。领导想想，是不是我的话说重了？唉，把人给吓得。正内疚间，部下哈呼哈呼地跌跌撞撞闯进门来，手里依然是一包油纸。领导发蒙了，你这又是哪一出？正待开口，部下将手中油纸一摊，欣然道：领导，猪耳朵来了！怕你咬着吃力，我叫店里的给切成条了。”

何可笑得前仰后合。

玫儿却正色道：“以后有机会啊，最好把本地方言罗列出来，跟普通话做一对比，加上注解，或许对学习更有效。每个地方有每个地方的语言特点，这样，既能保留地方文化特色，又能起到迅速领会的作用，一举两得吗。还有，我觉得看图识字也蛮好，像阿琭这样也有用武之地。”

何可连连称是。对玫儿，更欣赏了。

是日，两人聊了很久，何可还即兴背诵了好几首诗歌，又分别谈了自己的家庭与身世，也谈到了曾经的恋爱，小狗之恋，但是何可没说珊珊。玫儿默默听着，想起了建明。

龙洞的夜潮轰响，两人除了海阔天空聊天，还是聊天。

赶到各自住处时，已快凌晨。

道别时，两人像老友一样，互相拍拍肩膀。

何可的信没有发出，阿珠倒收到了一封信，也许这不叫信，叫纸条更合适。因为信封是折叠成四角包的一张《象山报》，交由圣楠送来的。报纸上既没收件人也没寄件的人名。

信是王良写的，这可是破天荒啊，而让圣楠送信，这也是破天荒。信写得很直白，就是“我要根你好，好了后，一定会对你好的，好不好，好的话，就答应我”。两行字，好多个“好”字，还把“跟”字写成了“根”。看得阿珠发了好几通笑。难怪听说王良最近在参加扫盲班学习呢，尽管人们说他扫盲班里各种捣蛋，不过，看样子还是学了点字。也正是这一笑，似乎打开了阿珠无视王良的心结，而且那天下午，门口又放了一小袋米，阿珠知道是王良塞进来的，这次，阿珠收下了，也是破天荒。

阿珠一天都很开心，但这种开心，并不是因为被爱，而是王良戳到了阿珠的多处笑点。她知道，这种开心，不过是浮在表面的乐子，真正令她开心的，并没有到来。

俞佑璋看到阿珠拎了一小袋米，问是谁拿来的，阿珠据实相告。

俞佑璋立时变了脸色，“犯贱。给我掼出去！”

“作啥啊，你去看看米甏，兜底啦。”

“吃了弗入相咯东西，会哽胡咙，宁可饿死。”

“就算借人家咯，好否？以后还给他就是了。”

俞佑璋的反对，并不仅仅因为批斗会时王良的恶行，更因为他的品行不端、游手好闲。“流氓不像流氓，白相人不像白相人，阿拉再落魄，再倒霉，也断断不要跟这种人有瓜葛。”

“我又没讲要跟其咋样！”

“反正不能交往。人要有人样，你看看，其阿里一样跟阿拉家风家训相合？是知书达礼，还是敦厚质朴，是勇气担责，还是善仁宽和？”俞佑璋怕邻居听到，说话声气很硬，声音却很低。

“好啦好啦，现在，新社会，你这样古老百出咯想法也弗一定好。”阿珠顶了一句。

“你说啥？说啥？真是家门不幸、家门不幸啊。”俞佑璋气得连连咳嗽，用力地咳嗽，因为他只有咳嗽才可以高声大嗓，不遮不掩。

阿珠虽然个性爽直，顶撞阿爹却是少有，只因为心里憋闷。当然，她也清楚憋闷的缘由，是魏老师。“唉，这个魏榜眼、魏古董、魏傻子，是无心无情，要么，本就是只泥菩萨？上次来我家后，又有两次与他相遇，这相遇，都是我悉心所为，他倒好，一次慌急慌忙避开了，当我是瘟神，一次手足无措，像个傻瓜呆大，只说了句‘我怕想你’，这算什么话？怕我就怕我，想我就想我，黏黏糊糊的，难道我的情意和表现他还接收不到理解不了吗？你这么大年纪，是过来人，难道还要我一个姑娘家向你表白向你求婚？你那么知书达礼、那么善解人意，就那么不理解我的心思？”

阿珠情绪低落，随手翻看阿球从东明家拿来的报纸。这是七月一号的《象山报》，头版大标题写着：全省七百余万亩连作早稻丰收在望。

全省七百三十五万余亩双季连作早稻，目前绝大部分圆秆孕穗，早的已经开始抽穗扬花，温州地区部分稻田，在“小暑”（7月7日）前两三天即可开始收割。

今年全省双季连作早稻的种植面积比去年多六百四十四万余亩。今后如果没有很大的风、雨、病、虫等灾害，全省连作早稻可以比去年获得更大的丰收增产。据平阳县委办公室估计，全县三十九万多亩连作早稻，可以比去年增产三成到四成，部分可增产一倍以上。临海县洋波农业社估计，今年全社连作早稻每亩可收五百斤到六百斤，产量大大超过去年。广大社员看到连作早稻生长旺盛，丰收在望，都很高兴。现在很多农业社正在积极安排劳动力，添修农具，预防自然灾害，准备抢收播种，争取丰产丰收。

尽管报上的文字喜气洋洋，阿珠的情绪却始终像雷雨前的空气，不曾因此改变。

第十七章

暑热烦乱

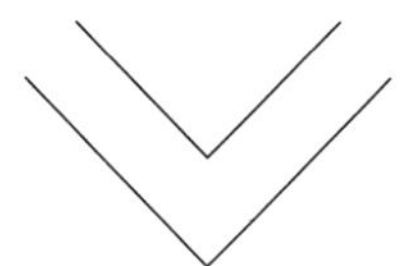

七月，小暑。

小暑即小热，表明大热在即，酷暑将至。大江南北，许多地方都有“小暑食莘”的习俗。“食莘”，“食新”之意，在小暑过后尝新粮、饮新粮酿的酒，以求平安度夏。

热归热，回看往年，七月总是令人开心的月份，而今年的这片土地，似能给七月呈上更多的喜悦。

南庄平原，除了稻田，就是瓜地，放眼望去，西瓜和黄金瓜遍地都是。这里土质优良，种出来的瓜脆生爽口，流糖渗蜜。到七月中下旬，西瓜和黄金瓜熟透了，这田野之上便都熙来攘往着摘瓜、运瓜、卖瓜、吃瓜的人。要是路遇瓜田，田中正好有瓜农，即使你囊中羞涩，翻不出几个钢镚，瓜农也一定客客气气捧瓜到跟前，“驮去驮去！”一入了夜，瓜田里只有夏虫悠闲嘶鸣、夏风自在游荡，无人看管，也没人黑灯瞎火地行了远路又防绊跌地来偷瓜。不过，倒是有很多邻县宁海奉化或市区的亲朋好友，冲着这遍地香甜可口的瓜，赶来“相会”。来了，总会住上两天，像过一个欢乐的吃瓜节。

象山不乏河塘、溪泉、湖泊和海湾，七月的水温最适合游泳戏水，这也是尤令孩子们开心的“节目”。他们拿着各种浮具，带上吊桶、木盆之类，在游水时顺便抓些鱼虾、摸些螺蛳。

当然，这一切的开心，来自心底的踏实，来自粮食预期有保障的殷实。因为，连作稻的产量高过一般的单季稻很多，丰收在望的抚慰，就像风吹稻浪，百里起舞，连绵不绝。

黄昏头，家家户户就会搬出小桌子小凳子，置放于门前路旁，大人们小酒注注，零嘴和瓜果吃吃，即使没啥口惠，享受渐渐凉爽的夏风和渐渐亮起的星光，听着千顷稻浪沙沙轻响，说是音乐就是音乐，说是低吟就是低吟，实在也是农家的乐子。

弄堂口、家门口，多的是光膀子的、打赤脚的村夫，也多得是摇着蒲扇芭蕉扇或纸扇的村妇，蚊子逐人飞来，扇子啪啪响起，这是乡村夏夜习见的程序和节奏。

不过村子里也不都是粗货贱物，秀英阿婆就还藏了一把精巧的团扇。这是她亡夫生前送她的，藏了好多年，偶尔也会拿出来给邻舍隔壁“传阅”一下。团扇上画了几支疏梅，还题了两句宋人的诗：“钟情唯我辈，欲去更徘徊。”毛笔字写得工整流畅，只是大家大多不认识，认识的自然也不解其意，仅晓得煞是玲珑好看，轻轻一摇，风都斯文了。而阿婆取出扇子后，总会显得亢奋，各种经历的故事也就在扇子的一摇一摆间缓缓倾出，眼神深邃，就像她身后的屋子里，装满了她大半生细细纳纳酸甜苦辣的记忆。

直到夜深，故事讲完，人也困了，就各自回家歇息。

有凤明天要去石浦出差，问何可有没有去石浦的计划。何可说，恰好，这些天他一直在忙着即将召开的全县两千人的肃反大会，还要组织四县农业社主任的考察工作，事无巨细，件件要落实，石浦是计划内的点，就答应明天各自出发。碰头点在建明的气象站。

到了建明那儿，建明正在给一群同事交流和介绍气象知识。小黑板上写满了各种词汇：中尺度、辐合、辐散、垂直结构、正压结构、热带气旋、涡度、副高、西风槽、冷空气、干空气、南亚高压、季风、海温、风切变、CISK 机制、引导气流、鞍形场、环流、阻塞、切断、上游、脊、槽、赤道反气旋、经向活动、TUTT、CCC、卫星云图、雷达回波、地形因素、背风低压、藤原效应、台风倒槽……

建明透过窗玻璃看到何可和有风，就收住话头，邀请他们进屋。

“不打扰你开会，我们先去外面走走。”

“要不你们也一起交流交流？”

“我们旁听吧。”何可和有风交换了一下眼神，就找了个角落坐下。

建明就继续他的话题：

“形成台风，对热带洋面的海温有相当高的要求。一般情况下，必须超过 26℃，才能支持台风级别的热带气旋；而且温度越高，提供能量越多，台风才可能会更强。在通常情况下，台风的水汽补给，来自下垫面，就是热带洋面的水汽蒸发、夏季风，在南海是西南季风，在太平洋是东南太平洋水汽。当台风穿越群岛或者较小的岛屿的时候，如果陆地上没有过高的山脉的话，地形摩擦将有助于加剧低层的辐合，此时台风反而有机会增强；但是，如果撞正高山的话，那么，由于低层中心无法通过山脉的阻挡，高低层中心将会切离，同时背风处会诱生副中心，从而严重破坏台风结构，导致其急剧减弱。所以，为什么很多台风到了台湾以后就减弱呢？因为台湾有较高的山脉，所以，台风撞山后，就像一头狮子冲进了沙堆，瞬间就消减了它奔跑的力度。”

大家听得津津有味。何可和有风则听得似懂非懂。

“广义情况下，当台风周围有群岛或岛屿存在，对台风有阻隔的时候，隔着陆地的对面海洋，将会出现背风低压，这个背风低压，将与台风系统产生藤原互动，影响台风的路径。如果台风穿越群岛或岛屿时，背风低压作为一个副中心，有可能取代台风原有的低层主中心。哦，对不住，我先招呼一下县里来的朋友，大家自便。”

“打搅你们的业务学习了。”何可和有凤表示歉意。

“哪里哪里，我只是综合了一些最新的国际气象学提法和研究，给大家讲讲。”建明领着两位来到测风仪下，远望大海，却眉峰微蹙，“我总有一种不祥的预感。七八九月，是浙江沿海台风的高发季节，江苏、福建等沿海地区也是，有一月一次的，也有一月数次。台风虽然不能远期预报，它的生成往往也没有特别明显的特征和规律，但会有个周期律，这周期律也不是精准的曲线，是由许多偶然因素构成，我心里像有几百只蚂蚁在爬，烦躁，我无法判断，因为误报的损失会非常大，要人员撤离，要工农业停产，要设备和材料转移，要房屋加固和修缮，造成一定的恐慌，还有就是对我们职业的不信任，以后会产生狼来了狼来了、狼真的来了就没人相信的怀疑，但是如果没有一定的提前量，那么，台风肆虐，损失就更大，甚至更惨烈。”

“问题是台风还没生成，你怎么能预知呢？”何可问。

“我也无法回答，因为你们是朋友，所以，我也可以讲出我莫名的烦躁来，可惜我不是预言家，我无法看透未来。只是一种隐忧，似乎这次的台风一旦生成，可能不是善类，跟以往的台风完全不同。”建明觉得很遗憾。

“这怎么能怪你呢？以后科学技术发达了，或者可以有更多的提前量吧。”

有凤只是沉默。台风，只有刮到面前，才是大事，对她而言，看不见摸不着测不出的东西，要么是神秘传说，要么是杞人忧天，或许，气象预报，地震预报，和其他预报的工作人员，都是杞人吧。也只有这样的杞人才会忧天，常常忧天的，才会变成杞人。

“不过，”有凤突然想起一事，用脚来回搓着地上的石子，“不过桂云前几天说起，说起……”“桂云？说起什么？”建明疑问道。

“前几日路过夏渔，桂云说，有个算命瞎子，姓丁，在村上住好久了，最近也说，感觉有一股死亡气息，说要让大家赶紧离开。对算命的预言大家哄笑了一番，说是迷信思想，新社会了，不吃这一套。算命的半仙说他也吃不准，只是这个感觉太强烈了，说他自己反正看不到，走哪儿都是一抹黑，天堂地狱都是黑的。”

“瞎子说的能信吗？”何可笑道。

“大多不可信。但是，我相信人有第六感，通感，这种第六感是我们未曾研究出来的，我相信存在，为什么呢？你们想想，为什么台风地震等天灾来临，很多动物昆虫都会比人要先知先觉呢？它们所有的反常、逃离、狂躁和各种强烈的反应，都已经被历史证实是灾前反应，那它们有研究吗？它们比人聪明吗？不是的，是第六感或者通感，万物有灵，它们在提醒人类或者世界应该做的应对，或者更进一步说，是大自然通过这些动植物给人类发来预报，只是我们人类太过自大，忽略了这些与我们人类共生的物种的善意。”建明说完，一时沉默。

有凤突然很严肃地说：“我想告诉你们一个不太好的消息，老董出事了，被关了起来，说是有反、反……”

“反革命？”何可急切道。

“是，说是有反革命嫌疑。而魏老师据说也被关注了，好像是右派的倾向，目前还没限制自由。”

“什么？老董？不可能吧？他刚刚还活蹦乱跳地干着、干着革命工作，怎么就反革命了呢？”何可涨红了脸，“还有魏老师，怎么可能。”

建明突然想起在夏渔那次，魏老师说过一句："我可能要倒霉了。"这时联想起现在的境况，建明似乎弄懂"倒霉"的意思了。

"桂云前几日还说，县里有人在调查魏老师，问了长庚，魏老师最近跟什么人接触，去俞佑璋家几次，说过什么话，说魏老师曾经在国民政府时当过老师，是封建旧社会的卫道士，敲庙时他来阻止，斗地主时他来做和小头，实际上阻止革命行动，还传播封建迷信思想，说是有好几串盘珠，字画，不读革命的书，还叫人背唐诗宋词，要不是他亲弟在外头当革命干部，要不是也经常帮助村方上的左邻右舍，要不是识得字多，扫盲咯辰光县里领导表扬过好几次，老早，作为右派抲进去了！"有凤说着说着，眼圈都红了，"他们还叫长庚揭发魏老师，有什么信息及时向县里汇报。桂云说，长庚嗯嗯答应着，不过他怎么会做这样的事呢，圣楠的名字还是魏老师取的呢，这不是出卖恩人吗？"

"他们是谁？"何可问。因为何可工作才几个月，尚不清楚各部门的职能和各部门的运作方式。

"不晓得，都没说，"有凤说，"如果你们觉得老董和魏老师没罪，有空去看看他们。"

老董已被关两天了。高高的房子，只有一扇铁灰色的门，还有一只小小的底边在两米多的小窗，窗子用拇指粗的铁条钉着，地上只有一张草席和一床脏兮兮的被子，角落里放了一只小小的粪桶。关进来之前，审讯的人一直问他，自己犯过什么错，什么罪，自己想，自己交代。

"老董，老董！"外面有人喊。

老董一惊，没叫他名字，这说明是熟人，这估计是要放我出去了？

正狐疑间，门嘎吱吱响着磨牙的声音，打开了。一个板寸头的青年，面无表情地示意他出去。

老董走进审讯室，其实是一间简陋的办公室，因为作为审讯用，所以，房屋的气息也立马转化成令人糟心的严肃和不安。

来人是派出所的，见过面，三十多岁，但叫不上名。

来人笑了笑，旋即又变得严肃生冷，“想好了吗，老董？”

“我想来想去没犯罪啊，我一直拥护社会主义、拥护共产党、拥护毛主席的。”老董颤抖着声音表述着自己的清白。

“还不想说？坦白从宽……”

“我晓得，抗拒从严。”

“晓得就好。”

“我这两天一直在反思，我讲过：文艺要反映真实的生活，脱离群众真实生活和情感的文艺，那就没有生命力，就没有群众会真正喜欢，人们也就不会自觉自愿地去传唱。还写过一些快板和唱新闻的文稿，既反映热火朝天的新社会的新生活、新面貌，也写过生活中存在的问题和群众的一些劣根性。想来想去，是不是大概可能这些话有问题？”

站在老董背后的板寸吼了一声：“老实点，不要耍滑头。要不是县里领导来打过招呼，老早让你吃吃皮肉苦头了。”

派出所的人皱皱眉头，瞥了一眼“板寸”，估计是他话太多，怕说漏嘴。

“实在想不起什么来。”老董感觉再回答下去，他真就是罪犯，真是反革命了，因为他有了一种莫名的寒意，这和一个人不断自我暗示自己是蠢货就会真的变得很蠢一样道理。

审讯的人不耐烦了，提醒他，“你唱过什么反动歌曲？”

直到这时，老董才明白因为什么被捉进来的。不过知道原因，他松了口气。

当时，老董喜欢唱歌，还写些走书小调唱新闻之类，有一回唱了一首晋西北民歌《芝麻油》：“芝麻油，白菜心，要吃豆角抽筋筋，三天不见想死个人，呼儿咳吆，哎呀我的三哥哥。”用的是《东方红》的曲调。大家就开始说老董的闲话，说他脑子有问题，有次跟人讲聊天，竟然没在毛泽东三个字前加上伟大领袖四个字，也没叫毛主席，直呼其名，大不敬了，隔天有人就告了状，说他是反革命。老董辩解说，那不是反动歌曲，那是晋西北的民歌，《东方红》是后来填词的，是《东方红》用了《芝麻油》的曲调。

不过，老董的辩解没人信他，谁说的？你拿出证据来，唯一的证据就是他自己抄录的小本本，而不巧，小本本又不见了。死无对证。

当然，报告给领导，领导见多识广一点，说好像是有那么回事，不过，具体歌词也不知道是咋样的。本来想老董好歹是文化人，也能唱唱新闻啥的，难得，没打算怎么治他，只是捎话给他，让他不要再唱了。但是，“老董犯了政治错误被告了”这个说法立时成了一个事件，这事一传十、十传百，还有传说他蔑视领袖，有反骨，一查他的亲戚的亲戚还当过国民政府的一个小官，一定是反革命了。后来，常有人问起，抓了没有，抓了没有，还没抓啊，政府也看人头包庇坏人啊！

领导最后也就不好说什么，一说，就有替老董开罪之嫌，要是大家闹起来，谁也不知道后果咋样。在大家气势汹汹的追问下，只好抓了老董。当然，领导也有数，总是得装个样子嘛。但是，一旦人被抓，不管有事没事，接下来的境遇是不会一样了。那时候，又没有什么平反的机制，也不会给你喊冤的机会。进去了，就是进去了。

审讯的人说：“承认了？承认就好。”

“我承认唱过，承认唱过，不过不是反动的歌曲，这歌不反动。”

“转个屋吧。”审讯的朝“板寸”使了个眼色。老董就被拽到小仓库去了。

这座厂房，原来是周姓资本家的棉纺厂，因为公私合营后，周老板又一病不起，工厂无人管理，难以为继，因此停工歇业了。纺织机被堆到一边，占据它们的，是尘垢和蜘蛛网。

他被“叫进去”那天，看到政府设在一个小仓库里的羁押处，关了好几个人，有蹲着的，躺着的，塌地坐着的，有认识的，有不认识的，问是什么原因？什么原因都有的。

有因为写毛笔字，在报纸上练字，因为报纸上有领袖人物的名字，有社论，而墨色淋漓地在上面乱涂乱画，分明是有不满，有人把废弃的练字的报纸藏起来，专门找出领袖名字和在名字上划过的笔触，这就成了证据，问是什么人检举的，大致判断可能是邻居，因为邻居家小孩太吵闹，他曾经训斥过几句，估计是这个原因，但也不一定。

有因为尿频尿急憋不住冲到墙角释放，不小心冲到了墙上刷着的革命标语，又不小心被人撞见的，于是，尿是释放了，人被关进了。

也有开会时睡着了，等大家起立喊口号的时候，他还是睡着没站起来，当台上领导发现他时，他醒过来了，却一时云里雾里还坐着，这下好了，大家都站的时候他不站，这不是心怀不满有抗拒心理吗？一查三代，父系母系，七大姑八大姨，总有那么一两个与旧政府和国民党或者土匪有关联的，于是，你不站起来，就让你整天蹲着。

老董有点后悔，半夜醒来也会自己抽自己几个嘴巴，这张嘴真是犯贱，从小爹娘就教育病从口入、祸从口出，这嘴巴就是不听话，没说错话，可也没把住门，不说话不会死，不唱歌就不会造这份孽。可是，我这不是靠嘴吃饭的吗？我要是变成哑巴一样，还不是要了我的命啊。最近朋友老陈生病，学校里没有任课老师，还让老董代几节课呢。这下好了，课也没得上了。糟了个糕的，要放假了，期末考试还没弄，这批小猢狲的学业咋办啊？

咯真是卖青灰嘞。

何可叫上玫儿，去看望老董。走到这个废弃厂房大门口，突然止了步。因为他脑子里轰地响了一下：我是老董的朋友，但也是县政府的干部，我这样的身份去探望，合适吗？因为这是“探监”，不是探病。

玫儿转头看着犹疑的何可，“怎么啦？不舒服？”

“不是，我在想，万一，万一，唉。”何可嗫嚅着，一脸酡红。

“你是领导，你是干部，你是清白的，人家是犯人是不？”玫儿突然明白了。她简直出离愤怒。看着何可低着头，不想再移动一步的意思，便走回几步，劈手夺过何可手上一网兜的黄金瓜。“好，领导，我去！要受牵连，我愿意！”

何可看着青灰色的厂区，深深羞愧，感到踏进一步，有可能下次在里面的就是他了。他从省城到这里，他从学校到社会，他从蹒跚学步到二十出零的青春年华，他第一次被这种莫名的恐惧笼罩着，不知道下一步是什么坑，什么样的命运等待着他，他觉得有一种无形的网，灰色的，巨大的，正隐匿在看不见的时空里，随时罩下来，他也会像一条网中挣扎的鱼，无助，悲凉。他甚至怀疑身边的每一个人都可能是监视者，每一双眼睛都正发射出审讯的眼神，每走一步，都得战战兢兢。

玫儿一个人进到里面去探望。

看守者检查了玫儿的拎袋之后，被允许进到小仓库的门外探视。她趴在窗外朝里张望时，里面一阵骚动，以为是哪位检查或提审的来了，发现是个女同志，里头的神态复又放松了。

玫儿发现这里关着的竟然还有鲁画家。因为老董曾经带着何可和她到鲁画家画室去坐过。

鲁画家喜欢收藏书报杂志。家中有几本民国时期的《良友》杂志。其中一期，有一页是整版的黑白女子裸体照片。年轻人经常去鲁家看书学画画，某次看到杂志之后，年轻人紧张又好奇，问鲁画家，这是不是色情照，会不会有事啊。鲁问年轻人：那你们看了以后有什么感想？很美，但是又太大胆了。对，这真是令人害羞和心跳加速的图片。邪恶吗？也不知道。当然不邪恶，它是美学意义的存在。它刚让你的身体发热，却又令你惊艳着冷却，你的小树苗刚刚春天复苏，却并不让你疯长，你所起的不是淫意，不是身体的冲动，而是美好的臆想，是在情欲和爱的中间地带的滑翔。不过，假如你一定要把这看成淫荡的色情图片，我也没办法，因为很多人见到花开了就想变成雨露，看到动物交配，就宁可去当动物，看到山洞也设想自己是巨人，那就没有办法了。

不过，年轻人嘴巴不严实，也未掂量说出去会有多大事，结果，鲁画家因此被揪斗，斗成了流氓加右派。

还有一个，就是桂云说过的那位算命瞎子老丁。老丁从前是易经八卦、命理风水的阴阳先生，因为“迷信”被取缔之后，落下的“职业病”却是未愈，总喜欢神叨叨掐指一算，并说1956年丙申年乃猴年，不安分。此年份恐怕有难哪。结果，因为危言耸听，被人告发，关键是有人添油加醋，说这是对社会主义不满，是反革命，杠子一上，自然无法安耽，就被捉了进来。

但关押时间一长，里头一众还是有些焦虑和情绪低落。尤其是隔壁小房间里的几位，隔天就会有咆哮，喊冤，哭泣。

玫儿见到了老董。老董一脸灰黑，眼窝凹陷，头发刺毛伶仃，憔悴得像大病过一场，真成了干姜瘪枣，说话声音都沙哑了，尾音像游丝一样颤动。玫儿止不住眼泪，只能撇开脸，免得老董更难过。

临走时，说：“何可也来了，他怕你伤心，就站在门外。”

“我真没反动过，真当没有。”老董像委屈的小孩，抓着窗子的格栅急切地说。

“假如你自己觉得没问题，那你一定要坚信，你，没，问，题！”玫儿说完，扭头就走。她不知道这句话到底是安慰老董，还是安慰自己。

第十八章

喜忧双抢

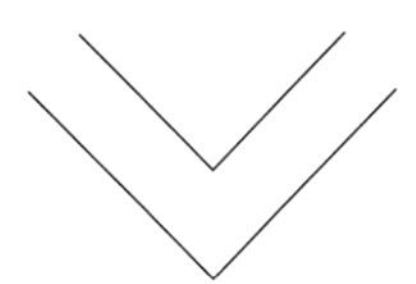

《月令七十二候集解》中说：

暑，热也，就热之中分为大小，月初为小，月中为大，今则热气犹大也。其气候特征是：斗指丙为大暑，斯时天气甚烈于小暑，故名曰大暑。

大暑节气正值三伏天里的中伏前后，是一年中最热的时期，气温最高，农作物生长最快，同时，很多地区的旱、涝、风灾等各种气象灾害也最为频繁。

大暑是二十四节气之一，北半球在每年七月二十二日至二十四日之间，南半球在每年一月二十日至二十一日之间，太阳位于黄经 120° 。大暑期间，汉族民间有饮伏茶，晒伏姜、烧伏香等习俗。

一九五六年七月二十三日。大暑。

《象山报》：东明农业社已开始割稻，两亩连作早稻收谷 1008 斤。

放眼南庄平原，稻浪金黄，在阳光下灿灿发光。看着这样的田野，丰年的欣喜令人雀跃。这是大地的恩赐，也是所有这片土地上的人们用勤劳的汗水、努力的渴望换来的果实。它们开始被收割，被变成谷米，变成一年一年的生活保障。

南方的水稻一般种两季，第一季是七月的时候早稻成熟，在收割后，必须立即耕田插秧，务必在立秋左右将晚稻秧苗插下。水稻插下后，经六十多天生长，才能成熟，八月插下，十月再收割。但凡错过季节节点，要么收成大减，要么绝收。所以在这不到一月的时间段里，收割，犁田，插秧，必须全力以赴，抢收抢种，象山的老百姓在“双抢”前加了一个“打”字，叫“打双抢”，这更形象而动态化地显示出双抢与打仗一样重要，抢占机会，抢占时间，须要全力拼抢，才能赢得与自然赐予的规律一争高下的结果。

象山是渔业县，也是农业县，所以，县委、县政府对双抢高度重视，每年都会动员组织社会各界帮助农民参与双抢。七月二十四日至二十七日，是县各界奔赴双抢第一线的日子，组织了四五百名在职人员包括驻地军人。稍后几日，接到台风预报，县里又动员组织了 89 名干部，组成 6 个组，每一组由县委委员带队，奔赴各区乡协助抢收抢种。

双抢，开始了。

象山处处是良田，单是这南庄平原，八十平方公里的巨大粮仓，何等壮观，景象欣然。虽然这未必等同于北大荒等之后开发出来的广阔田野，在浙东，这样齐整而肥沃的粮田，实在难得。尽管，丰收的日子，在台风的催逼下缩短了，双抢的紧张感加强了，但对多台风的象山、浙东甚或沿海地区而言，并没觉得台风如巨魔，多么无情，多么凶险，某种角度而言，台风也会带来凉爽的秋风和丰沛的雨季，利弊可以说兼而有之。当然，因为象山农村的房屋比较简陋，尤其像夏渔等地，半是瓦片房，半是茅草房，且大多数都是一层的平房，墙也以土坯垒砌和上下结构的居多，即上半部分是板壁，下半部分是石板，所以，台风一来，往往需要修修补补，小有损失。

这是忙碌又欢快的日子，疲累又亢奋的日子，也是紧迫又慰藉的日子。

为鼓舞士气，县领导找到华定，吩咐写一篇快板，这样可以让大家在收割劳作时增加乐趣和信心，让所有的田头念着快板打双抢。

华定说："我写不好，老董内行。"

"不要谦虚了，你这么好的文才，写个快板都不行？"

"术业有专攻，写快板和写新闻报道是不一样的。我去叫老董写吧。"

"老董不行。你又不是不晓得老董的状况。他现在这样，写出来让大家传唱？万一他定性为右派了，或者更严重点，反革命了，那不是成笑话啦？我们都在念右派反革命的快板？"

"那不还没定性吗？即使罪犯也要给人将功折罪的机会么。"华定自知这么辩解说不定也算顶撞。

领导犹豫了一下，"那就先让他写来看看。"

华定找到老董，隔着小仓库的窗子跟他说，让他帮忙写一首。

老董连连点头，就像罪犯得到宽大处理的机会。尽管，他觉得自己清白如小葱豆腐。他答应连夜赶出稿子来，如果还有需要，他可以带领几个宣传员到各田头去演出。

他一厢情愿了。

县里没有说让他离开小仓库，他还必须在那里待着。

日子一经被"抢"，其奔逃便如脱兔。

越临近月底，建明的内心越沉重。一种介于职业和非职业的“预感”总在心底滋扰，像耳鸣一般，一静下来，就响起，一忙碌起来，就消失。

象山，和多数海边的区域一样，几乎年年都会遭受台风侵袭。有台风，是常态，没有台风，倒稀罕了。象山人经受过台风的肆虐，也了解台风的狂野的脾性，所以，也有着基本的应对方法和心理。

在气象学的专业书中，风力的等级划分是这样的：

热带低压，中心风力可达 6 级，或阵风 7 级以上；热带风暴，中心风力为 7 到 9 级，或阵风 9 级并可能持续；强热带风暴，中心风力为 9 到 11 级，或阵风 11 级并可能持续；台风，中心风力为 11 到 13 级，或阵风 13 级并可能持续；强台风，中心风力为 13 到 15 级，或阵风 15 级并可能持续；超强台风，中心风力为 15 到 17 级，或阵风 17 级并可能持续。

建明所在的石浦气象站刚建立不到一年，专业人员和监测设备的配备不足，而能使用的气象仪器性能又较差，譬如测风仪，是国产的维尔达风压器，最大的测风能力只有每秒 40 米，测气压的气压计是苏联产的周转空盒气压计，测量范围也只有 955 至 1060 百帕，这样的设备只能测量到台风一级，所以，不用说超强台风和更高风力的台风，面对强台风，都无能为力。

而在冲绳东南的洋面上，一只无比凶狠庞大的恶魔开始苏醒，它要翻动它诡异的躯干，它发出沉闷恐怖的呻吟。它睁开眼睛，寻找它要饕餮的猎物。

七月二十六日，5612 号台风开始生成。而气象学家们，却给过这个恶魔一个好听的名字：温黛。

建明预感的触角似乎已能感知这只恶魔的脉息。他无法确定这次台风的危害烈度到底有多大。这毕竟只是预感和猜测，纵有万分焦虑，也不可以将自己的预感和猜测告知县里的领导和田野上挥汗如雨的农民们。一旦预报错误，高估了，那么多丰收田里的粮食就会被恶魔吞噬，那么多大地的供奉就会被无情地摧毁，损失，实在太大。粮食，对于黎民百姓，永远是生存序列中排位第一的；而低估了，生命至上，危害的就不仅仅是粮食作物和财产了。他自然承担不起这样巨大的损失。

可惜，所有的仪器设备都帮不上他的忙。

建明拿起《象山报》，看到了老董专门创作的快板，题目是：抢收战胜大风灾。

满天黑云多起来，乌云猛雨就要来，
大批干部下乡来，帮助社里割稻来，
各个农民都喝彩！
男女老少一齐来，沙沙沙沙响起来，
亩亩黄稻睡倒来，打稻机，转得快，
粒粒谷子打落来！
来，来，来，大家一起来，
一颗不留割起来，与天争回谷子来！
人力战胜大风灾。

看到最后一句，建明不禁苦笑了。人力有限，天灾强大，人类可以利用大自然的善，但却不可以死拼大自然的恶。假如这次台风真的如预感的强大，千万不可以去盲目“战胜”，有时候，退让和躲避是更大的战胜。

海峰回来了。

这次他是奉秀英阿婆之命回来完婚的。

因为他想到外婆年事已高，一直渴望能够看到后代香火传续。父母已经双亡，阿婆一人在家，孤苦伶仃多年，确实令他担忧愧疚。好在和平年代，他可以征得部队领导同意，也能完满一份孙辈的孝心。

上回见过面的女子，也是良善人家出身，虽然文化不高，却也贤良淑德，作为军人妻子，应是合格达标的。有了她，他在部队再服役几年，也会少了许多思亲的煎熬，不必总担心阿婆身体有恙，老来悲凄。阿婆有了伴，自己内心也有寄托，对未婚妻筱梅，也算给了一份安稳的婚姻。

一路行来，田野上，到处都是稻桶，稻草堆，割倒的稻秆，还有稻草人和飘扬的红旗。有人唱歌，有人念快板，有人递水倒茶，忙碌，祥和。

阿珠和阿琭奔走于稻田，姐弟俩负责送水，将一条条浸透汗水的毛巾收集起来清洗，然后再送给每个劳作的人。佑璋伯也在躬身割稻，尽管样子甚是吃力。而圣楠和小鱼儿欢快地在田埂上跑来跑去，缠着大人派活给她们，看到长庚和病恹恹的阿月也在田里劳作。

几乎所有左邻右舍都在田里忙碌。竟然都没注意到他回来。

他疾步回家，放下背包，去找阿婆。

阿婆正在灶间忙碌，将锅里烧开的水一勺勺地往木桶里舀，尽管天气大热，开水的热气依然弥漫开来。每年双抢时节，阿婆都负责烧水，烧咸齑汤，冷却了，再叫人送到田头。

“阿哟肉嘞、阿哟肉嘞！”

猛见得海峰回转，阿婆欢喜得一把扔了舀水勺，颤颤迎出，就像看到远方来的稀客，不晓得端茶好还是掇凳好。

“咯回，我好稳督督陪你几日了。”海峰一边拿毛巾擦汗，一边帮着把开水桶拎到门口，“我送去。”

“哎哟，看你急刹绊跌咯，弗好歇歇啊。哎，忘记还要加一样东西啦。”阿婆嗔怪道。

海峰一想，对啊，每年阿婆总要拿出她亲手腌的咸齑菜来，洗净，把叶片切细，放进开水桶里搅匀，冷却后就是鲜美的双抢咸齑汤啦！

当海峰一手拎一桶菜汤、一手拎一篮海碗出现在田头时，村里人又惊又喜，七嘴八舌地喊叫着和海峰说话。海峰一边应和着，一边拿勺子一碗碗地舀出汤来。

田头远处，魏老师一边擦汗一边朝着海峰微笑。海峰连忙舀了一碗，端了过去。

魏老师接过碗，喝了一口，又连喝三大口，高声道：“不喝咸齑汤，脚骨酸汪汪，喝了海峰咯咸齑汤，不是武松也上景阳冈！”

众人纷纷夸“喝汤喝出打油诗了”。

“这次回来是为……完婚？”魏老师猜着问。

“对，结婚，再好好陪陪外婆几日。”海峰舀着汤。

“几号？”

“八月一号。”

“八月一号？这是个好日子。八一八一，哦对了，原来是建军节，好好好，军人结婚，建军节，真是好日子！没有比这个日子更有意义的了！”

魏老师突然面向大家，拢手窝着嘴喊喇叭：“好消息啊！海峰的大日子是八月一号，八一建军节，大家空了就去帮海峰打扮打扮新房哦！”

这一喊，田头上弯腰收割的、捆扎的、各种忙碌的，都停了下来，一阵阵欢声笑语向海峰道贺。海峰自然也开心，却不晓得怎么道谢，想举起手给大家敬个军礼，发现一手拿勺一手端碗，只得憨憨地笑了。

阿珠发现魏老师从没这么孩子气地开心过，哼哼，这个魏榜眼，心底里也躲着一个淘气小鬼头。

“阿姐，阿姐，换水去了！”阿琭拎着水桶走来，摇了摇愣神的阿珠。

入夜，劳累了一天的人们开始各自在家中歇息。

魏老师这几天都住在夏渔“别院”。

随便扒了几口冷饭，正想洗个澡休息，桂云推门进来。

虽然这几天桂云在田头帮忙也晒黑了点，可这肤色似乎令漂亮的桂云更增了质朴的健康美。魏老师忙请桂云落座。桂云也随手带上了门。

在魏老师偶尔闪过的念头里，假如要娶人做老婆，首选还是桂云，那不仅仅是桂云成熟的少妇味道，不仅仅是长相漂亮顺眼，以及她不同于一般农村妇女的爱干净爱美，同时也不失农村妇女的勤劳内敛，还因为她单亲有日，却依旧不急不躁，不卑不亢。“敲庙”那天，她一身须眉之气地拦在他身前，一想起来就既感激又感慨。阿珠呢，确实可爱，虽然这爱情都还没开始或者言明，却已经有了这样美妙的晕眩感，只是他害怕阿珠是一盆火，他是火上的纸鸢，要么飞得高高的，要么就被燃烧了。毕竟，阿珠这么年轻，令人困惑。

魏老师给桂云倒了杯水。

“我是想来请教魏老师，嗯，阿拉象山的象不会写。”

魏老师就走到小黑板前，写了个象形文字的象，再楷书了一个“象”字。

“嗯，还有就是……说不出口。”支吾着，脸已绯红。

“你说，桂云。”魏老师鼓励着，其实他倒是期待那些稍带暧昧的对话，也许独居久了，心底蛰伏的虫子会蠕动起来。

“吭嘴，普通话咋写咋念的？”

魏老师脑袋嗡了一下，或者说是全身嗡了一下，拿着粉笔的手都抖索起来。

“你是要写信给谁？”魏老师发觉自己忽地泛起淡淡醋意，见桂云并不作答，顿了顿，“吻，或者亲吻。”然后板书了吻字，“记住了吗？”

桂云说记住了。

这时的魏老师实在有点迷茫和慌乱，不晓得接下去会怎么发展，就像一条沟渠，是桂云挖好了，让他成为水呢，还是他来挖沟渠，桂云是水。

桂云摸出了一张纸条，“你看看，这是啥意思？我不大认字。”

魏老师一看，字迹工整，显然不是桂云写的，而且一看内容，更不会是桂云写的，因为，桂云根本认不得那么多。字条上写了：“可怜甘露菩提水，一朝倾在巧云中。”

这是出自《水浒传》中的诗句，说的是“病关索”杨雄的老婆潘巧云，与和尚裴如海通奸，“拼命三郎”石秀发现奸情，用计杀死裴如海，辨明被挑拨真相后杨雄杀了潘巧云的事。施耐庵用了一首诗来形容云雨情景，这是诗的最后两句。若说此乃淫诗，也不为过。不过魏老师总觉得这不会是桂云的想法，今天桂云来，一定是受人之托，那是谁？没有第二个人，阿珠！

看来阿珠对我的冷淡和回避已经忍无可忍了，一个姑娘家竟然这么、这么疯狂了。

“就是云会下雨，雨也会滴在云中。”魏老师敷衍着。

“哦，这没啥意思嘛。”桂云一脸失落的样子。

魏老师虽强作镇定，看着桂云侧脸，心跳也是加速了。他想，以前怎么没这种感觉呢？难道是我最近也疯狂了？

突然，桂云呕了一声，脸色紧张地看了一眼魏老师，然后匆匆起身走向门口。连字条都没拿就开门走了。

建明综合了浙江省和中央气象站的台风信息，沉重地向县府发出了这一条电报：

中心附近的风速从生成时的8级风快速增强到12级以上的超强台风。预计8月1日左右，在象山一带登陆。本次5612超强台风，万望大家不要掉以轻心，随时关注台风预警，并做好相关防台工作！渔民们切记勿出海！

第十九章

灾前婚礼

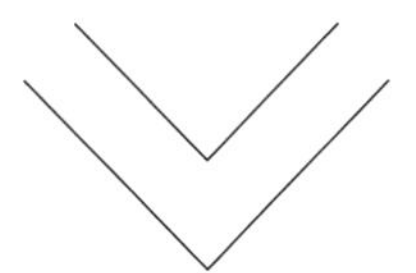

台风是集结令。因为派出去很多干部支援双抢，有点冷清的县政府大院突然像船舶靠港时的码头。县委召集紧急会议，相关领导都到场了。

“方书记到省里开重要会议去了，县里的相关工作暂时由我代为主持，这次台风信息已经收到，省，地委，石浦气象站都发来消息，虽然不能确定这次台风的强度级别，我们却不能掉以轻心。我建议，还有两天时间，抓紧抢收，争取在八月一号台风到来之前，基本能够完成粮食入库。粮食是我们的命脉，所以，这些天，我们的所有工作以抢收为主，其他能不开的会议就别开了，可以延后的工作就延后。县里再调派几支干部队伍下去帮助抢收。”

沈鲁副书记说了几句就离开讲台，搓着手，在会议室里走来走去，“具体工作安排和队伍分配，由徐坤主任负责。”

徐坤宣布了县属各单位人员抽调和自愿报名参加的名单，以及开赴抢收现场的路径与区块等。

会议结束后，何可在徐坤主任门口踱步，魂不守舍。徐坤问：“小何，有话要说？”

何可走进徐主任办公室，惴惴道：“我不知道这话说得有没有意义。”

“吞吞吐吐，吃甘蔗啊。”徐坤淡然一笑。

“前些日子去石浦气象站，建明说，他有一种预感，这次台风可能极具危害性，强度也许会超过往年任何一次。不过他一直吞吞吐吐，跟我现在一样，因为他说只是预感，并没有科学的预测数据，而且气象站里的仪器设备不仅现在测不了，假如真的超强台风来临，这些仪器设备，嗯，更会变成废品。”

“变废品？”徐坤对何可的表述不甚理解。

“是，废品。就像一辆车，只能装三吨，要是装了六吨，那就会大梁断裂车胎爆裂。这些仪器、这些测风仪气压计也是这个道理，它们只能测出普通台风的强度。”何可突然觉得那天气象站里听建明的一番讲话，受益颇多。

“这，倒是个问题，因为预感和预测还不是一回事。预测，至少有一定的数据支持，即使预测与最终结果不符，县委、县政府对群众也有交代，群众也大都不会有怨言，但是如果仅仅凭预感，万一结果不符或者严重不符，就会引起恐慌，大面积的人口转移、物资转移保护以及停止粮食抢收和工作运营，带来的损失就大了。”

“所以，我也不敢汇报，建明也不敢汇报的原因就在这里。”何可无奈地低着头，好像一个失手打碎一摞碗碟的孩子等待父母责骂。

“好，我会找几位领导一起商议商议，但无论如何，常态化的抗台救灾工作我们还是不能松懈。”徐坤欣赏地看了一眼何可。

何可默默告辞。走到门口，突然又停下。

“还有话吗？”徐坤见何可欲言又止的样子，问道。

何可看看徐坤手里拿着的一沓名单和抢收区块草图，摇了摇头。

本来，他想和徐主任谈谈对老董的看法，算是说情，算是辩白，或者是给老董喊冤，但是这个时候，他觉得并不合适。

桂云怀孕了。

自从在魏老师屋里的那第一声呕开始，桂云便整个地陷入了绝境。她无法想象自己怀孕后的境况，更无法想象将孩子生下来的日子。

“如果不想办法，不做处置，我一定会成为整个村的耻辱，整个乡的传说，整个县的笑话。一个没有男人好几年的女人，竟然生小人了，而长庚估计也没法做人了，小鱼儿呢，那么小那么可爱，每天进进出出就被人戳指头，在唾沫和讥嘲里过日子，这以后，她一定会恨我，应当说，我首先会恨我自己。

“我怎么会那么大意，我怎么就没计算时间？可是这种感觉像潮水一样冲上来，全身都中毒一样，我神志不清，我怎么还能计算时间？我怎么就那么下作，我就是个荡妇淫妇贱人！都怪长庚，死长庚，那天没有他就没有事，可是，也不能怪他，他也是可怜人，对我那么好，在这个村子里，也许会帮我们母女的有很多，但只有长庚伸出手，只有他有勇气。即使我报答他，也是应该的。唉，天意，天意啊。”

桂云胡思乱想着，整天被这些思绪搅扰着。

当时也没有野医生，如果去县里唯一的医院流产，需要好多部门盖章打证明，这会让天下人都晓得。中药，草药，总有办法的。对，还有剧烈的劳动，跳，蹬，都可以。

突然想起以前听人说，吃蝌蚪可以避孕，避孕？“我这不已经有孕了吗？或许能助流产，能杀死胎儿，杀死？我作孽啊。”

有一段时间，吃蝌蚪可避孕传得神乎其神。所以，农村里河浜沟渠里经常看见有妇女拿着簸箕脸盆网兜鱼篓什么的在撩蝌蚪。当然，她们也不会说是拿去何用，只说是蝌蚪炒鸡蛋，味道很好，嗯，也就骗骗小孩子，成人可是心知肚明。

“小鱼儿，我们中午去溪坑里撩蝌蚪，好不好？”

小鱼儿自然高兴。“难得姆妈会带她去溪坑，因为她总是怕我跑去溪坑边、河埠头、池塘旁，一见我在水边，她就吓得半死，我可是小鱼儿呀，我又不怕水。”

海峰这几天变身为农民加准新郎，一边忙着在田里抢收，一边筹备婚事。

婚前准备其实很简单，就是把房子打扫一下，贴点窗花对联双喜红字，另外置办些新脸盆新碗筷，准备几桌饭菜，去县供销社买上几挂鞭炮和炮仗，秀英阿婆还准备了一块新的台布，往桌子上一盖，整个房间就显出喜气和整洁。东明老婆玉香送来了两床新被子。至于新郎的新衣服，海峰说，他也没机会穿，作为军人，他就穿着军装结婚，只在衣服胸口别上一朵有凤托人送来的大红花就可以了。

八月一号，一早天气晴好，只是云彩浓密，飘飞得比往日要快很多。

大田里的收割基本完成，颗粒归仓，人心舒畅。人们大多可以舒一口气，只消再一两天就可以全部完工。

送亲的队伍已经在路上。由于社会主义初级改造，各方面都要有新气象，婚事新办、简办，新娘的嫁妆和行头都十分简单，虽然也梳头、描眉、施胭脂涂口红，穿上新衣，但基本上也就这些了。

海峰在屋子里坐着，心里也有点紧张，毕竟这是他的好日子。他想象着，部队里也一定井井有条地忙碌着，想象战友们吹军号、升军旗、行军礼，整整齐齐地在军人礼堂听首长热情洋溢鼓舞人心的讲话，想象着战友们自编自导的文艺节目，或者还会有地方上的文艺宣传队来部队慰问和联欢。不过，对他而言，今天是有双重的意义，这是他用结婚喜庆的方式纪念这个军人的节日。

阿珠从田头给大家送水回来，路过桂云家，桂云神情黯然。桌上摊着几张未完成的剪纸，纸上图案是喜鹊登梅。她软软地靠着桌子塌坐着。

“桂云姐，身体不舒服？”阿珠盯着桂云的手，问道。

“没啥没啥。海峰今日大喜，阿拉也帮不上啥个忙。”桂云连忙把手从肚子上移开，因为这已经是她这些天的习惯动作了。

阿珠就大大咧咧地坐下了，看着桂云依然忧郁的脸。阿珠隐隐觉得桂云喜欢魏老师，这是女人间的直觉，阿珠虽然生性开朗，和桂云相处甚好，却也不便明说。她让桂云带去写有诗句的字条，也是要了个小心计，假如桂云和魏老师真有缘分，那也算成全他俩，假如没有结果，或许只是一场情感的误会。当然，阿珠并不知道桂云已经把身子给了长庚，而且不小心有孕在身了。

确实，对于聪明却缺乏文化的桂云而言，自从认识魏老师，就暗生情愫，当了解到魏老师孤身一人，尚未续弦，辗转反侧了好几天。偶尔与魏老师相视一笑，也感受到他的眼神里满含着温存和善意，虽然这种眼神并不一定算作情爱的信号。而即使有单独接触的机会，魏老师却总是谦谦君子的样子，这也令桂云心里五味杂陈、敬而远之。

在桂云尚未向魏老师示好之前，长庚一直以来生米般的“示好”却做成了熟米饭。或许，对无依无靠的母女俩，长庚现实的帮助和长久以来的诚心，才是桂云更需要的。所以，尽管意外怀了孕，桂云也只是默默承受，无怨无悔。她并不怪责长庚，在短暂地怪责了自己以后，就无奈地认命，要怪责就怪责命运。

桂云习惯性地又将手摁在肚子上，她感到生命在慢慢形成，甚至能看到那团小小的肉球在用力吮吸她的身体。她凄然一笑，这生命来得真不是时候，这让她充满惶恐，毫无喜悦。

阿珠狐疑地看着桂云的手和肚子，却不知道说什么好。“桂云姐结婚的时候是不是很风光啊？”阿珠打破沉默。

“阿里啊，也差不来去。咯辰光快解放了，场面乱糟糟，虽然农村里也没啥大影响，不过，人心终归还是跟着乱糟糟。”

“小鱼儿咯阿爹……”

桂云有点警觉地止住了话，“没啥，反正都是命呗。”

正闲话间，听到村道上响起鞭炮声，“噼里啪啦”一阵脆响，人们都从各家各户涌了出来。也有的从收割的田头赶回来，在自家屋前，引颈踮脚，等着海峰的新娘送亲队伍。

阿珠站起身，拉着桂云就往屋外走。桂云被拉得一个踉跄，但还是笑着打了一下阿珠的手背，“要死，你结婚啊，嘎激动。”

阿珠用手搭在额上一望，就见到十多个人的队伍嗒嗒嗒地赶来。为首的那个壮汉朝后面喊了声“起锣！”就“咚锵咚锵启咚锵”地锣鼓喧天起来。

新娘走在锣鼓队后面，上着一件绣花的大红袄，下着一条藏青色棉质大脚裤，黑布鞋，鞋面上也各绣着一朵牡丹，短发，在右边的头发上扎出一缕，红红的头绳像一只蝴蝶。新娘的脸上满是汗渍，还有一道道被汗水刷出来的印痕。新娘一看就是厚道人家的孩子，皮肤虽不白嫩，却很健康，长相虽不惊艳，却很顺眼，不胖不瘦，不高不矮，红扑扑的脸上满是又喜又羞的神色，微低着头，不敢正眼看夹道围观的乡亲们。

村民们欢欢喜喜地说着海峰好福气啊，咯大姑娘屁股生得好啊，一定包生儿子啊啥的。小孩子更是亢奋，跟在新娘队伍后，跑来蹿去，有的还挤进队伍里，抬头去看新娘长啥样，弄得新娘的眼睛只能左看看地，右看看地，幸好大人们在旁边开心地呵斥着，孩子们就像猢狲似的散开了。

新娘后面是嫁妆的队伍，也有七八个人，挑的挑，提的提，有被称为子孙桶的马桶箱，有矮凳长凳，有搁箱橱，也有热水瓶茶杯面盆什么的，最辛苦的是两个抬双门大橱的壮汉，不断地换着肩，好在新娘家也实在，估计大橱里也没装什么有的没的，好让人看起来重瓷瓷地。因为大橱也是装嫁妆的容器，于是就在橱里会放进被褥衣物和日杂用品，有的为了显示嫁妆量多，大橱显得很沉，却又实在没啥陪嫁品，就会放进大头菜啊番薯芋艿啥的，这看起来自然“养眼”，却苦了抬嫁妆的劳力。好多抬嫁妆的还是各自亲眷朋友，这就连叫苦都不好意思啦。

村民们当然也会有议论，更多是心疼，说是取消了轿子抬新娘，新娘真辛苦，以前新娘是要坐轿子的，要么坐四人抬八人抬的花轿，要么坐相对轻捷的两人抬的高轿，做一次新娘，难得享受一次，让人抬着，舒舒服服嫁到夫家，现在好了，新娘都要走路，新鞋子都磨破了。

有人朝新娘喊道：“洞房前，先把脚底咯水泡给挑了！”

于是村道上连绵起一串开心杂乱的笑声。

俞佑璋这些天也累得要瘫倒，割稻割得腰酸背痛，就踱回家歇息一会。

听到门外锣鼓鞭炮响起，知道是海峰的新娘送亲队伍到了。就倚在门框上，看着新娘跟着一群迎亲的人走过。虽然队伍里有锣鼓，也放过鞭炮，虽然也有些嫁妆抬着，新娘也红衣裳红头绳显出喜气，却总显得简单过头。三门大橱改成了两门的，橱上也没有刻花嵌骨，板料一看又薄又差，那些抬嫁妆的，一脸轻松，装束也很是随便。

他看着队伍往海峰家走去，眼花花地缭乱出自己曾经的婚礼，心中一阵绞痛。他慢慢走到里屋双门橱前，从底层的抽屉里翻出用油纸包了三层的结婚证书。家里已经被抄过几次，橱柜里也没什么值钱的东西了，只是对佑璋而言，其他都是身外之物，抄了就抄了，即使有金玉成堆，也换不了钱，也没地方去换，唯有这本证书，才最为珍贵。本来香案上放着阿珠姆妈的照片，逢五逢十逢年过节就上炷香，现在，香案被砸掉，香也没处买。

他翻开证书，几行字依旧整齐清晰、俊秀有力：

两姓联姻，一堂缔约，良缘永结，匹配同称。看此日桃花灼灼，宜室宜家，卜他年瓜瓞绵绵，尔昌尔炽。谨以白头之约，书向鸿笺，好将红叶之盟，载明鸳谱。此证。

他轻轻合上证书，像合上往昔所有的时光。

唉，载明鸳谱载明鸳谱，女儿也老大不小了，女儿出嫁，再也不会有十里红妆了。

想到伤心处，俞佑璋的眼睛酸涩起来。

阿珠走进门来，看到阿爹伤心落泪，虽是不解，却也并不惊讶。

“从前，良田千亩，十里红妆。我娶你姆妈的辰光，就是十里红妆啊，咯气势，咯场面，有佬人家才办得起。”佑璋怔怔着自言自语。

传说南宋初年，刚登基的宋高宗被金兵追击，逃命到宁绍平原，眼望浩阔的湖面，前无去路，后有追兵，幸得一浣纱村姑相救，将他藏于水中，并将白纱覆于其上，逃过一劫。之后，高宗传旨遍寻“救驾”村姑未果，便下旨特许宁绍平原女子出嫁时可享有半副銮驾、半副凤仪的恩遇，也就是可以乘坐四抬花轿，轿上可雕鸾画凤。出嫁如巡游，是浙东人嫁女儿最为自豪的特色了。

旧俗在婚期前一日，各种红奁，大至千工床，三门大橱，中至要紧桶，脚蹬，成套红脚桶，桌椅箱笼，小至线板、纺锤，大件两人抬，小的一人挑，提桶、果桶等小木器及瓷瓶、埕罐等小件东西盛放在红扛箱内。一担担、一杠杠，朱漆髹金，日常所需无所不包。浩浩荡荡的红妆队伍，红的喜庆，金的富足，从女家蜿蜒数里到夫家。当然，像床上用品、衣履被褥、首饰、女红用品等细软物件，就会随着送亲花轿一并发送。

传说真假难辨，但十里红妆的婚俗却代代相传。

不过阿珠倒是爽快，说："阿爹，你也不用伤心，大家都一样，摆个排场，也没意思，小时候我带着阿琭在邻村玩，见过咯种场面，也就贪点热闹。像现在，简简单单，也蛮好，只要自家嫁人自钟意。"

佑璋叹了口气："你喜欢咯，人家未必喜欢你，喜欢你咯，你又未必喜欢人家，再说了，我们家啥成分啊，阿里户人家敢看上阿拉？你好好坏坏读过几年书，你看看，跟你读得一般高咯有几个，你能看得上文盲睁眼瞎？"

"也没事，只要心地好，像个男人。以前我还想着去大上海闯闯呢？上海不是有我家亲戚吗？"阿珠有意把两个话头扯到一起说。

"其拉也已经过街老鼠了，以前住一幢大洋房，现在躲到棚户区白鸽笼里去了。你还能走阿里去？弄不好，你饿死在路上。"

阿珠愣了下，想想当时的想法，也有点后怕。

"我能让我宝贝囡吃咯种苦？要饿，全家一道饿，要死，一道死。要是有个好人家，你就快快嫁了，唉，现在，阿里去找好人家哦。我能舍得随便看中个男人，就把我宝贝囡许出去？"

俞佑璋又把话给兜了回来。他缩在破旧的藤椅子里，这把藤椅已经用了十多年，修修补补好多次。

"有些人看着不顺眼，其实骨子里倒也……"

"啥个骨子里骨子里。"佑璋知道女儿在曲里拐弯地替人说好话，有些人，有些人不就是魔头鬼空手人王良吗？

阿珠看着这几年突然逼近苍老的父亲，满头皱纹，一脸憔悴，白发丛生，一时心酸，就趴在佑璋的膝盖上哭了起来，她不希望在嫁人这件事上让阿爹伤心。

"阿珠，莫难过，莫难过，会好起来，人还会被屁憋死？"佑璋抚摸着阿珠的头，又拍拍阿珠颤动的肩膀，安慰道。不过，他自己也知道，这只是安慰，因为一切看来都很迷茫。

华定骑着脚踏车，呼哧呼哧，想是急匆匆赶来的。在海峰家门口靠定车子，挤进站满门口的人群。他掏出挎包里的几封信，交给海峰。带来的几封信中，有一封是建明的，一封是何可和有凤、玫儿和华定联名的，有凤还特别手工制作了一张贺卡，用两张粉红信笺对裱起来，画了两只鸳鸯和花朵，虽然不算“活灵活现”，但工笔精细，是用心之作。

还有一封是部队里寄来的，在信的背面还写了一行字：因不知能否及时寄送到你家所在村庄，特寄送到县政府委托相关人员转交。

海峰激动地拆阅信封：

海峰战友，见信好！

你选择在八月一号这个我军庄严的日子作为结婚大喜的日子，意义特殊。

你是我们部队优秀的战士，也是战友们学习的榜样。此次你回家完婚，也是战友们共同的喜庆之事，战友们本来都想凑份子给你顺来贺礼，但我觉得还是等你归队后表达心意，这样，我们也可以共同举杯，当面道贺。

另：闻知你家乡正面临台风来袭，请一定要注意安全。并希望你保护好家人，也保护好乡里乡亲。这也是一次面对大自然的战斗，也是我们军人的另一种使命。

再次恭贺，大喜大喜！

信的另一张是首长的签名和密密麻麻百多号战友的签名。

海峰顿时眼眶湿润。

他拉着新娘的手，缓缓步出屋子，面朝海塘方向，眼光像越过万顷波涛的大海，在海岸线的一隅，有他驻守海疆的部队，他左手执信，右手用力地敬了个军礼!

华定拍了拍海峰的肩膀，“饭就不吃了，今天情况特殊，要给其他乡村送去最新的报纸，还有，采写抗台报道。”又用力握了握海峰的手，难得幽默地说：“沾沾喜气，沾沾喜气！”就匆匆告辞了。

东明走进海峰屋里，道了贺，并说：“今天台风要来，还是赶紧让大家吃饭吧。”

海峰就起身招呼大家，到隔壁摆好酒席的道地上去吃喜宴。

秀英阿婆在厨房里跑进跑出，满脸喜色，一边在围兜上擦着手，一边招呼大家入席。

众人热热闹闹地响应着。

谁都是道贺的也是帮忙的，谁都是吃酒的也是端菜的，不分彼此，谁都是客人，谁又都是主人，只有小孩子，跪在长凳上，趴在桌子上，猴急地吃上了。这就像是一场双抢的庆功宴，大家累了几日，也正想趁着海峰的喜宴大快朵颐、大饱口福呢。

天空依旧放晴，却像有一只无形的大手，推动着浓密的云团，它们想要去赴约，也像在逃遁，游移得比之前更快。

炊烟凌乱地四散。

第二十章

强风先遣

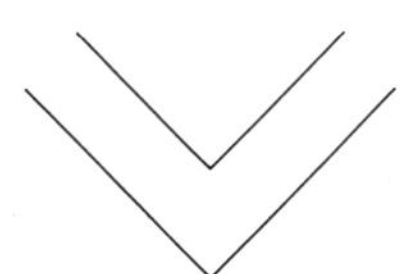

台风越过东海洋面，直扑浙东。它们像数以万计疯魔的野兽，号啕着，咆哮着，号叫着，它们开始登陆。

建明看着猛烈抖动的测风仪指针，仿佛已经看到了无比恐怖的景象正在成为事实。

假如说以前只能算是预感，那么现在，连预测这个词汇都是轻佻不负责的，因为这是一定会发生的事实。

他一边盯着所有测报的仪器，一边对同事说："赶紧跑去石浦邮电所发报，告知县领导，这是一次百年一遇甚至历史上罕有的台风灾难，人力根本无法抗拒，要做最坏的打算，人命关天，其他的，都次要。"

气象站和县里的电报，同时向在舟山的地委和在杭州的省委发去。

尽管，群众依旧心存侥幸，希望危害不至于像测报的那么严峻和恐怖。

县委、县政府的相关领导和干部，迅速聚集在会议室里，讨论抗台的紧急事宜。

所有相关系统的负责人都到会议室集中报到，粮食系统、文教系统、水利系统、供销社、团县委以及驻地部队等都纷纷请愿参加抗台救灾，要求奔赴第一线。

讨论出现了分歧，几乎分成了两派，一派以俞副县长为代表，主张抗台救灾，以抗为主，人定胜天，只要发扬革命的英雄主义精神和集体主义精神，没有什么天灾可以阻挡人们的坚定信念，抢救生命和财产同时进行；另一派则比较认同徐坤的说法，认为这次台风可能是史上最大的，不能确保平安渡过，务必以转移人群为主要任务，抵抗不住的，就放弃，人为重，财为轻。

沈鲁副书记一直沉默着，听着大家各抒己见，灾情紧急，容不得长久争论，他长叹了一口气，做出了安排，决定让所有打双抢的干部们转为几部分，一部分带领人去塘口筑塘加固，一部分协助各乡村基层干部将人群转移到安全区域，一部分召集各村村民等保护好双抢时收割的谷物和其他要紧财物。

当讨论到谁去抗台前线坐镇指挥时，徐坤主任沉着声音道："我去吧！"

这请愿立马被沈鲁副书记和俞副县长否定了，沈鲁说："不行，你是管家的，你必须坚持在后方。还是我去。"

"这更加不行，方书记不在，你是县里最主要的负责人，你是总指挥，不能离开这重要的指挥台。"俞副县长说，并提出让他去。

其他领导也纷纷请愿。

正争执不下时，宣传部韩部长急匆匆跑进会议室，"迟到了。大风要来，看来双抢马上要停止。"

"老韩，你来得正是时候，县领导班子正在讨论谁去抗台前线指挥。"徐坤说。

"我去，我身体好，扛得住！"韩部长自告奋勇。

大家议论道：宣传部部长去做前线指挥，似乎不太合适。

“宣传部的为啥不能去前线，我们搞宣传的也不全靠嘴皮子。况且，对林海南庄一带，我熟。我曾经是军人，大灾就是冲锋号，大敌当前，军人哪有退缩的？”

大家正犹豫间，韩部长扯起嗓子吼：“就这样吧，就我了！”

这一坚定勇敢毋庸置疑的吼声，令众人十分感动。沈鲁副书记激动地站起来，紧握韩部长的手：“老韩啊，书记去开会，一时回不来，我就代表县委的班子成员向你表示敬意啦！”会议室里一时无声静默，没掌声，也没人说话，大家只是纷纷站起来，走到韩部长身边，所有的手都紧紧地握在了一起。

何可被深深感染，热血在身上沸腾起来。

有人进来汇报，说是文教系统的也已准备好，并递来了名单。何可瞥了一眼，名单上竟然有程玫儿和有凤的名字，这让他更加热血涌动，毫不犹豫地决定奔赴前线，“我跟你去。韩部长，算上我一个。”

谁都知道，这一去，凶多吉少、生死未卜，但各个虽九死其未悔的坚定决绝，确实闪射出喝退灾厄的光芒。

支援抗台的干部们分成了七个组，每个组由县委委员和各系统的负责人带队。

因为程玫儿分到的是三组，何可申请也去三组，但是分配任务的人并不了解这，也没时间了解，更不可能了解，就说：三组相对安全，考虑文教这条线，女同志也多一点，不过，二组和五组任务相对更艰巨更危险一点。何可顿一顿，只能说：那我就到更需要的组去吧！他心中默默自语，期望能在抗台一线，遇见玫儿。

“老韩，你刚从林海乡双抢回来，那还是再回林海，你直接在林海设立抗台指挥部，将双抢工作组直接转变为抗台救灾前线指挥部。”沈鲁副书记对韩部长说。

林海乡距离县城最近，所以有一部电话可以直达，有些乡则只能依靠电报和口头传达的形式送达指令。指挥部设在林海乡，应是最佳的选择。

“好，我马上出发。去林海一线的，跟上！”韩部长的语气，完全像他曾经在战场上冒着敌人炮火的冲锋一般，而他也被自己这一声喊，激起了一个曾经的军人所有的勇毅和坚定。

奔赴林海的人员马上聚拢在一起。

“我给大家一个小时时间，赶紧回家回单位，准备好各种雨具，有蓑衣的穿上，毛巾带上，有手电筒的也带上，这是一场硬仗，对了，每人带上冷饭包。现在快到中午了，我们没时间吃饭了，直接到南门头的南大河河口集合。”韩部长高大的身子里，就像有巨大的能量，他像回到了曾经的战场，做着战前动员。

“县政府食堂里有冷饭和麦糕，我叫厨师给大家准备去。”徐坤说。

“好，多多益善。各组的集合地点各组自定，总之，大家遇事要勇敢无畏，也要保护好自己，请大家时刻记住，我们要么是党员，要么是干部，更是为人民的战士，养兵千日用兵一时，人民的利益就是最高的利益，为人民奉献，就是我们人生最大的价值！”韩部长大声说道。

大家深为这样的“战前动员”感动，也为韩部长能说出这番话惊奇，因为平时的韩部长不善言辞，有时甚至近乎木讷，很多需要他慷慨激昂的场合，却往往只引出他憨厚的一笑。

任务分解完毕，安排定当，各组开始分头行动。

但徐坤的脸色依旧浓云密布，他看着会议室前高大的银杏树，忧心忡忡。

虽然大家情绪高昂，齐心协力，奔赴抗台前线的人数也是历年来最多的，但所有的处理方式其实还是按照往年常规的预防和抗台思路，这次台风的凶险，或许依然被轻视了。

中午的太阳依然猛烈。间杂着吹来的风却忽凉忽热。

有凤和玫儿背着包裹，像去行军拉练，风吹起她们的头发，信心与勇气写满青春的脸颊。

各个组所奔赴的目的地不同，有的只需一两个小时，有的要两三个小时以上。所以，大家都被催促着，加快了步伐。而道路两旁，常常有村庄上的老人孩子站着，好奇又高兴地看着这一支支队伍走过他们眼前。

队伍里有和村民和孩子认识的，就会走到他们跟前，叮嘱几句，或者摸摸小孩的头，抱一抱，然后迅速归队，继续前行。

玫儿和有凤显然有些气喘，平时练出的一副好脚板，在这高强度的快速行进中，还是力有不逮。

有凤跟玫儿说，要不还是唱唱歌吧，就像她们读书时学校组织的拉练一样。

这个建议立刻得到玫儿的认同。

“团结就是力量，团结就是力量，这力量是铁，这力量是钢，比铁还硬，比钢还强。”玫儿轻轻哼唱起来，有凤一起和着节奏用手打着拍子。

很快，队伍里就齐声高唱起来：“向着法西斯蒂开火，让一切不民主的制度死亡，向着太阳，向着自由，向着新中国，发出万丈光芒。”

一曲终了，稍一停顿，队伍后面有个男生突然发一声喊：“大刀向——”

这次，队伍不再有迟疑，一起唱起了这首《大刀进行曲》：“大刀向鬼子们的头上砍去！全国武装的弟兄们！抗战的一天来到了，抗战的一天来到了！前面有东北的义勇军，后面有全国的老百姓，咱们军民团结勇敢前进，看准那敌人，把他消灭，把他消灭！冲啊！”

大家不断重复着“大刀向鬼子们的头上砍去，杀！大刀向鬼子们的头上砍去，杀！”好像要让这样的杀声传给台风，台风就是鬼子，要闻风丧胆的，不是人类，是台风。

这样反复地唱着，也唱《义勇军进行曲》，唱《三大纪律八项注意》，确实令人精神振奋不少，也让台风带来的恐惧减弱很多。

领队的回过头来对大家喊：“现在，大家一定很饿了吧，我们边走边吃，不过大家吃一半，不要全都吃完，因为不知道晚饭有没有地方吃。”

于是大家纷纷解开随身携带的冷饭包，狼吞虎咽起来。

下午的风不再像凉风舒爽，它开始发出了声响，树叶像千万只蝴蝶在枝头上翕动翅膀。云团明显比中午飞动得更快了。

魏老师和其他老师一起回到暑假中的学校，组织抗台。门窗加固，各种有可能被吹倒吹散的设施搬到安全的地方，那些张贴的条幅和重要海报告示，也一一扯下。传达室的屋顶平时有些漏雨渗水，教师们爬上去，自己动手修理。

在图书室里，魏老师整理着书架，随手翻到一本关于杂谈音乐的书，看到《东方红》这首歌是民歌小调改编而来，还看到《三大纪律八项注意》这首歌原来跟袁世凯小站练兵有关系，曲调又跟《普鲁士军歌》有关系，虽然语焉不详，但这让魏老师很兴奋。他放下书本就跑去关押老董的临时“拘留处”。

当老董看见魏老师在门外时，吓了一跳，以为魏老师终究还是逃不过这一劫，只不过今天是大台风登陆的日子，这太匪夷所思了。

“老董，我来看你，我刚从学校过来。”魏老师从铁栅栏外伸进手去，握住老董的手。

“你难道……不是进来？”老董紧握着魏老师的手问。

“有可能进来，不过，今日不是，”魏老师笑了笑，急切道，“我找到了你那线索，我再找找，估计会水落石出。”

“我那线索？什么线索？”

“《东方红》。”

“真的？那太好太好太好。”老董像个小孩，在铁栅栏里跳了跳。

“今日台风非比往年，据说是特大，特大啊。学校应当问题不大，我想去夏渔帮着抗台。”

“我也去。”老董激动地说。

“你都身陷囹圄了，抗哪方神仙咯台啊。你要抗台，你先要拆这个台！”魏老师用手使劲地摇了摇铁栅栏。

话音刚落，风声诡异地叫起来。

屋外的树叶被吹落很多，有几片还飞进了铁栅栏内。

看守看看天，神色慌张地在屋外跑来跑去。

老董转身对关押着的人群说：“怎么样，我们也抗台去？”

鲁画家说：“我也老了，救不了人反而添乱，我还是老实佝着。万一又被当成反革命逃跑分子，罪加一等。”

老丁则说：“我一个瞎眼人，咋救？生死由命，还是这里安全，他们也没叫我们救人，我干吗去呀。他们打天下，那他们救天下呀。”

人群纷纷附和：“老丁说得在理。”

老董说：“我还是觉得应当去抗台救人，别人咋咯看待我们无关紧要，我们自家咋看待自家才是关键。”

魏老师说：“有道理。要死也是死在外面。要是屋倒了，被砸死，被呛死，还不是一样是个死，到外头，兴许还能救几个人。”

年轻的看守走过来，狐疑地看着魏老师和老董。本来看守是两人一组，一天两组轮班，今天另一位被调去抗台，所以现在只剩他一人。

魏老师看到拴铁门的锁挂在门上，却并未上锁，想是中午给在押的人员送完饭后忘记锁上了。

正好这时，风吹刮起来，把离羁押房二三十米远的杂物间的门窗吹得一开一合，发出“呼嘭”的巨响，看守跑了过去，因为这间屋子已经腾出来作为他们的“警务室”。

魏老师一看这情状，连忙拉开门闩，手朝老董一摇，“快走！”

老董一愣，立马反应过来，闪出门外，就跑了起来。魏老师也跟着跑起来。

看守正关着门窗，一看老董跑了，拔腿就追。但他回身一看，铁门洞开着，这下糟了，万一里面的人都跑了，那出大事了。他追了几步就返身回来锁门，毕竟，跑出来的只是老董一人。

魏老师一边跑一边扭头喊着：“后生家，对不住哦，要是害怕担责任，我们抗好台再回来向你报到！要是我们有罪，要是我们负罪潜逃，天网恢恢，还能逃哪里去？”

看守狠狠地戳着手指，朝这两人的背影高声骂了几句。

韩部长到达林海后，径往夏渔的龙王庙跑去。

“我看过了，村子里就这个庙最牢固，我们就将这里作前线指挥部吧。”

“还是去林海乡政府吧，那里有电话机。”有人说。

“乡政府离群众太远。我们是来做事的，又不是来打电话的。”

大家看了看空荡荡的前厅，就一起抬了张香案过来，权当办公桌。

“不用啥办公桌啦，就站着说事情吧。”然后就开始分配各小组的任务。

下午三点以后，风声更响，风力更大，沉重的庙门被风吹得嘎吱嘎吱地响。

东明跑进门来，说是已经组织人员在装沙包，由他带领一队人马去海塘口加固堤坝。韩部长点点头：“一定要注意安全，不要硬拼，假如风浪太大挡不住，就赶紧跑，保住人命，这不丢人！”

“小何，你跟邻村的村干部一道，察看相邻各村，有哪几幢房子最牢固安全，把村里的老人孩子全都集合到那些地方去，注意，让他们不要搬啥杂物了，人命最要紧。”韩部长吩咐何可，又转身对赶来的各村负责人说：“你们赶快回去，除了转移人群，组织精壮劳力，赶紧把粮食运到各自的庙里去，我看啊，这几个村最坚固的建筑还是几座庙啦。”

邻村一个负责人说：“韩部长，转移粮食好办，转移人群很难啊。”

“难啥？”

“群众不肯走啊！”负责人苦瓜着脸，“他们总说这次台风不会那么可怕，草窝也是自家的好，要抗台，就在自家抗，有的说，要死也是要死在自己家里。年轻人还好，有些老人，固执啊。”

“想尽办法动员。谁都有守土恋家的心理，群众的想法有他们的道理，在这种事情面前，我们当干部的，脑子一定要清醒。我们来支援抗台的，更是要做这个工作，”韩部长沉默了一下，“必要时，抬，也要把他们给抬到安全的地方去！”

大家分头行动。

“晚饭一定要吃饱。今晚，一定是一场恶仗！”韩部长朝众人的背影喊道。

何可正要跨出庙门时，见到魏老师和老董匆匆撞进来。

有干部发现他们时，一脸惊诧，“呀，老董，你怎么……释放啦？”

魏老师接口道：“什么叫释放啊，人家老董又不是犯人啰！”

“我自己跑出来的！”老董说，“我和魏老师都是来抗台的。”

有人转脸向着韩部长，说：“那，那不行，你现在是不是反革命还没定性呢，要是跑了咋办？”

老董有点愠怒：“要跑，怎么会跑这里来？”

韩部长发话道：“说啥呢，现在说啥革命反革命，只有救命不救命，只有性命、活命。老董，魏老师，欢迎你们参加抗台的队伍，一起来吧。等下派任务给你们。”

老董和魏老师相视一笑。好像在说，嗯，这才是共产党的干部！

第二十一章

风魔入境

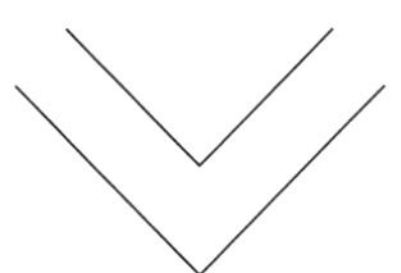

下午的气象和海面都变得诡异起来。一会儿有并不暴烈的阵雨，一会儿有方向不定忽大忽小的风，一会儿地上蒸腾起暑天的燠热，一会儿又在风雨吹刮中袭来寒意。

青蛙们开始反常地从田里跳上村道，树脚，井台，以及在墙角边窜来窜去，蚂蟥水蛭们也成倍成倍地浮游出来，泥鳅黄鳝都像要赶去热闹的集市。

夏渔村大樟树和其他村庄的大树一样，只有树叶的声响，鸟雀们早已飞往他处。

有石浦的渔民还跟建明说，他们前一两天就赶回来了，捕捞不到鱼虾，大多数是空网，而且海上的水特别浑浊，像有巨大的海怪在海底打滚，那海上的声音太可怕，嘭嘭嘭嘭，像海上有一只硕大无朋的筒鼓在敲打，也好像一只不可想象的神牛在海底醒来，那呼噜声、喘息声或者怒吼声，老辈人说是“海底雷”，但是一般渔民都从没听到过，更何况不出海的人。

下午五点多，天色迅速暗沉下来。

按照正常的天气，正是夕阳西下霞光万道的时候，但今天，狂风开始进入蓄力时段。

人们依旧吃饭，洗碗，修钉门窗，有的爬上屋顶加固稻草的顶棚和瓦片的顶棚，尽管预报凶险，人们总是怀着一颗侥幸的心，等待着台风的到来，他们相信和往年的台风一样，吹过路过，依然能迎来丰收后的祥和与喜悦。

建明紧张地和同事们抄录着检测仪上显示的数据，心情异样沉重。

自台风生成以来，受生成海域的海温条件影响，配合中低层间合理的垂直风速切变，强度快速增大。

台风的级别在12级以上，这是确定的。12级，那是最高级别的台风，至于“以上”到哪一级，尤其是在哪个位置登陆，却实在天晓得了。不过根据台风游动的路径，可以判断的是：象山县。尤其要重视的是门前涂海塘和南庄平原。

只有响彻整个半岛大地以及洋面的海底雷，在提醒着人们，这可能的噩梦已经开始。

建明和四个同事一起，先检查电话线路，因为通往石浦镇上的线路一旦中断，所有监测到的信息就等于零，无法发布的信息，就不是信息，所以沿途的电话线必须进行临时性的保护和测试。另一重要的工作，便是检查各种仪器，测风仪、温度计、雨量筒、雨量计、测云器、蒸发器皿等仪器，都要一一进行调试，该加固的就加固。还有，应急物资和工具必须准备好，站里的所有煤油灯都加满油，人手一支的长短手电筒也换上了新电池。

风在一阵强一阵弱地刮着，雨在一阵大一阵小地下着，所有同事都取出雨衣雨靴。在办公处和观察场之间，还拉起了一条百米粗绳，这样，万一风大到无法行走，就可以攀拉着绳子移动到观察场，确保数据记录能按时又准确。

“同志们，我们现在是气象站的工作人员，但是，我们也是战士，是不穿军装的战士！今天，这场特大的台风就是我们最凶悍又强大的敌人。我们有没有信心确保工作坚决完成？”建明像个将军一样对同事们说。

“坚决完成任务！”同事们瞬间感到身份的转变，也感到这种转变带来的力量和信心。

其实，这个气象站，还真是半军事化的单位，设立这个气象站的初衷就是两种服务责任，一是为军事工作做好服务，二是为当地政府和渔业生产服务。所以，这些文质彬彬的年轻人就是半个战士。

“我们从今天开始，进入临战状态，24 小时值班，每半个小时必须巡查一次，每一个小时记录一次，并且及时向地委、省里汇报。”当时的气象数据是层层上报的规定，先发到县城的县邮电局，通过县里的电报，发到杭州，再从杭州发到湖北的汉口，那时的汉口经济发达，在全国的经济地位也可以说仅次于上海，被称为“东方的威尼斯”，然后，再由汉口向全世界的有关国家和地区发布。

气象站的全体同志立刻行动起来。

这时，建明接到石浦区委的电话，电话里风声夹着忙碌嘈杂的人声，说是有没有人可以支援。建明听到电话后，感觉到灾情已经相当严重，因为他们就这几个人，区委是知道的，还会打来电话求助，可见情况实在危急。

“我去！”建明对着电话喊。

气象站的同志们立刻说：“不行，这里更需要你。”

部队转业的小崔啪地并拢双脚，敬了个军礼：“请求同意，我去！”

建明顿了一下，用力拍着小崔的肩膀：“但是，一定要注意安全！一定！”

“一定！”

一切都是未知数。

县里抽调的 543 名机关干部分成的七个工作队、34 个工作小组分赴西周、大徐、林海、南庄、东陈各乡镇，各部、委、办、局、科、室的负责人作为领队，迅速从抗台抢收转变为抗台抢险。

玫儿一组往龙门方向行进。行到半路，遇见单位同事，原来是县供销社派人背来了手电筒和电池，准备分发给相邻各乡村。玫儿说："给我一部分，我给夏渔那边送去。"

有凤的工作是负责挨家挨户动员转移。她那短头发被风一吹，真有巾帼不让须眉的气概和隽秀。她跑前跑后，一边清点人数，一边跑进各家各户去察看和动员未转移的村民。

华定则背着捷克牌照相机，艰难地穿行在县城、门前涂海塘和林海各个乡村之间，他要把第一线的情况记录下来，向县里领导汇报，并准备连夜出版抗台专刊。

新娘筱梅尽管也经历过台风灾难，尽管今天是她大喜日子，尽管有海峰这个坚强勇敢的男人给她安慰，她还是被这即将到来的危险吓住了。她倚靠秀英阿婆，四手紧握。

海峰躁郁地在屋里踱步。他不知道应当做什么。这不是在部队，假如带队冲锋上前线，他毫不犹豫毫不畏惧，假如领命执行其他任务，他一定尽力完成，但这是他的家乡，除了尽力保护亲人之外，他实在茫无头绪。这不是一个战士该有的状态，这不是。他内心一直翻腾着一种不可遏制的力量，却不知如何运用这力量。

他走到筱梅身边，拉过一只手，这只手虽然是劳动的手，皮肤有点黑，有点粗，不像有的二十出零的姑娘那么纤细柔嫩，但这依然是一只年轻姑娘充满活力和温存的手。阿婆站起身，走去隔间。

海峰摩挲着筱梅的手，低声道："我们家薄待你了。家里像样的东西还都是你嫁过来的。我没有戒指没有玉镯，连个银镯子也没有，以后，以后一定补上。"

筱梅害羞地抽回手，拉了拉，却被海峰用力捏住。

"新社会，不作兴这些东西啦，要是作兴，我也弗要。再讲，都一家人了，还你们我们，嘎见外！"说着，大胆地凝视海峰。

海峰也第一次大胆专注地凝视着这个成为妻子的女人。这辈子，他要和这个女人生孩子，翻新屋，买脚踏车，缝纫机。他也许会复员回家，在乡政府或者县政府工作，也许继续在部队服役，成为少尉中尉大尉甚至更大的军官，他们的孩子要有学上，小学，初中，甚至可以读到高中。他或许会戴上一副眼镜，是一个有知识的青年，报效国家，建设国家，是个栋梁之材。而他和这个女人，相依相偎，白头到老。嗯，怎么是一个孩子呢？要是生了一大窝呢？有男孩有女孩，像小狗小猪一样，满地乱爬，小屁股红红的，让人想着就想亲下去、咬下去。

筱梅看海峰盯着她发愣，温柔地将另一只手放在海峰脸上，搓着硬硬的胡须根，双眼不禁泪水噙满。这是我男人，我一辈子依靠和相爱的男人。多好啊。他长得那么英俊强悍，走出去人家一定说我配不上他，可是，我这不是成了他老婆了吗？

"你就是我们家最像样的东西，比一万只戒指镯子都要好！"筱梅轻轻地说。

海峰猛地抱住了筱梅。任凭筱梅怎么挣扎，他就是要亲她，胡乱地亲着。

阿婆假装咳嗽着从里间出来，嗔怪又爱怜地看着海峰："过了今夜，有咯是辰光亲热，急煞一样。"颠了颠手里拿着的一个塑料布小包包，问是啥？

海峰有点难为情，双臂松开了筱梅。

“是部队发咯牙刷牙膏。两支牙膏，能用蛮久了，”海峰知道村里都不用牙膏，因为用不起，都用清水漱漱口或者用盐洒在牙刷上擦，能用上牙粉的，已经很难得，“我归队后，就你们两个用，每天挤一点，还带清香，还带甜味的呢。”

“这么好？都想舔一口吃吃了。”筱梅笑着，假装去拧牙膏盖子。

海峰假装严肃地朝向阿婆：“看看看看，你老人家看看，你这个孙媳妇还很坏咯。以后说不定她是将军我是士兵，你要帮我咯。”

一家人开心地笑着。

尽管屋外的风已经毫不留情地拍打着门窗，村道上都是急匆匆赶路和呼叫的声音。

东明在喊：“都准备定当了吗？差不多我们就出发!”

海峰拉开门一看，几十个青壮年背着沙包在等待东明的命令。东明负责筑塘任务。他见沙包准备得差不多了，正准备召集大家赶往堤坝。

海峰听说筑塘任务由东明负责，就跑去说：“东明，我要求参加。”

东明说：“不行，今夜你是新郎官，无论如何不能让你冒这个险！”

“那我还是军人，是这里长大的男人！”海峰坚持着。

东明略一顿，道：“今日，你得听我，今日我就是你上级！你负责保护你们一家，还有村里老老小小。村里精壮劳力都去塘岸了，所以这里更需要你！你回去！”

海峰一听也有理，就不再坚持。

台风已经开始它肆虐的暴烈。一路上，都有跌跌撞撞慌乱奔走的村民，有被杂物击中砸到受伤的，也有被风刮倒跌伤的，小孩子被吓得哇哇哭叫，此起彼伏的喊叫和哭声被风刮得时远时近，时轻时重。

海峰回到屋里，跟筱梅说："夜到我不能佝在屋里，我要帮着抗台去！你照顾好阿婆，交托你了。你自家也一定小心。"

筱梅不舍地拉住海峰。

秀英阿婆说："海峰啊，你可以不去的啊，你留在这里保护筱梅，保护村方上的人，也是抗台啊。"

"阿婆，虽是没人命令我，不过我是军人，我军人的职责命令我。台风就是命令，这是军人的天职。"说完就跑到里间，翻出那顶有舌头的军帽戴上，正了正衣裤，"啪"的立正，朝阿婆和筱梅敬了个军礼。

筱梅泪流满面，用劲拥抱着海峰。海峰也用劲地拥抱了筱梅。

阿婆站在边上，眼圈红了，"你是军人，我一个老太婆，我咋说得动你呢，咋说得动……"

何可第一次经历这么大的台风，尽管一切还只是刚刚开始。

即使置身人群中，他还是感到极度害怕，甚至脑子里掠过很多可怕的景象，那种末日般的灭顶之灾，令他不断哆嗦。他想象着他会受伤，他会死亡，他最后看到的天空或者巨浪，那种幻灭的黑影让他全身瘫软。

他后悔这么草率地做出决定，他可以在县政府里处理各种杂务，再累再辛苦，至少不会置身这么恐怖的现场。本来还以为能和玫儿并肩战斗，这至少给了他一次展示男子汉英勇刚毅本色的机会，至少能挽回因为那次看望老董而给玫儿留下的坏印象。可现在，既见不着她，更无法保护她。青春的热血给予他更多勇气，在狂风呼啸的夜色里，恐惧和后悔还是几乎抹光了这份滋长的力量。但已无路可退。

有人跑来向韩部长报告，说是电话线被刮断了，也查不到断在何处。

电话一中断，就失去了和外界和县政府的所有联系。

黑夜降临。大地上还有依稀的微光。

人群开始慌乱、骚动。

大家突然发现，比雨具和食物更重要的是手电筒。数以万计的人要转移，而村道坎坷狭窄，到处都是沟渠河浜池塘水井，尽管本村的村民知道这些的大约位置，一拥挤奔逃起来，却全是致命的。即使没有这些“水患”，黑夜里容易发生跌倒踩踏碰撞等事故，而村子里没有电灯，甚至也没有马灯汽灯，乡里有两盏汽灯，但根本不顶用，至于蜡烛和煤油灯，连微风都经不起，更何况是这样的大风，所以，需要大量的手电筒，需要大量手电筒的电池。即使每百人分到一只电筒，这里，至少也要几十只，和更多的电池。

韩部长立马跟何可说：“你马上带上两三个人，去丹城运来电筒和电池。还有报告这里的状况。”

何可即刻叫上两人，前往丹城。

一出村口，何可就感到此行的凶险，这不是一次简单的步行。

村舍虽然低矮，也算是一种阻隔和保护，而这旷野之上，除了风，还是风，风吹过来，他像一棵树苗，随时倒伏。平路行走，却难比上陡坡，必须向前倾侧身子，走一步，扎根一样停一会，走一步，再停一会，像猫腰进入一个窄小的洞穴，而洞穴里激流奔袭而来，他想，按照这样的速度，不用说十里开外的路程，就是一两里路都可能走上一个小时。

他跟同行的两位说：“我找到个方法，风刮来有个短暂的间隙，我们就在这个间隙时跑步，风吹来时，我们互相拉住啰！”

就这样，他们开始逆风而行。这方法作用有限，但至少给了他们一些信心。

遥远处，山影的黑与夜色的黑混为一体，眼前那些暗沉沉的旷野，也开始被黑色渗透。头顶是飞掠而过的狂风，身边是一同前行的同事。他们要在这样的路上，跌跌撞撞爬爬走走，有时候走出十步，被风吹回去五步，而各种扑面而来的稻草、树叶、飞沙、雨点，使人睁不开眼。他们相互鼓励着，歪侧着脸，顶牛一样顶着狂风而行，吼叫着，我们是战士，我们是英雄，我们来啦，人定胜天，人定胜天。狂风啊，你们都是纸老虎！

就这么叫着吼着，给了他力量。坚强，正在注入何可的身体。

十多里路，这可不是开车，是走路，是这样的条件下的步行。前方，你的名字叫希望，可是，前方，你的名字叫遥远，实在太遥远了。

到了半夏路，也就是离县城不到一半的路上，看到有个凉亭，就像一个大汉在黑夜中兀自站立。这半道上遮阳避雨的凉亭，今天不仅仅还可以避风，更重要的，是这恐惧之夜的一种巨大安慰。凉亭虽然无门，有窗，大都敞开着，但毕竟还有墙角，有柱子，有屋顶。他突然记起，这不就是和徐坤主任第一次去夏渔村时歇息过的凉亭吗？

他心头一热，好似遇见了老友。

他们几个暂时躲进凉亭。这一刻，对他们而言，似乎进了殿堂，至少，脸上刀割针戳似的疼痛稍得缓解。

何可蹲在窗下，风从头顶飞了过去，似乎听到凉亭的瓦片一层层被揭起来。他缩着脖子，有杂草和树叶从窗外扑进来，在头顶旋转着，又飞了出去。他感觉自己就是一只流浪的狗，猫，或者被惊吓的鸟，甚至是老鼠，这大风夹杂着斜飞的暴雨，随时会卷走他，或者卷走这座凉亭。他闪过了死亡的念头，同时闪现的，是父母，是他的小小书房，是杭州城的苏堤白堤，是柳树和春天静静的湖水，在柔波里泛舟的夕阳，闪现同学珊珊，不知道她现在在干吗，梦乡？还是和男友准备婚事？在阅读一本有趣的书籍？抑或正翻出他和她的通信，一本正经地写下“何可同学”。城市里有电灯，真好，这里，一到晚上，一片黑暗，就是有光，也是幽暗的油灯星星豆豆的微细光亮，还有，若无狗叫，万籁俱寂。现在，没有狗叫，只有恐怖的大风在嘶吼，这嘶吼，是天塌地陷的伴奏，似要剥夺走受其淫威者所有的思维能力，留给人的，唯有恐惧。

他脑子里任何思绪都无法完整衔接，碎片般闪进影像，又枯枝败叶般卷走。

道路上除了河浜和狂野，就他们三个人。尽管三个人算是一个团队，但在这样的情况下，恐惧还是让人变得渺小甚至虚无。在大地上，三个人跟三片叶子没什么两样。

我们还是前进吧！有人喊了一声。大家就都站起来。

另一人提议，“要不我们一起唱唱歌吧！”

对啊，唱歌，等于大声地吼叫，等于可以把内心的恐惧适当地挤压出去。

“唱《我们的队伍向太阳》！”

“好！向前向前向前！我们的队伍向太阳，脚踏着祖国的大地，背负着民族的希望，我们是一支不可战胜的力量。”

他们高声唱着，或者说大声吼着，冲向了黑暗！

其实，他们才唱了几句，就觉得这歌声比哭还难听，因为根本就不能把超过两个字的音节连在一起，一出口，声音就被吹飞了。歌声淹没在风雨中。再唱，嗓子发疼发紧，连呼吸都很困难了。他们只能默念着：从无畏惧，绝不屈服，英勇战斗，直到把反动派消灭干净，毛泽东的旗帜高高飘扬。听！风在呼啸军号响，听！革命歌声多嘹亮！同志们整齐步伐奔向解放的战场。

虽然只能将这番豪情屏息在胸中，却增加了不少力量，他们感到自己就是英雄，是在敌人炮火下奋勇向前的战士，黑夜和风雨，随时化作勇敢无惧和拯救的力量。

夜更深。风更大。

很多村民都站在自家门口，被风刮着，被雨淋着。家是他们最安全的地方，也是要全力保护的地方，不到最后关头，他们不愿离开。

有的搬来柜子水缸之类，顶住门，好像顶住门就顶住了台风，顶住了灾难。

有的躲在床边，桌底，灶膛。

海峰路过一户人家，从窗户里看到一个老阿伯护着两个小孩，瑟瑟发抖。他用力挤进门去，大声劝他们赶紧转移。老人很固执，说，死不了。海峰就拉起两个蹲在地上的男孩，一个七八岁，一个十一二岁，而老人却坚决不愿离开。

外面有人喊，前面有幢房子倒塌啦！快救人！

海峰即刻跑了出去。

那是一幢茅草屋顶的房子，而墙壁是黄土夯出的。大家七手八脚扒开茅草，扒开黄土，见大小五六个一家人被埋在下面，有两个头破血流，两个气息奄奄，样子很恐怖。他们就把这一家背的背、抱的抱，转移到龙王庙方向去。

路过老阿伯那家时，一阵狂风，把屋顶掀翻了。屋梁和檩子噼里啪啦往下砸去。

“坏了坏了坏了。”海峰叫住身边的人，把抱着的流着血的孩子转给他，自己朝老阿伯屋里冲了进去。

只见老阿伯弓着背，张开双手撑住地，满头是血。身边横七竖八地歪斜着梁木和檩子。

海峰拉起老人，两个小孩惊恐万状，缩在地上。海峰明白了，原来，老人用自己的血肉之躯保护着自己的血脉之生。

屋顶上的檩子还在被风吹刮下来，毫无规律地四散着射来。海峰一手一个孩子，夹着就往门外跑，一边招呼老人。可惜，老人一头血水，瘫倒在墙角，已经没有声息了。

第二十二章

悲 壮 迎 战

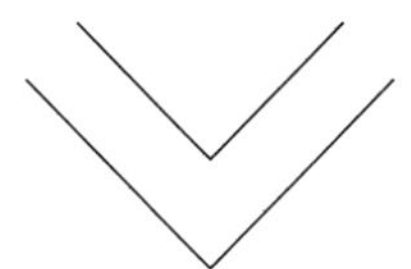

东明的一队人马终于连滚带爬赶到了塘坝。塘坝筑得并不高，也就高出地面三米左右，因为历次泛洪潮作大水，从没越过这个高度。

他站上堤坝，发现堤坝泥泞不堪，坑坑洼洼全是海水。那些奔涌上来的海水已经开始了试探性的侵袭。洪峰撞击着堤坝，像有一双巨大无比的手在强推塘岸，声音如丑怪的邪恶之兽。小时候听怪兽故事，大人们嘴巴里发出“轰轰轰哈”的声音并不能与他想象中的声音吻合，所以怪兽的形象和恐怖，一直是模糊的，他听到这种声音，突然眼前无比明晰起来，这就是那只怪兽的声音，不对，是一万只这样的怪兽，从堤坝那边奔袭而来，一旦它们突破阻挡，所到之处，还能有残存的生机？太可怕了！这不是万兽来袭，而是他现在本来就在怪兽的肚子里，那高高越过的浪头，就是翻动的舌苔，就是致命咀嚼的开始，是吞噬的时间过程。

而西边的堤坝上浪头蹿出最高。“去西边，先加固西边！”由于情势紧急，装好的沙袋有限，东明急喊，“先上去一批，快！”

第一批二十几人，扛起沙包，冲上堤坝。湿滑的斜坡，有几个连人带沙包滚落下来，大多数冲上坝顶，在风与浪的轰响里摇晃着。东明喊：“交错着堆放，对，错开，咬合住！”

大浪扑来，已经开始高过堤坝。

第一批勇士有几个被海浪冲了下来，至少三分之一的沙包也被冲下。

“东明，不行啊，沙包不够重，看样子挡不住啊！”

东明没有停住他的呐喊：“赶紧，第二批！”

第二批又是二十几个人，扛着沙包往上冲去。

这样一次一次地冲上堤坝，又一次一次地被冲刷下来，他们就像是和海浪进行着一场胶着的缠斗。不过沙包因为被海水浸湿增加了重量，固着在堤坝上的沙包越来越多。东明扛着沙包，朝大海用力吼了一声。好像这一声吼，能吓退海浪和台风。

海浪更加凶猛，它有着无穷无尽的力量，它藐视着这批勇士，在它的藐视下，人力在迅速减弱。当他们发现海浪从堤坝不同的缺口扑上来时，沙包已经用完。他们必须马上回去搬运沙包。

这时，有几支手电的光亮在路上晃动，看到一批人扛着沙包匆匆赶来。

“东明，救兵来了！”

东明喊：“好，我们第一批的赶快回去运送沙包！”

何可借着黑夜里田野上泛出的微弱光线，看到一个人歪歪斜斜地向自己艰难走来，“喂，往回走，下去危险！”

喊声瞬间被风刮走。

那个人影还是不停行进着。

何可走近一看，啊，玫儿！

“何可！”玫儿见着何可，又高兴又苦涩地叫了起来，“我以为我要死这路上啦。”

“哪那么、容易、死，太好了，玫儿，你、背着、什么？”大风把话音吹得断断续续。

“电池！”

何可知道，玫儿是去林海送电池的。他跟身边的两位说：“你们，去一个人，送程玫儿同志，去夏渔！另一人、跟我、去拿东西，并去、县政府、汇报。”

“要不，还是我们两个、去丹城，你帮、程玫儿同志、去夏渔。”同行的一位提议。

何可想了想，也是，有玫儿的这些电筒电池，可以缓解一下困境。更主要的是他遇见了玫儿，他作为男人的豪气在升腾。

“好，就这么、定，我们、分头行动！”

大风呼啸，四个年轻人在这黑茫茫的旷野上分手，各自行动。何可一把扯下玫儿肩上的包裹，背上。

自从乡里的电话断线后，一切行动都须机动应对。

平日里的韩部长总是乐乐呵呵，大大咧咧，一当工作或遇到棘手的事情需要处理时，他又是果决又威严的，而今天，当他穿行在混乱、恐慌、众皆无助的各个受灾现场，给人的却是一种无形的力量，是巨大的精神支撑，是凌乱中的心理慰藉，人们看到他，就像看到一个强大组织发散的能量。

韩部长从塘坝上回来，一路帮着救助开始被台风“欺凌”的人们，他看到路边趴着一个老阿婆，头上满是鲜血，身边跪着一个十来岁的小女孩，他把手电递给旁边的壮年男人，俯下身去，一把将老人抱起，转身背上就跑了起来。那壮年男牵着女孩，急速跟上，一边打着手电光，一边说：“韩部长，你是总指挥，我来背吧！”

“现在所有联系都中断了，救人要紧，这是准则。我就是个兵，能救一个是一个。”

一路上，附近各个乡村赶来汇报和听取下一步工作思路的乡长和高级社主任们边学着韩部长的样子，一路救人，边汇报工作。

赶回龙王庙后，韩部长站在沿阶上对干部们说：“就这里说吧！”

有乡长反映说，粮食还有一半没有转移，要增派人手。

而另一些负责人群转移的则说，我们这边也缺人，村里老人很多都不愿意走，有的虽然同意走，却背着抬着很多杂物，不肯放弃，有的甚至把养的猪啊牛啊鸡鸭鹅都要往大屋赶。

“救人，第一。”韩部长坚定地说。

可有些人还在说，说是县里开会统一过的，一要确保堤坝加固和安全，一要保证粮食等物资的转移，尤其粮食，民以食为天，守护粮仓的人手要增加，救人是其中之一。

这时有人喘着大气跑来：“韩部长韩部长，海塘，可能守不住了，要倒！要倒塘了！”

韩部长看着眼前这批忠心耿耿却“冥顽不化”的乡村部下，简直令他裂眦怒目。“你们脑子倒塘啦！”他平时从不骂人，最多是自言自语或者口头禅似的来句“奶奶个熊”，但现在他已经无法忍受，“现在还讨论公家财物重要还是人命重要？粮食没了，还可以再种，政府也可以向其他地方调集，人没了，你们有本事让他们活过来？我们拼死拼活，为啥！不就是为了能让人活下去？！”

见大家还愣着，他大吼一声：“所有转移粮食物资的，包括守护粮仓的，都放弃！所有在塘坝上的，都给我撤回来！一秒钟都不能停！快走啊！救人！”

东门炮台山山顶，石浦气象站。

时间逼近了晚上十点。

建明透过气象站观察室的小窗口，看见远处海岸边靠泊着的一群渔船随着海浪剧烈地起伏，相互碰撞，虽然风声和海浪声压倒一切，但还是隐隐约约听到渔船碰撞和碎裂的声音。室内所有的仪器已经无法准确显示数据，所有的指针都已经到了极限，一直在晃动的指针，此时已经笔直地指向最高点。有的已经损坏，就像一个只能挑起一百斤担子的人，被压上了两百斤，要么，无法站立，要么腰肌损伤或瘫倒！

他打开门，去观察测风仪和其他户外设备的情况。呼一下，门板直接拍到了墙上。他扶着外墙，紧拉着那根粗绳，一步一步移动，看到测风仪已经严重歪斜，测风板啸叫着飞到了半空，而办公房顶上的瓦片正在一群一群地掠过他的头顶，温度计外的百叶箱痛苦地挣扎着，像一个风雨里持枪的卫士，努力保持着坚守的姿势，边上的树已经有几株倒地，树冠在地上也痛苦地扭曲着滚动着。

他希望能走过去扶直测风仪，虽然相距只是十几米，但这已是不可能完成的任务了。一阵大风，直接把建明扑倒在地。他努力地爬起，但大风死命地压制着他，他只能趴在地上，匍匐向前。

室内的同事扶着门朝建明喊："别去啦，没用啦！测风仪的指针已经爆掉了！赶紧回来！"

话音未落，测风仪轰的一声摔倒在地，紧接着，百叶箱也"嘭"的发出闷响，倒地时随即散架了，散架了的木片被风一挑，就像被一把巨大的扫帚一扫而空。

建明只能一寸寸地抓着地面的石块，爬回观察室，脸上满是被砂石和树枝击打出的血迹。

增援的这支队伍足有七八十人，有部队的，有村民，也有县政府的机关干部。

"谢天谢地，快！你们分两批！"东明接过一只沙包就往堤坝跑去。

"好，后面还有运送沙包的！"来人中一个领头的呼应着。

经过了一段时间的胶着缠斗，台风似乎被激怒，开始显露它暴怒后的残酷。而大海自然被这风的怒意裹挟着，发动了它们无情的冲击。

大浪撞击，浪花飞溅，大浪冲击，浪花升腾，大浪冲击，越过了堤坝，大浪冲击，掀起浪头约有一层楼高，大浪冲击，浪头高出堤坝约有两层楼，三层楼……“哗”的压下来时，这些勇士们几乎悉数被打落下来。

东明嘶哑着喊：“跟我一起，上！”

一百多人扛着沙包不约而同地发出喊声：“冲啊冲啊，啊，啊！”

真是勇者无敌。大家热血沸腾起来。东明第一个冲上坝顶，在浪头竖起的刹那，人们看到东明像一座雕像，虽然夜黑浓重，借着依稀的天光，这座雕像还是给了勇士们信心。

一浪又至，东明趴在坝上，抓住地上的大石块，竟然未被冲刷下来，尽管这一百多人，大多数还是未能坚持住。

东明站在坝上，大声喊着：“战天斗地，人定胜天啊！”

声音在大风里发着颤音。大家受了鼓舞，扛起沙包齐齐冲了上去。只是，这一浪高过一浪的咆哮，实在令人胆寒。这是人类和灾难的搏杀，是人类意志和自然意志的对决。

这一浪，伴随巨大的轰响，似乎再也不想停住它叫“灾难”的残忍，这一浪，冲出坝顶十几米，足有五六层楼高。这是一记无情的绝杀，它横推过来，又垂直地击打下来，都不让这一百多号勇士呐喊呼喊叫喊，一下，就一下，无人幸免，无人能再站在堤坝上，包括，所有的沙包。

东明抹着一脸海水站起来时，看见微光里堤坝在晃动。

“看样子挡不住了。赶紧叫人通知村里，通知韩部长。”

何可和玫儿赶到夏渔村时，见到很多茅草屋顶已被掀翻，瓦片像受惊的蝙蝠高高低低地在头上乱飞乱蹿。他们猫着腰，躲避着飞瓦，躲避着各种横飞的杂物，可是这平原大地，都是矮矮的村舍，哪里有躲避的地方。

如果洪水真的到来，这里必成汪洋。

村子一片呼号声。“大家贴着墙根走，不要走到村道上去，靠墙脚走，墙脚！”有人喊叫着。

何可猫腰把背包顶到玫儿的头上，这样万一被瓦片砸中，也能减少伤害。

村民们大多已转移，有几户人家却依旧躲在屋里死守。

何可对玫儿说：“你先送电筒电池去，我帮着转移人。”

村道上满是慌乱跑动的人。

长庚一家在转移，圣楠一声不响地拉着长庚的手，而小定则拉着母亲阿月的手，长庚身上还背了个大包裹。

桂云拉着小鱼儿在跑，小鱼儿嘤嘤地哭着，桂云一边安慰，一边也脚高脚低慌乱地跑着。

阿珠跑在前头，回着头在大声地数落父亲，因为俞佑璋总是忘不了那些字画还有结婚证等物件，翻箱倒柜了很久。俞球也背个包，紧紧拉着俞佑璋。

东明老婆玉香背着包裹，跌跌撞撞跑出来。

这时，看见王良从墙弄里蹿出来，空着手，东张西望着。

“你还真是空手人！你东张西望，作啥！”玉香忍不住挖苦王良。

“我，我也在帮、帮忙！”王良结结巴巴。

“你是不是趁乱好偷鸡摸狗啊？真不是个男人！”村里大概也就玉香可以说他几句，毕竟她是东明的老婆，平时也没少护着王良，让他蹭吃蹭喝。

“阿嫂，莫咯么讲！我，我咋就不是男人，我咋就不是！”一边说着，一边抓过玉香的包裹背上，玉香也不推辞。

有风站在岔道口，指挥着慌乱的人群。

“龙王庙里已经很多人了，一部分人往西边，石头屋那边去！”一群人就呼啦呼啦奔向西边，“东北边还有两幢屋，后面的朝东北边去！”

何可跑到有凤面前，钦佩地看了她一眼，朝她竖了竖大拇指。

在海峰家门口，两个人正架着新娘子筱梅往外拽。筱梅哭喊着：“阿婆，快走吧，一起走吧，真咯危险啊！”

何可问那两人：“咋回事？”

“她们两个不肯走啊，我们只能硬来啰！”

何可看见有凤挽着秀英阿婆劝说着。阿婆坐在床板上，嘴里念念有词。

“阿婆，海峰呢？”

“海峰救人去了！”

“太危险啦阿婆，快走啊！”

秀英阿婆哭喊着：“我弗走，弗走！阎王爷叫我去，我就去嘞。老头子在咯边等我啊！”

老伴走了以后，这屋子就是她的所有生活。她不想离开屋子，舍不得，这里盛满了她一屋子回忆，一屋子的姑娘时代，一屋子的恩爱岁月。只要房子在，她总觉得每年清明中秋、过年过节，老头子的灵魂就会回来看她。房子没了，即使回来的路径认得，老头子也找不到她了。她不想走。觉得活着不如死了。

何可也去搀扶秀英阿婆。她只是喊：“谢谢你们好心人，我弗走！我活够了。活得太苦了。活着不如死了。老头子死在咯屋里，我也要死了咯屋里，我把屋里当坟场好了！”

何可喊了一声：“好日子刚开始啊！你不想抱抱海峰的儿子啊！”

秀英阿婆愣了一下。

这时，屋顶上被风掀开一个大洞，风雨立马从上面灌进来。飞落的瓦片和椽子砸到锅台上，水缸上，脚桶和地上，令人脖子发紧，而门板乒乓乒乓开合着，像两只大手，要把这屋子拍倒。

何可和另一位同事一起，架起阿婆，几乎是抬着抱着把她拉出屋子。

“阿婆，大家都去哪里了？”

“好像龙王庙。”

“好，赶紧，龙王庙！”

刚出屋子，前脚后步，屋顶“轰”一声塌落。阿婆颤巍巍地别过头，看了又看，伤心地叫着：“老头子啊，你回来要寻不着了啊！”

第二十三章

英雄壮心

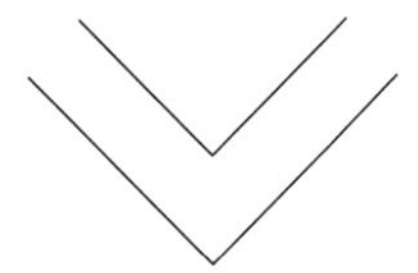

海底雷像是末日的呻吟，像大地要塌陷，天空要开裂。

狂风啸叫着，把茅屋顶的草扇，把树枝、稻草、瓦片以及衣物等都抛掷到空中，又不断砸向人群，砸向漆黑的田野和村舍。人们的哭喊声，伴随着房屋不断倒塌的声音，所有人都感到死神就在身边，狞笑，起舞。

海峰一路救人，将负伤的村民背着抱着转移到几处大家认为相对安全的大屋去，转身又赶往最危险的海塘。路上正好遇见一队人马，有军人，也有村民，肩扛沙包。他们是去海塘那边增援的。快赶到目的地了，他们甚至兴奋起来，终于可以冲到第一线和台风作一生死搏斗了。

有个人影歪歪扭扭地在路上跑着，见着他们就喊："倒塘啦，倒塘啦！"

这队人马却只是停止不动，那个人慌张又气愤地喊："要不要性命啊，快去就近村庄，快，快逃啊！"

借着夜色微弱的反光，他们看到堤坝上一只魔兽喷涌着扑下来。那水溅起的鬃毛蛮横暴烈地抖动着。在这只魔兽的前面，一批人黑压压地正朝他们的方向跑来。

真倒塘了!

倒塘，就是塘坝倒了，被洪水冲倒了。可怕的事情终于发生。洪水立马会顺着决口猛烈地扑杀过来。

他们扔掉沙包开始奔跑起来。后面的人越来越近，但是，跑动的人却也越来越少了。他们不断地被魔兽吞噬，被吞噬！

此时，河道、田沟里的水在急速地往上涨。

长庚护着一家人，但听着屋外风雨交加和村人纷乱的声音，心里充满不安，他跑出门外，希望能帮到点什么。在人群慌乱的手电光中，他看到田沟里的水在诡异地晃动，像地下有一股巨大的黑色岩浆正往上泛涌。雨点很大，水的涨幅也不至于如此之大呀。他掬了一捧水，舔了舔，咸涩。“啊，是海水！”

有凤跟着跑来，也掬了一捧，“嗯，是又咸又涩。”

“按理说，现在是小水潮，即使大风也不可能从河道里刮进来，更不用说涨这么快，”长庚突然叫道，“坏了坏了坏了，洪水倒灌了！赶快，赶快通知韩部长！”

韩部长本有安排，他离开塘坝时，把一支54式黑星手枪交给值守的干部，假如发生倒塘等紧急情况，塘坝边值守的人员要立刻鸣枪示警。虽然大风劲刮，但是清脆的枪声还是能越过夜空，这样也能争取一点避灾的时间。可惜，当值守者紧握手枪朝天扣动扳机时，一阵狂风袭来，将他一下扑倒，手枪也甩了出去。他爬起来扑向手枪时，洪水“哗啦”一声扑涌过来。他不得不对同伴喊：“快跑，通知大家倒塘了！快！”

洪水不断地撕扯堤坝的口子，像一道无法闭合的伤口，“血水”正喷涌而出。

“倒塘啦！倒塘啦！”同伴奔跑着，而洪水在身后紧紧追赶，在这黑夜的田野上，他像是战至最后的一名兵丁，但比敌人的追兵更可怕的是，即使你跪地投降也无济于事，因为掩杀而至的，是屠城的恶魔，因为这千军万马，是黑色的洪水。

本来就被台风吓成惊弓之鸟的村民们，听到“倒塘了”的喊叫四起，更感末日的绝望，这临近的强敌，完全无法抵抗。他们互相紧紧拥抱、牵手、依偎着，等待时间的审判。

韩部长划动着手电，站在村道中间，指挥着众人，“立即往靠近山脚的村子跑！”

洪水从南边涌来，北边是县城，但是太远，人根本跑不过洪水，左右两面离山近一点。虽然西边只有狭小的田埂。

何可和有风晃动着手电光，准备引领村民们往西边跑去。

但在这样的黑夜里，在这样的狂风里，能行路算是万幸，何况几百平方公里即将变成汪洋的大地，奔向哪里，都远。风雨劈面，人们挤作一团，望着东西两侧的远山，实在没有信心。

有人哭喊着跑来：“东边，东边，洪水冲进来啦！”

四边都高低起伏着各种哭喊声，逃无可逃了。

洪潮水浪奔袭而来。从门前涂龙门洞涌来，从夏渔和尚渔的塘坝上涌来，从夜色密布的四面八方滚沸着涌来。

人们就像万人坑中等待被掩埋的死囚。

望着风雨中茫茫夜色，韩部长想起打仗时“敌进我退”的游击战术，可现在退无可退，在战斗中，他可以用血肉之躯与强敌搏杀，虽死无憾，可现在面对的是大自然的凶猛，毫无还手之力。他大叫着，他跑动着，路过每座聚满了村民还算坚固的房子，就喊：“所有的党员、干部，全力保护好群众！”

洪水越过田野，越过河道水沟，越过所有阻挡它蛮力的物体，冲进了村庄。

洪水掩杀而至！

一阵杂沓而沉闷的巨响后，鸡犬声沉寂了，猪羊像泡沫一样漂浮，也像沙包一样撞击着门窗和墙壁。

水从房屋的各处涌进来、挤进来、拍进来，屋里所有的桌椅板凳都漂浮起来，那些木桶和水缸也乒乒乓乓地互相撞击着，那些屋舍里算得大物件的柜子在激流中像火柴盒一样被抛起，那些土墙只被水浪轻轻一拱就荡平。

田野瞬间变成了汪洋，水面上起伏着绿莹莹的光，那是海水的磷光，像传说中的鬼火，他们要来吞噬人类的魂灵。

人们瑟缩在几幢稍显牢固的屋子里，惊恐却不断地增加。上有大风啸叫，一批批地掀翻屋顶，而雨点是风的子弹，密集地从掀翻的屋顶上射向无助的生灵。下有洪水，将所有竖立的物体都一律摧垮推倒。

房屋不断倒塌，却几乎听不到倒塌的轰响，因为每个人内心恐惧的嘶叫比这大风的嚎叫更响更尖。

龙王庙，这算是方圆十几公里最庞大最坚固的建筑了，它就像一条搁浅在滩涂上的大鱼。

人们纷纷钻进了鱼肚里。尽管鱼肚里到处是水和晃动的恐惧。强风凶狠，它把所有平地上搭建起来的建筑物一把荡平，像看着一堆不顺眼的积木，一把给撸去，也像一个疯狂的海上魔鬼，它以拍死那些浮游到眼前的鱼虾为乐。要彻底消灭！它对这大鱼自然也不会放过，当它把庙宇的屋顶撕拉出一个口子时，就是把大鱼的身子扒开一截皮来，然后，它继续撕裂，一层层地把屋顶掀光，只露出梁木和檩子支撑着，就像大鱼的脊椎和鱼刺裸露着，如果房屋有知，它一定痛不欲生。

众人惊恐地看着“大鱼脊椎”，也看着七零八落全无方向与规律砸下的檩子，躲避着，哀嚎着。大风卷进没有屋顶的庙宇来，像无形的魔掌，风借着浪的力，浪借着风的势，肆无忌惮，把墙面推得剧烈摇晃。谁都觉得，要么逃离“大鱼”被洪水淹死，要么就死在这“大鱼”腹中了。

洪水不断地从庙宇外涌进来，哭喊声在庙宇内涌浪一般不断地升高。

“海龙王上岸了，海龙王上岸了！”秀英阿婆浑身乏力地念叨着，这念叨声更增加了人们的恐怖和诡异。也许这像是一个悖论，在海龙王的庙宇内，害怕惊惧着海龙王的到来，但是，这庙里的大小龙王塑像和文臣武将塑像早已被砸毁，这里早已不是龙王的陆地居所。

俞佑璋叹道：“难道连这龙王庙都保不住吗？真是大水冲走了龙王庙，一家人不识得一家人。”

阿珠回应：“泥菩萨连过个河都自身难保，何况这么大洪水袭来！”

庙中戏台和两侧厢楼挤满了人，但洪水很快就漫上来，围墙一尺一尺矮下去。供桌和神龛条凳之类开始漂浮起来，东碰西撞，老鼠和蛇也浮游，慌乱地各处游窜，它们并不害怕人们，就像人们此时也并不害怕它们，因为在大自然这样的威胁下，大家都只是亡命的生物。在洪水巨大的推力下，在各种杂物的碰撞下，大殿里的柱子尽管有合抱粗大，还是发出“嘎、嘎、嘎”刺耳的响声，就像一个疼痛的巨人，发出难受的呻吟。

洪水急速升高着。他们陷于绝望，他们等待死亡的到来。

“大家不要慌，有我们在！我们都要活！”庙门口突然出现了一个高大的身影，虽然大家看不清这个身影是谁，但从说话的声音和坚定的站姿，人们判断出，他是韩部长。

“菩萨保佑啊！”

“是韩部长，韩部长救我们来啦！”

众人都惊叫起来。这叫声里，是感动，是惊喜，更是一种巨大的精神安慰。他们相信韩部长就是佛菩萨的化身，就是神，就是龙王再世，就是救星，就是来带领大家避开灾难、脱离苦海的。

当然，韩部长也是血肉之躯，也非坚不可摧。肉体会消亡，如泥胎会崩塌。

看着洪水已经漫过腰线，众人摇摇晃晃地在努力保持平衡。“站在墙边危险，赶紧上墙，上北边的墙头去。”

大家在水里打捞香案凳子，但都太矮，站上去也无法够到墙顶，爬上去，滑下来。

“抓住檩子椽子！”有个年轻的村民终于在众人托举帮助下，抓住了裸露的椽子，爬了上去。这对大多数老弱妇孺，根本无用。

长庚站在水中，把圣楠高高举起，上面的年轻人俯下身子，伸手接应，但始终够不着。

韩部长蹚过水去，朝长庚大喊道：“来，你上去，你们两个人在上面接应。”

长庚会意，却是不忍。

“别磨蹭，踏我肩上！”

这确实是个方法，韩部长一米八几的身了，此时就是最好的人梯，只要上面有人一拉，孩子们也能上得墙顶。

大家看着韩部长毋庸置疑的坚定背影，略一犹豫，也就一齐涌到他身边，相帮相扶着，将长庚顶了上去，然后，一个接一个地把孩子们送上韩部长“肩头”，而半骑半趴在墙上面的长庚和年轻人，伸下手，用力一拉，就上了墙顶。

风雨吹打得墙上面的人摇摇晃晃。“孩子们，你们每个人都抓住一根檩子或者椽子。”韩部长一边朝墙上的孩子们喊着，一边下蹲着，等待下一位踏上肩头，但是，没人靠近。妇女们挤成一堆，就是不肯上前。

“咋回事？上来啊！”韩部长喊道。

秀英阿婆和妇女们，“哇”地哭起来，就是不肯趋前。

“快啊！快！”

“哎呀，弗好咯呀，女人咋好站男人头上去啊，罪过罪过啊！”这是此地风俗，女人不可以跨压男人身上，不可以踩踏男人，这会让男人倒霉的。

韩部长吼了起来：“哪有那么多封建思想。”一把拽过一个妇女，身子一蹲，“别多想了，来！都什么时候了，还封建，快！”

妇女口中念念有词：“罪过罪过！”在大家七手八脚帮助下，踏上了韩部长的肩头。

一个接一个，至少送上去十几个人。风雨吹刮着，大庙晃摇着，洪水越涨越高。

韩部长双脚开始打横，眼里闪着白晃晃的光影，水浪涌来推去，他也站立不稳了。那些墙上的人们看到筋疲力尽的韩部长，都哭喊着：“韩部长，韩部长，你就上来吧，不要再撑着了”

“你们赶紧再往上，爬到梁上去！”

“墙在晃，危险，快，上梁！”

他见还有俞佑璋等几个男的没有上墙，便嘶哑着喊：“你们，快，我还能、撑、得住。”

俞佑璋仰头看着墙顶上趴着的阿珠和阿球，“阿珠，好好照顾阿球。”声音满含悲凉。

阿珠喊了起来：“上来啊，阿爹！”

佑璋朝阿珠摆了摆手。

“来，你上！”韩部长朝俞佑璋喊。

“不行啊，韩部长，谢谢你救了我两个小孩！来生报答！”

“啰唆啥啊，赶紧上！”韩部长拍了拍自己的肩膀。

“我是地主，我咋有脸面站在你部长身上啊！我活够了！活够了！”

“什么地主不地主，现在，只有人命！”韩部长愠怒道。一手拉过俞佑璋，蹲了蹲身子，朝其他两人说："来，帮忙！"

风浪撞击着墙垣，瓦片在天上飞舞，庙门口又涌进了一批浮尸。

阿珠哭喊道："阿爹啊，快点啊！你别为难韩部长啊！"

俞佑璋像是被点醒了，这个韩部长，平日里大家在夸他是真正的共产党干部，他将信将疑，今日终得一见。"好好好，韩部长，大恩不谢，来生报答！来生报答！"

韩部长用尽力气，将佑璋顶上墙去。

洞开的庙门，在暗夜里像一只巨大的嘴巴，此时吞咽进来的不仅仅有杂物和洪水，还吞咽一具又一具浮尸。浮尸像死神的兵勇，占据着庙内各处，带来更加恐怖的气息。

大风几乎掀掉了龙王庙所有的瓦片，有趴在墙上的人掉了下来，也许被风吹下来，也许被瓦片击中昏过去，也许力不能支滑下来。

一阵横风推来，西边晃动的墙，发出沉闷的声响，倒塌了，就像一个疲惫的巨人歪倒在水里。只有几根柱子寒碜地支撑着。

风穿堂而过，更猛烈地击打着艰难挺立的墙垣，屋架开始歪斜。

所有的人都已爬上墙头。东面的墙也倒塌了，发出沉闷的响声。

"韩部长，快上来，快上来！"众人大喊着，纷纷俯身下来，伸手摇动着。

韩部长连日疲累，更兼一气做了那么久人梯，在水中踉踉跄跄，他无法够到一只只急切伸下的手，他在偌大的庙宇里、在洪水围困中，像一匹疾速飞奔了千里、避过无数刀剑的战马，旷野四顾，阒然独立。

他终于找到了一处断墙，他想爬上断墙，再爬上屋顶。

风浪袭来，断墙塌了。

借着黑夜和浪头泛出的微光，众人眼睁睁看着精疲力竭的韩部长歪倒水中，看着一个浪头拍来，杂物、浮尸卷裹着韩部长。

“韩部长，韩部长！”人们的喊声此起彼伏，在这恐怖之夜，人声第一次压过了风浪声。

众人趴着的北墙，也开始晃摇，嘎吱嘎吱的声音像满身病痛的老人最后的呻吟。屋架开始从柱子里滑脱，整个屋顶像大鱼的骨架，轰隆一声巨响，断裂，倒伏。在风雨和夜黑里，还没来得及发出空中坠落的尖叫，就已经被屋顶扑入水中。

惊惧爬满了每个人的毛孔。

大家本能地抓紧了桁条、檩子和椽子，在风浪的裹挟里，冲出了已然倒塌的庙门，漂向茫无际涯的黑夜汪洋。

但是他们依然在呼唤着“韩部长，韩部长”，这好像不单单是一个名字，一个称谓，而是一种共同的悲伤，也是一种共同的力量，共同的希望。

第二十四章

人财孰重

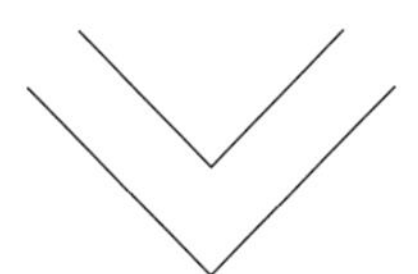

经过几个小时的狂风暴虐，零点过后，风收敛，雨渐小，天上云不再快速游移。

建明从观察室走出，抬望眼，竟然还见到几颗星星。他长吁了一口气，看来，台风来得凶狠，走得也干脆。尽管，海浪依然在猛烈地撞击堤岸，发出巨大的轰响，但这已经不可怕了。因为没有台风的呼啸，海浪像一头笼子里的野兽。

他走到观察场，看到一地凌乱，想着如何灾后重建。

他朝向远方望去，黑云组成了一个巨大的渐变云环，缓缓地飘动、扩散，但看上去也可以说是从巨大的云团里，被风吹出一个晴朗的穹顶。他想起小时候看见父亲的一个朋友，姓马，头顶上光光的，但顶下却围了一群浓密的头发，每当想起，他都会暗自发笑。

建明仰视着天空，回想着自己给那个叔叔取的绰号。有一次父亲说起有个姓马的叔叔要来家里吃饭，他就脱口而出："是那个马桶盖叔叔吗？"结果自然被父亲一顿臭骂。不过，父亲骂了几句，竟然也哈哈大笑起来。

穹顶之上，明旷如安静疏朗的夏夜。

假如没有之前的狂风肆虐，很难想象这是一场对浙东大地而言毫无抵抗力的绞杀！

黑云在缩小包围圈，星星们在渐渐隐去，风又变得强横起来。建明渐渐疏朗起来的心一下子抽紧，仅有的一丝不安，变成了莫名躁郁，因为他感受到这云层的意义和趋势，现在的风雨平和、天空澄明，其实台风的喘息，就像一群魔鬼带领的军队，攻城略地后暂退的休整。

在小小的庆幸和心中的紧张平息后，台风骤然猛烈起来。又一次更强烈的台风开始了。

建明大喊一声："不好，赶快通知县里，刚才的宁静和晴朗，并不是台风减弱侵害，而是它再一次的发力，我看到的是台风眼。"

作为气象从业者，看到台风眼的概率极小，这无疑让建明兴奋，而作为普通生民，这又是无比危险和惊惧的。

何可虽然也已学会了游泳，但并不识水性。

他抱着歪倒的树枝，脚下一滑，就立刻沉入水下。他扑腾着，呛了好几口水，探出头时，却并没什么浮物可抓，他继续扑腾，感觉两只手臂并不长在身上，小半是酸疼大半是麻木，他想，他可能要葬身这黑黢黢的洪水中了。

一阵风，吹来更远处的哭声和叫喊声，他们整齐地喊着："韩部长，在否！韩部长，在否！"

"难道韩部长他……"何可沮丧灰心，脑子里掠过这位履新不久的部长的音容笑貌。

他在洪水里漂浮着。洪水紧压着胸口，就像不让他有更多的情感和情绪喷发出来一样。虽然是夏日夤夜，却也风寒料峭，只有水里还不算刺骨，而这暗黑的水却充满危险，杂物就像潜隐的猛兽，会在风浪涌起时突然撞击过来，致人死命。

他看见韩部长走过来，朝他笑了笑，一口不齐整的牙齿，反倒显出了他的质朴和亲和。他想起几个北方人说象山话闹出的笑话，笑话里充满了有趣的调侃，倒也没啥恶意。但也有几个别有用心的人会把这反映给“山东北佬”的领导听，说是某某某在含沙射影骂南下干部。韩部长每每听了，总哈哈一笑，露出他那一口山石嶙峋的牙齿，说，这有什么？这怎么是骂山东人呢？我老婆还是象山人呢。山东人是这么一骂就骂死的啊，那还叫啥山东人，那人家学象山人说话，象山人就抬不起头来了？笑话嘛。就像我们的党，没人骂，才奇怪嘞，要是有人骂，骂对了，就是提意见，我们可以改，骂错了，我们只要做得对，骂声也自然会停止。怕什么！

这番话，对来自大城市的何可而言，颇受震动。在一群乡下人和“山东北佬”中间工作，尤其听命于他们的指令和安排，何可潜藏着城乡落差的清高心理总有微细的失衡，听了韩部长这席话，倒着实起敬肃然。

风刮来远处的呼救和哀号，可是他自身难保，他无力救助他们。

他想起半夏路凉亭里被中断的思绪，想起与珊珊的通信，他们在信里谈中外历史，谈县里的工作，谈杭州城和全省形势的一些变化，谈相互间朦胧的不敢挑明的感觉。时间推移，珊珊说她爸妈给她介绍对象，她不满意，只是对方是高干子弟，人也老实，她只得不置可否，怕伤着父母好心。

他想起玫儿，想起她温暖的圆脸，想圆脸上的酒窝，那红扑扑的光滑脸蛋，想起龙门洞堤坝上的霞光和夜晚，她现在哪里，也和我一样，漂浮在水面上？或者，也许，可能，他不敢多想。

他抬头看看诡谲的天空，在黑黝黝的穹顶下，竟然还有点猩红的微光，但是，这一点都不美，这像末日的死亡之光，令人想到上天的阴谋，无尽的险恶。

他想到了父母，因为他实在怕想到他们，当初，是他自己执意要来到这个边陲半岛，来到这个恐怖的汪洋中，现在，冷得发抖的身子就像分开两截，上一截属于自己，下一截属于这一望无际黢黑的海水。白天，远远的还能看到丹城后面的青山，晚上，视线里，除了水，还是水。也许，父母正在酣眠，也许他们得知了灾情，正长吁短叹，他们是疼我的，只是我无法控制自己对远方的向往。假如我死了，对不住父母，你们保重，还有，姐姐也保重，你们那么宠我，把我当成童话里的小王子，可惜，我要是死了，估计就属于海洋了，哪一条鱼儿吃了我，也算是鱼儿有福气，可是，哪一条鱼会吃我呢？玫儿曾说，她认识很多鱼虾蟹螺，从大鲨鱼到小黄鱼，从小白蟹到芝麻螺。嗯，据说非洲那里有食人鱼，成百上千的食人鱼涌来，几十秒，我就解脱了，那才叫死得痛快，又痛又快。可是妈妈一定会哭，哭得昏天黑地，姐姐呢，你一定会拿出我初中时写你的一篇作文，来回来回地读，爸爸呢，爸爸是个真正腹有诗书气自华的男人，外表儒雅，却是内心刚毅。对我一点都不凶，像朋友一样跟我探讨做人的道理。我想，你不会哭，一定会扶住老妈颤抖的肩膀安慰她。

这样想着，悲凉更甚。

还有，老董，你在哪里，你还在那间黑黑的发着霉味的小仓库里吗？对不住哦，我没能开口为你辩护几句，我咋这么自私胆小呢？不过要是你还在那里，也算是我给你的大礼，那里地势高，估计你可以逃过一劫，否则，你一定也会泡在水里，或者已经、已经，唉，这天空真是恐怖。

要是再一个浪头过来，我可能无力抵抗，我就死了。

风力似乎小多了，但浪头依然很大。刚才风力的减弱，也许就是建明看到台风眼的间隙。

此时，狂风又起，黑浪奔涌，劈头盖脸砸下，这让本能抵抗着的何可更加有了死亡来临的绝望。他设想着各种离去时的样子，被打捞，被鱼吃掉，永远找不到自己，或者成为一条鱼，成为海洋深处的一株植物，也或许他能看到海底的龙宫，与《西游记》里的描述一样。他想起了故事里的海囡，想起绿眉船的眼睛，想起三月三爬上海滩的辣螺，也许那些辣螺都是死去的渔民灵魂的信使，被海浪送上沙滩，告诉人们他们灵魂犹在的消息。

他渴望能有一种尊贵的死法，可是，这凶风恶浪，既然如此蛮横，它怎么可能给你有所选择呢？高贵者，低贱者，贫穷者，富裕者，权力大小者，长相美丑者，都在死亡面前一律平等，不放过的，谁也逃不了，唯有内心的感受不一，如此而已。

这些问题，何可从来没有想过，因为他太年轻了，二十几岁的人，正是风华正茂，岁月美好，这些人生终极的问题，考虑这些确实太早。

想着这些，他再一次害怕起来，一害怕，就脆弱，一脆弱，就后悔，一后悔，就伤悲。而且，回忆越温暖，现实越悲凉。

他下意识地喊着：“救命啊救命！”

这时，突然游过来两个人，一个清瘦精干模样的划着几根檩子绑成的木筏，在风浪中漂来，而另一个壮实的渔民模样则在水中游动，一手抓着木筏，一手划着水。

壮实者伸手提起何可的头发，用力往上提，清瘦者立马推过来一根漂浮的木头，让何可赶紧抓住。何可在扑腾中摸到了梁木，赶紧环过手臂箍住，边咳边连声说谢谢。他知道，他得救了，至少，现在。

县城方向的水面上有人在哭喊着救命。

何可尚未看清这两个人的面孔。只听见壮实的那个称清瘦者“钱主任”，钱主任对壮实渔民喊：“老张，这个后生应当安全了，我们去那边救人！”

他们已经游向呼喊处。

经历这生死一线，何可似乎既没有了强烈的求生欲望，也没有了对恐惧无法排遣的战栗。他看着两人离去，只是感到巨大的寂寞，只是有一种挥不去的悲凉，胸中空荡荡的。不过也因为这样的寂寞和悲凉，在撕扯着他时而清醒时而呆愣的脑子，不至于完全昏沉过去。

水面的西边，随着风声时强时弱传来断断续续悲凄而纤弱的呼喊。他好像听到了玫儿的声音，有凤的声音，听到桂云的、圣楠的、阿珠的、小鱼儿的声音，都像，都不像。

在这绝望的夜里，在这无情的水里，生命弱小到几乎如同一阵微风和一滴雨水，但他看着两个划着水远去的背影，突然感到自己的渺小甚至无耻："我怎么可以苟活！"看着那些他曾经漠视的卑微的乡下人，那些并没多少文化的村民，他想到一句楹联：仗义半从屠狗辈。他们也是这茫茫风浪之中的生命，但这生命充满了强悍的力量，灾难虽是至暗，人性的光辉能够点亮它！

这时，他内心的英雄意识开始像革命草一样蓬勃地生长出来，尽管悲凉和惧怖如被鄙视和挥散的烟云尚未消弭，在这瞬间，他体内奔驰着万千骏马，力量在这样的奔驰中被催生，他感到生命能量在体内灼热地涌动。"我何可并不是萧瑟的冬天，我也是春天一样的汉子。"他想起别却都市奔赴偏远岛县时写在日记本上的一句话。

他要振作起来，加入救助者行列，那些受难和受难中的并不仅仅只是一个身份：灾民！他们还是同志、是姐妹兄弟父老乡亲，是人，是和他一样具有高贵生命特征的人类。我本来就是抗台救灾的一员，我为何因为灾难就变得这般悲伤和恐惧？我要瞬间变身为救助者，这是志愿，不只是自愿，这样的纯粹，是天神召唤和命令。

他喘了一口气，一手箍紧浮木，一手朝两只赶赴救援的背影划去。

深夜的县政府里，满地枝叶。几盏汽灯被绑定在树干上。平时汽灯的吱吱声很是响亮，今天，风声压倒了所有的声响。

有多人顶着狂风来到这里，等待命令和要求参加救援。

徐坤守在电话机旁。他虽然平时处事老到有条理，但此时却掩不住内心忧伤和思绪纷乱，似乎只有电话机的铃声才是他的军号。事实上，这一刻也确实没什么可以忙碌，只有等待，汇总，向外界通报信息并求援，在情况不明之前，任何一个决定都可能是无效的，甚至是致命的。

上半夜，电话从各乡和县外打来，有汇报，有救急，有询问，有协调，各种电话内容，他已经来不及记录。而到了下半夜，电话越来越少。他知道，电话线被台风刮断，或者办公点被台风吹塌了，更可怕的是，接电话的人已经遇难了。他不敢也不愿多想。

他整理了一下，各乡都有报告灾情和抗台工作的情况，但都很糟。

不仅仅象山一县，宁海、奉化、宁波市区等也遭受严重损失。伤亡数字不断攀高，毁损的房屋和桥梁以及公共设施不计其数。

励乡长打来电话，他出门救灾，趟回去一看，整个村庄已成汪洋。他的父母都被洪水冲走了。说完，他哽噎了。

有人跑进门来，紧张地说："老董跑了。""跑哪里去了？"徐坤也有点错愕。"往林海方向跑去了，"徐坤苦笑了笑，"谁还会蠢到去送死，他这是去抗台。"来人恍然大悟。

"不过，你们这个时候还管老董跑不跑，还真……"徐坤苦笑了笑，"其他被关押的人呢？"

"其他人都在，没跑！"来人说。

"你回去吧，要确保他们安全哦！"徐坤凝重地对来人说，"不管他们有没有被定性，都是人命，都要善待。"

来人点着头，转身就走。打开门时，风一下子把电话机边的记录本吹到了墙上。

"万一情况紧急，至少要给他们自救的机会啊！"徐坤朝来人的背影喊了一声。来人回过头，眼神迷惘，但还是转身走了。他并不清楚“自救”的潜台词是什么。

在县政府会议室里，又爆发了一场不大不小的争论。有人认为，一定要马上派人下去救人，要源源不断组织人下去抗灾救灾。有的认为，人员难以抽调，即使抽调到的，都是各单位来的，没有专业的救灾经验。还有的，保持沉默。

徐坤认为，风雨太大，风暴潮还在肆虐，从龙门那头冲进的海水势头凶猛，下去救人，无疑送死，这不是英雄主义表现的时候，只能等风浪减弱，才可以，我们紧急要做的是：必须动员所有县城和依山而筑尚算危害不大的乡村，组织好营救的人员，准备好营救的工具。靠现有的小舢板、河泥船是远远不够的。

俞副县长说：“我们怎么可以见死不救？我们放任不管吗？这难道是我们政府的存在价值，是我们共产党员的所作所为？”

“我们遭受天灾，可不能再造出人祸了啊！”有人支持徐坤的说法。

“这样的局面，不是怕万一，怕是一万！”有人也表达支持。

“我们共产党人，什么时候怕过，啊？”俞副县长吼道。

这一吼，大家都没话可讲，陷入沉默。

这时，华定一身泥水和血污跌跌撞撞推进门来。他疲惫不堪地扶着墙站着，汽灯照着他惨白发青的脸。大家即刻围拢过来，“怎么样怎么样？”

华定带来的消息给大家泼了冷水。

连吨重的石臼都被掀到山上去了。整个南庄洋已经变成海洋。房屋倒塌，行人趴地，水面上全都是浮尸和杂物，呼喊扑腾的一下就没声了。他是抓着路面的石块和草根爬到丹城的，沮丧的还有，他那只也许是政府部门里唯一的捷克牌照相机也被冲走了。他脖子上的深深血痕就是照相机带子被大风扯断时勒出的。

“那其他人呢？”众人急切询问，华定沉默。

“人呢？人呢？”大家等着华定开口。

华定站立不住，高大的身子晃了晃。旁边有人连忙搬了张凳子过来。

“整村整村地没了，全是死人，水里全是，这一路爬过来，没见着一个活人，”华定失神地叨念着，“没看见活人，没看见活人。”他宽阔的双肩止不住悲恸地颤抖。

“我们在讨论准备下去救人！”有人说道。

“什么救人，那是送命！去了，就别想回来！”华定咆哮道。这把俞副县长也给镇住了。

“是党员，跟我上！”武装部的一个负责人突然喊道。

有时候，越悲壮的气氛里，英勇的心跳动越强劲。在这样的号召中，有些认为还是要审时度势，有些贪生怕死，当然，这都没错，也有的，坚决请愿，要到最危险的地方去。

“现在，不可以贸然行动，但是我们可以做好救援的充分准备，等时机成熟，立刻出发！”沈鲁副书记一直沉默着，此时，尽管在他内心里确实认同徐坤的忠告，但看着如此坚定的反响，就做出貌似折中的决定。“不过，我们还是要先研究一下救援方案，就像根据第一批奔赴救援者零星的反馈，当初认为相对安全的地方恰恰灾情严重，有的认为最危险的地方，危害反而相对小一点。”

“是的，灾情虽然也有规律，但局部而言，危害却也是任性的。”徐坤说。

“台风和洪水，阻断了救灾的路，但是我们用革命的气概蹚出一条路来，哪怕是一条血路！”俞副县长挥了挥手臂。

“我不是党员，我可以参加吗？”有人问。

“当然可以，我们都是革命同志！”

“让县城和周边受灾不严重的乡村百姓，各家各户，都卸了门板，拿出大脚桶，也可以用毛竹和木头捆扎起来做成船筏，让所有河泥船、舢板全都集结起来。所有能游水的，都组成队伍。”

“不会游水的，都到水稍浅的地方做好救援接应。”

“想好了，我们这是敢死队，会游水的，愿意的，站到我这边来！不愿意的，可以留着！”武装部负责人向前迈出两步。

大多数会游水的，都朝前迈出两步，还有几位，犹豫了一下，也迈进了队伍。

全县沿海区域全都沦陷。洪水已经扑进地势最高的县城，齐腰的水开始掳掠县城的大街小巷。恐惧笼罩了浙东大地。

县委、县政府一班人迅速决策着救援方案和行进路径。

“敢死队”在宣誓和行前动员。

电话铃响起。徐坤接着电话，不住地好好好回应。

电话是舟山地委打来的，告知驻舟山海军已紧急启动，海军官兵们正在搬运救灾物资，冒着风浪急速赶来。并叮嘱象山，做好自救，注意安全。

这无疑给困陷于孤绝的象山带来了巨大的鼓舞。

大家决定，准备率先扑向受灾最严重的门前涂方向，也就是扑向由韩部长指挥着的灾区一线。面对灾难甚至死亡，各个充满了悲壮和勇气。

徐坤看着集结完毕，冲向狂风大雨的人群，止不住泪水涌溅。这是他这几日继奔赴抢收一线和奔赴抗台一线目送的第三拨前往一线的勇士们，男男女女，高矮胖瘦，今夜，你们都是勇士。

马灯在电杆上剧烈晃动，黑暗深重，队伍被狂风吹得有点凌乱，人人前倾着迈出步子，进两步退一步，他们今夜要与灾难争夺生命，他们或许能决胜疆场，也或许决死险境。

徐坤大喊着追到门口："要是救援实在凶险，一定保护好自己，要救人，也更要救你们自己啊！"

泪水和雨水，雨水和泪水，在徐坤眼里，都一样。

第二十五章

两 难 锥 心

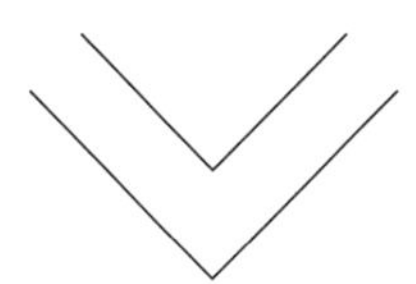

八月的天气燠热，但是台灾里的天空却无有夏夜的晴朗和切近，更像冬天的天空，清冽高远，水是深秋的凉，风是深秋的寒。浸泡在水里的幸存者各个浑身打战，冷，饿，疲累，恐惧，对生的渴望和绝望，相互交织，相互强化。

村庄消失了。假如没有那些零星响起的呼救，所有的生命也似乎消失了。

激浪和狂风，把圣楠和桂云、小鱼儿刮到了一起。桂云抓到了一只洗脚的木盆，她想把小鱼儿托进木盆，想了想，还是抓住了圣楠，经过三四次努力，圣楠爬进了木盆。可是，每次风浪袭来，圣楠的木盆总是被掀翻。桂云无奈，只得把自己的那根檩子让圣楠抓住，自己抓着木盆。两个女孩明显力不可支，每一次浪头打来，都呛得不住咳嗽，她们像两只掉落在水里的小猫，也像两条搁置于沙滩的小鱼，她们眼神迷离，奄奄一息。她们几乎耗尽了体力。

小鱼儿说，她看到水面上很多幽幽的亮光，在飞舞，在风里飘动，好像也不受风的影响，像巨大的萤火虫，但是也不像，没那么亮。

圣楠也跟桂云说，她看到很好看的天空，夜空里很多好看的亮光。

但是桂云看不到。除了疾风狂狼，除了高天流云。

桂云突然想起从前听人说，人在将死未死的时候，往往眼中会闪现一些奇谲瑰丽的画面，是仙界一样美好的景象。桂云浑身颤抖，虽然沉溺在水中，这种颤抖并不明显，但是她能强烈地感受到。

桂云大声地叫了起来："嗨嗨嗨，小鱼儿，圣楠，不要睡过去，不要睡过去。"

两个女孩下巴扣着浮木，艰难地点点头。

"圣楠，你还能记起《让我们荡起双桨》吗？能唱给我听听吗？"桂云说。她希望以此振作一下两个女孩的精神。

圣楠就断断续续，咳嗽着，气息微弱地唱起来：小船儿轻轻，飘荡在水面，迎面吹来了凉爽的风……

"我们要等，等到天亮就好了，就有人来救我们了。"桂云说。

"啥时候天会亮啊？"圣楠像在梦呓。

"快了，快了。"

"我看到有人来救我们了，那个人，那个人是阿爹，我想阿爹！"小鱼儿说看见她爸爸来救她了，但是眼睛却迷离地看向天空。桂云四处一望，哪里有人，除了黑，还是黑，除了风浪，还是风浪，天上流云浓密，变幻着各种图像。

杂物又冲击过来，桂云本能地用手抵挡，但是脸上、肩部和腰部还是被重重地撞击到了。她眼睛金光四射，脸上灼痛异常，而肩部和腰部则似乎开始肿胀。

"姆妈，你面孔里黑乎乎地，好像是血。"小鱼儿抬了抬手，想去抚摸桂云的脸，但终于没有抬起来。

桂云往脸上泼了一把水。昏沉沉地把脸慢慢转向小鱼儿，捋一捋凌乱的头发，挤出笑，"妈妈还好看吗？"

"好看，姆妈、是全天下、最、好看咯。"小鱼儿咳嗽着，像在拼尽全力说出。

桂云想通过说话让孩子们不要睡着，睡着就是昏死过去，昏死，在这个灾难时刻，就是死亡。当然，这也是她的一个准备，万一，风浪凶险，风云不测，她走了，也能给女儿最后一个笑容，她希望给女儿留下的最后一个形象，依然是美好的。

一个浪头打来，将桂云压到水下。等她扑腾着浮出水面，用力甩动头发，睁开眼睛一看，两根圆木在水面上胡乱漂浮着，碰撞着，木盆晃荡着，却不见了两个孩子的身影。桂云用尽力气喊叫起来，叫着小鱼儿和圣楠的名字，也叫着老天爷，叫着救命。可是除了涌浪之声，除了风从头上无情刮过，除了隐约从远处传来的微弱而悲凉的哭叫，就再无其他声响，桂云多希望这水面上飘荡过来一声“姆妈”或者任何孩子呛水咳嗽呼喊的声音，可是，什么都没有。

桂云失声嘶喊：“回来呀，回来呀！”她一手箍住木头，一手发疯般在水里乱拍乱抓。几分钟过后，桂云绝望了。

想着自己这些年的苦痛和煎熬，桂云脑子里闪过千万个过往的影像，悲凉瞬间从头漫延到全身。她是村方上长得最好看的，也许在整个县，她的美貌也排得上名次。有很多次，邻村邻乡的，为了一睹芳容，借故前来的不在少数。但是，桂云的美丽也给她带来了困惑和烦恼，人们都说她是狐狸精，白虎。有的还说见过她的身体，真白虎。当然，狐狸精和白虎，都是害人的，是祸害。洪水会淹死人，口水也会淹死人。桂云承受着各种异样的眼光和滔滔的口水也够久了，所以，她的内心变得坚强或麻木，但也对活着的欲望变得寡淡和无谓。

她决定就随着小鱼儿和圣楠去了。

小鱼儿，这是她活着的希望和价值，是她的笑容和依赖、是她的弱小和天真、是她的亲昵和可爱，才不断坚定着她的坚定，像一种温暖而强大的力量鼓励着她面对生活所有的不堪。她虽然表面淡然，尽量平和地面对生活，但她内心是蓬勃的，每当生活有了一点亮色，就像初春的山坡，绿色会自在地蔓延开来，花朵会努力地绽放出来。

唉，孩子们那么小，即使去往天堂仙境、去到阴曹地府，也还是要有人领着的呀。我就领着你们去吧。

桂云思忖着，或许这不算思忖，是一种情绪，一种仿若思忖情绪。有很多时候，我们的情绪会假装思想，裹挟着思想，从而代替思想。

狂风卷积着黑色的浊浪又一次袭来。像一只巨大的魔鬼嘴巴，它要吞噬这个求死的女人。

桂云等待着死亡来临。

此时，她的肚子一阵剧痛。她伸手摁了摁，突然意识到，肚子里还有一个生命。这像一道闪电，击中了她的求死心。她犹豫了。

长庚心如刀绞，他要去找圣楠，还要去找桂云和小鱼儿，但是又不舍得丢下阿月和小定母子。所以他徒劳地在这个空荡却又起伏的水面上游来划去。

儿子小定和母亲趴在浮木上，眼神呆滞地看着父亲六神无主地东张西望。

长庚知道，父子感情有点淡，因为儿子认为他外面有女人，而且总是和母亲吵架，或者被母亲吵着骂，这一定是父亲犯了大错，随着年岁增大，他和父亲之间的沟通就更少了。

“长庚，救我……”他听到有人呼救，一个女人的声音，但水声风声立即将这呼声吹刮而去，他无法确认这声音是不是在唤他，无法辨明声音来自何方，更不知声音来自多远。他还是觉得这声音很像桂云。

“桂云，桂云。”长庚禁不住叫了起来，喉咙里挤出的音节残破干枯，像被掐住脖子的鸭子，挣扎中透着慌乱，慌乱中又带着一丝惊喜。这声音在这个恐怖的夜里传开去，一定像枯叶遇上风沙，却多少给人以安慰。

他忘记自己的老婆就在同一根木头上奄奄一息地漂浮着。

夫妻间的裂痕已经在此时弥合，但这一声喊，一定会激起阿月的新仇旧恨来。长庚突然自言自语道：“随便她了，随便她了，咋办呢，咋办呢？”

阿月忽然被呛了一口，在吐出水的时候也吐出一句话：“快点，去救人家啊！”

“弗去了，弗去了。”长庚无力地应道。

“还是弗是男人！你敢偷女人，就不敢救女人？快啊，快点！”

长庚在黑黢黢的水面上看了阿月一眼，虽然看不清老婆的表情，但感觉并不像是挖苦和制止，他浑身一热，在寒意逼人的水里，一股劲道从胸中萌生出来，他又看了一眼阿月，真想抱一抱她，像当年娶进门的时候一样。这个女人性情刚烈，却也爱憎分明，瘦弱的躯体里自有一种说不出的大气。

他朝着他以为的声音方向游了过去。

桂云被几阵激浪冲刷到大樟树边上，她昏昏沉沉地睁开眼，看到樟树的叶子下，横着竖着很多人体。横的，是浮尸，而竖的，各个伸长手臂勾紧了树枝。他们像一些畸形的果子姿态各异地悬吊着，惊恐的样子，更像被驱赶的野猫野狗。有几个孩子和女人坐在巨大的摇晃的树杈上。

风浪发出空旷的响声，势头很大，一棵树，对风浪而言，显然连一棵葱都不如，它们连续不断地在水面上狂躁着，并没有让这些可怜弱小的人类喘息的意思。但巨木也有一颗无敌之心，它似乎像一个孤独的将士，即使耗尽千年功力，也要守护住这些个可怜人。

她觉得可能离大樟树还有三十米，或许也就十几米，在这黑夜的水面上，她无法判断距离，再说了，没有抓到认为可靠的树枝等物体，一切都有变数。但这总是让桂云有了些安全感。她的求生欲望开始复苏。

可是风向却在变化，哗一声，把桂云吹离了樟树方位，那些树冠下的人群发出叫声，她听不清，只觉得他们的声音越来越弱。她开始害怕起来，樟树就像孤岛，但好歹是个相对安全的地方，离开樟树，就又要面对这水的苍茫和绝望了。

也许，这些树冠下的人群里有长庚，有她的村人，但是，也只有长庚是关心她的，是她最亲密的人，是她还可以托付的人。也就在这个时候，她无所畏惧地喊出“长庚，长庚”。或许，这里有长庚，长庚会游出来救她，还有，救她腹中那个即将形成的小生命。这是长庚的，也是她活下去的最后一点点念想与力量。

阿月已经越来越虚弱，每当浪头涌来，就咬紧牙关却几乎脱手。长庚不在身边，她感到无比孤单。尽管儿子小定在旁边一根浮木上，但这是令她担心的人，却没有担心她的人。她的嗓子已经嘶哑，喊了一夜的“圣楠，圣楠”，流干眼泪的眼神也已迷离，整个脸就像即将烧完的油灯灯芯，只要微风一拂，就灭了。

不管怎么样，她心里还是有长庚的，尽管他和桂云情感上的纠葛，使她充满怒意，可是在大灾难面前，这些纠葛算得了什么？唉，桂云也是可怜人，要是从前有皇上，皇上又路过这里，早就被看中选做了妃子，唉，妃子的命，却在这里跟我一样受穷受气受累，现在，还受着活命的威胁。现在长庚不晓得救没救得着桂云，唉，要是我可怜的圣楠也在她那里，还有小鱼儿，那就好了。

小定的头歪在浮木上，也许是疲惫，也许是发困，也许是这样能使他有一点安慰，那根木柱大约两米长，估计是用在屋檐下的廊柱，是硬木，所以浮力不大，幸亏是小孩子，还能支撑。

阿月气息奄奄地说：“小定，你要抓住，抓住啊，这木头就是你咯命，抓住，你能，能，活！”

“晓得了，晓得了！”

“你要对你阿爹好一点，毕竟，他是你阿爹，你亲爹。”天色暗到只有黑，泼墨的黑。但水里有些漾动的磷光。“万一，万一我，你就是他唯一咯……哦，圣楠可能还活着，总之你要对他好一点，啊？”

“姆妈，你莫讲，莫讲了，没万一没万一。”小定要哭出来了。

老鼠，蛇，都从远处游过来，它们在水中成群结队地朝柱子游过来，像鱼一样地游过来，小定在水中沉浮，感觉它们是从天边游过来的，仓皇，快速，它们匆忙地爬上柱子，然后从沉浮的柱子上翻滚下来，如斯再三，它们又爬到小定的身上，它们像爬上一座荒岛一样爬到母子俩的身上，有的像攀岩一样蹬着耳朵鼻子抓着眉毛脸皮头发就往头顶上攀去。小定使劲地摇动身体。但他人在水中，再摇晃也无济于事，就用力地摆臂晃肩，但这好像也没大用处，水的晃动力量更大更有威慑力。他就摇晃脑袋，这有点用。那些老鼠就纷纷掉落下来，匆匆掉转头爬上柱子去了。

风浪压过来。阿月凄怆地喊叫起来：“长庚，长庚哎！”

小定睁开眼时，妈妈已经不在了。

“姆妈，姆妈，姆妈！”小定惊恐地叫起来。他用脚划拉着，希望能触碰到妈妈的身体，他用手拍打水面，好像这样可以把水打沉，帮妈妈驱赶死神。

可是，只有无边的空旷，天依旧沉默，水依旧翻滚。

那些蛇又游过来，小定腾出一只手，拼命地拍打水面，蛇们竟然并不凶狠，阴险地游开了。小定很怕蛇和老鼠，怕蛇的阴毒，怕老鼠的恶心，这么近距离地与这些动物在一起，竟然并不像以前那么害怕。小定知道，除了它们，周围也许没有了活物。

那些生物似乎也知道，人类不是最令它们害怕的，人类不是它们攻击和防备的对象，都是在这场灾难里逃生的弱者，真正要面对的是洪水和猛烈的风，这才是所有生物要面对的强敌。

每次狂风卷着巨浪涌来，长庚就屏住呼吸，背过头去，让浪水从头上泼下来、越过去。然后，浮出水面，再应对下一次的风浪。

长庚听到阿月的呼喊，心都乱了。

阿月不是娇气和胆小的女人，她这一喊，一定有事，要么是小定出事了，要么，要么，或者阿月担心他了吧。长庚想立刻回游，可是，另一头桂云的叫声也让他心里凌乱万分。但愿吧，这只是阿月担心他而已。

这片水域，就像是专门为他设置的一个艰难的考场，在两个女人中间，都没时间给他回想一些幸福的、平和的、激动的以及情感纠缠胆战心惊的好时光。只是这一刻，他的心里只有救人，救人，救人!

快速漂浮的杂物冲了过来，长庚自知难以躲避，就不得不伸手去推挡，因为他也无法潜入水中，水中或许有更多杂物。

在被撞击之前，他听到了好似桂云的声音从相反的方向传来，好像是在大樟树方向。可是，他已经来不及游动，杂物铺天盖地扑来。

桂云已经无法支撑，离樟树越来越远，最后一点挣扎的念想也渐渐消散。

“小鱼儿，我的孩子。姆妈来寻你，你等等我。天堂的路，你要找对了，我就怕你走岔了，你那么天真，你那么小，我可怜的女儿，你临走前还想着见阿爹，是我亏欠你的，我就来，就带给你引路，我们母女两个一起去天堂。”

桂云迷糊糊地想着，女儿朝着她笑，夸她是最好看的女人，还用手臂紧紧箍住她脖子，用力嗅着她头发的香味。

她看见小鱼儿和她阿爹一起在天空里飞，过去的时光多么温暖，她被丈夫紧紧搂着，他的手笨拙而慌乱地在她身上摸索，她背对着他，心里直想发笑，可是她矜持着，假装拒绝着他的猴急，他停下来，轻吻她的脖颈，刮过的胡子，依然有点胡茬，板刷一样来回搓着后背，但那是多么美好的感受。她像一只小小鸟，被一只柔软而坚固的鸟巢围护着，这是她最好的时光。当然，小鱼儿在腹中蠕动和开口叫妈妈的时候，也是多么值得怀念，可惜，这样的时光流逝得太快了。

她行走在杂花满坡的山道上，一个樵夫引领着上山、下坡，过山溪，有飞鸟啁啾，豁然开朗，是一片桃花源一样的地方，小时候听过桃花源的故事，她一直希望能遇见这样的地方，现在，她终于来了。在两棵大树之间，竟然还有一架红色的秋千，哇，坐一坐，坐一坐。

哈，山林中竟然有人认识她，在喊她的名字，是长庚？好像是，但看不清面目。

她用力摇动秋千，用力，秋千飞起来了，她也飞起来了，身上多了一对翅膀。

喊她的声音迅速远离，她自由自在地飞着，接近了流云，又穿越了流云，多么美！还看见很多长着翅膀的人在飞着，有大人小孩，有男的女的，各个都长得滋润好看，皮肤光洁，他们无声地飞翔着，姿势优雅，比那些水中游动的鱼儿还要好看。哈，竟然还有几个脸孔，似曾相识，是女孩子，伸出手来牵引她，这女孩多么可爱，小手温暖细腻，可是她想不起来女孩叫什么。另一个女孩也轻盈地飞来，朝她点头，笑容一样温暖可人，也像认识，就是，就是想不起来。

第二十六章

临危见性

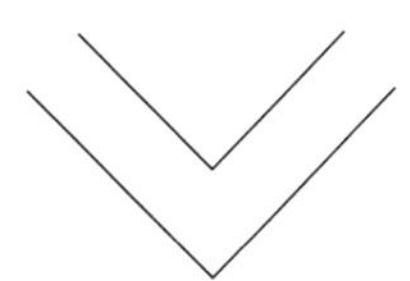

这无边无际的水面，说是泽国，无疑太雅，说是汪洋，也嫌平淡，这悲凄的水世界，一片死亡的风浪起伏，可谓巨大的水牢和水狱。

只有几棵大树在水中浮摇着。而村口那株大樟树，茂密的树冠，就像一个露出水面的巨大头颅，在风声里，前后左右地晃荡着，如一醉徒，站在原地，却无法稳住。

有几个想朝大樟树浮过去，虽然摇动不止，但毕竟像个游移的岛礁。

大风吹来，大樟树发出诡异的啸叫，就像有很多冤魂在枝枝叶叶里哭泣。

当这几个人浮近樟树时，他们被吓住了，因为每次大风一吹，浪头击打樟树时，就会看见有好几具尸体被冲出来，被风吹向远处。

王良和俞佑璋被大浪泼到一起，他们扑腾着，终于各自抱住了一根水面上漂浮的檩子。

俞佑璋疲弱不堪，眼神呆滞，尚存的眼中光亮，只是求生的火苗。每次风浪一来，他总是“咬牙切齿”，抗拒着生命烛火随时被风浪熄灭。

“佑璋伯，你可能一直记恨我那次打你吧。”王良抹了一把脸，喘着气说。

俞佑璋呆滞的眼神掠过水面，并不想说话。

王良还是佑璋伯佑璋伯地叫着。

俞佑璋用力将右胳肢窝夹住木头，再把下巴扣上去，这样也好省点力气。

“过去了，再讲，没意思。”

这些耻辱的往事，俞佑璋当然记得。

那年土改，土改工作组的人将佑璋五花大绑起来，宣布批斗会开始，叫村民们一个个上来控诉。

那天风很大，也冷，大家双手缩进袖管里，散散地站着蹲着，有的靠着树，有的填着烟袋，也没人上台去，只是在下面伸长脖子看好戏，等了一会儿，见无人上台，那个疤脸后生斜眼瞪了一下佑璋，“啪”一巴掌扇过去：“自己老实交代！”俞佑璋垂着头，缩紧脖子，清水鼻涕一股股挂面一样垂下来，又一掌扇过去，鼻血和鼻涕就合流出来，台下发出嗡嗡的声响，也不知道说什么，有人憋起小声说：“打两下就好了。”“什么？他不交代欺压百姓咯罪行，能过门吗？你们以前咯苦，统是咯些地主反革命惹出来咯。你们过得弗苦吗？他住得好吃得好，阿里来咯，还弗是靠剥削你们？其今日还装死，死猪弗怕开水烫是吧，好，就开水来烫。”疤脸后生真的吩咐人去烧开水。

“弗是还有日本鬼子国民党嘛。”有人小声地在台下杂了一句。

疤脸朝声音方向横了一眼。

俞佑璋脸如死灰，全身都颤抖起来，跪着的身子也慢慢倾斜了。场上又是一阵嗡嗡声。疤脸看着有点冷场，操起枪托就要往半歪着的佑璋身上砸。

这时，魔头鬼王良喊道：“好，我来控诉，我来！”说着就跳上台去。说是台，其实也就是几根条石垒起来的一个简易平台。他一边喊着“让你剥削，让你剥削”，一边抓住佑璋背上的衣服，用拳头捶了几下，还用脚踢了几下屁股。

疤脸问：“你要控诉他什么？”

王良愣了一下：“也没啥，就是凭啥他吃好的穿好的，吃好的穿好的，就是剥削，他剥削人，就得打，就得打，打！”

佑璋被一顿乱拳打翻在地，鼻血污溅一脸，看上去很是凄惨。

疤脸问：“还有人吗？啊？”

天气有点冷，风吹过来，都要缩起脖子。疤脸看看也差不多了，喊了几句口号，就叫身边另一个人押下去，宣布了批斗会结束。

“我还是要讲，土改那时，我也不太懂事，不过，那天我确实是想救你，佑璋伯！”

“啊？救我？”俞佑璋想，你现在也不懂事。

“对啊，你不晓得，那个有疤的人要用枪托砸你呢？咯一下子落去，骨头都要砸酥掉了。你弗是听见他们说要去拿开水烫你啊。真拿了开水，你还弗剥层皮？”

佑璋闷了声。突然，伸出左手，拍拍王良的肩背：“多谢多谢，错怪你了。”

“反正要死了，我说不说出来都一样了。”王良愣愣地看着夜空。

“弗一样，弗一样，我就是死了，我心里也暖热点。”

风声又呼呼吹刮起来，风一来，浪就来，两个人死命地抱着檩子，不时地腾出手来，抹去满脸的咸水，眼睛很痛，手臂上大腿部都有被杂物撞击的伤口，但在死亡的威胁下，身体上的疼痛几乎忽略不计了，倒是寒冷让人咬牙到晕眩。

“阿良。”

“哎，哎。”阿良从没听佑璋伯喊过他的名字，这时听来，像有一股热血从心上涌出。

“要是我撑弗住了，你要想办法活落去。阿珠，就交拨你了。”

“你要活，佑璋伯，大家统统要活落去！”

狂风又开始咆哮起来。在这失去方向胡乱吹刮的风声里，隐隐听到喊声：

“阿爹，阿爹！阿球，阿球哎！”

是阿珠！两个人几乎同时喊出。

这时在左前方约百米的水面上沉浮漂流着一个女子，喊声凄怆无力。一边喊着，一边被水呛得剧烈地咳嗽。

“我去救阿珠！”

“小心、小心，”佑璋看着王良吃力地划动手臂，在风浪里朝阿珠游去，喊着，“阿珠，阿良、来、救你！”

不过，风声太大，而且是扑面的风，声音似乎传不到阿珠那里。阿珠依然在喊着：“阿爹，阿球！阿爹，阿球哎！”

这时，水面右边又漂来一堆杂物，黑压压地随着浪头起伏。这是致命的杂物，因为你不知道这堆杂物到底是什么，而当你无力躲避，只有剩余的力气抱紧檩子时，杂物就是山上崩塌的落石，就是倾圮的残垣，假如是一堆稻草或者尚未沉底的棉被，谢天谢地，这是你的好运，但对于一个无力自保的人，什么样的冲击都是可怕的。

可是，这是一堆真正的杂物。在杂物中还卷裹着一个女人，发出尖利的“救命”声。佑璋看着一耸一耸越来越近的暗黑，绝望地侧过头去。

风浪举起了这堆黑乎乎的杂物，就像一只巨大的黑色的死神之手，手中有木料、稻草、死去的家畜，还有，死去的村民，“呼”一下，当头拍下！

阿良终于触碰到阿珠的手，阿珠抓着一只木头脚盆，脚盆的两侧有两只抓手，浮浮沉沉地保住性命。

“我阿爹呢？”

“在那边。”王良回头指了一下杂物的方向。

“你见过阿球吗？大概半个钟头前，他还跟我在一起，一阵大浪压来后，就找弗见了。喏，就是那株树的方向。”

阿良看着丹城方向，离他一百多米的地方，有一棵树梢忽隐忽现，就用力喊着“阿球、阿球”！只有风浪声。

“我去看看。”

阿良游了两米，又返身回来，紧紧靠着阿珠的身体。

“唉，莫睏着了，莫睏着，打起精神头来，要是浪头弗是很冲，前面有树啊墙啊隔挡地方，就泡水里，弗要出水，弗要离开水，水里还弗算刺骨，离开水，会发冷。要是脚抽筋了，弗要慌，咬紧牙齿忍住，摇脖子，岔开脚趾，浪头来了，憋住气，木盆一定要抓牢，你要是松开手，那就完蛋啦，宁可呛几口水，也弗要松手，懂否？”

阿珠似乎第一次听见王良这么絮叨，而这样的絮叨，阿珠听来却又是那么暖心。阿珠连说懂懂，语气像个听话的小妹妹。

“有杂物涌过来咯辰光，能避就避，避弗开，用手挡，挡弗住，宁可被撞到身体也要保护头部，头部撞到，那也完蛋啦。”

他啰啰唆唆、哆哆嗦嗦地说着，阿珠听着听着就想哭。只是风太大，吹得人心里慌慌的，浪又不规则地随着风从不同方向涌来，那种瞬间的温暖和感动就被恐惧劫掠走了。不过她的惊恐越来越少，一种女性柔韧的力量在心里滋长。

“阿珠，我，我想，想亲亲你。”王良颤抖着声音。

阿珠有点紧张，却猛地把脸贴了过去。阿良努着嘴，急切地想亲吻阿珠，阿珠也不避讳，一边用劲蹬着水，一边迎着王良。但是，两只热切的嘴怎么也吻合不上，风浪毫无规律地拍打着，他们就像两只靠不了岸的船，一次次努力，一次次失败。王良看着阿珠，尴尬又凄然地笑笑：“弗亲了，以后，辰光多嘞！”

“你去吧，我暂时死不了。那边有一群人，你去帮他们，再找找阿球！”

王良转身没入浪涛里。

天光开始在疾走的浓重云层里浮泛出来，水面上依稀能看出去半里路。在东北方向的水面上，有一堆黑乎乎的突起物，那一定是尚未倒塌的屋顶。屋顶上有晃动的影子，那一定是爬上屋顶的人。如果，时间一久，墙体被水泡松软了，就会倒塌，那么这些人……

王良不再多想，回望着阿珠。阿珠也定定地看着王良远去的影子。也许他们两个的心中都有一种永别的恐惧。

风刮着浪，浪卷着风。王良和阿珠越来越远了，王良像是游走的，更像是被浪推走的。

王良游到近旁，看到一群男女老幼，约摸二十人，只有一个年轻人在那里没头苍蝇一样浮来浮去，大多数老人小孩都爬上了倒塌了半边的屋顶，在风里哀号着，小孩在害怕地哭叫着。看到王良游近，都叫唤起来:“救命啊，救救阿拉哎！”

那是另一个村的村民，这个村曾经和王良那个村因为挖渠引水发生过械斗，两村村民虽经县里干部做工作，平息了事端，但是也并不友好。王良当时是冲在前头的人之一，所以大家也都认识。

有个年轻人看到王良，眼睛里的火闪了一下，又失望地暗淡了。

“阿国！”王良用劲喊了一声。原来这个阿国是当时两村械斗时和王良相打最凶的一个，王良背后一个大疤就是阿国用锄头送给他的。

一阵大风刮过，屋顶摇晃起来。

“快点，阿国，我同你把几根木头扎起来，做一只木排。”

“好，阿良！”阿国眼睛里的火又闪亮起来。所有的冤仇，都在这一声呼应里消散了。

两个仇家像两个战场上的战士，面对凶残的风浪，徒增了共同作战的力量。他们把散浮在水面的几根檩子顺着起伏的浪头推到一起。可是，没有绳子。王良见水面上浮着一堆稻草，就对阿国说："我把两根木头抱住，你爬上木头，把稻草甩上去，叫屋顶上的人搓草绳！"

阿国领会了意图。拆开稻草，一把一把往上递："仁财娘舅，叫大家快快搓草绳！"

趴在断墙上的老者连忙俯下身来，一边接过，一边分发给其他人。

天光越来越亮了。尽管风浪依旧阵阵扑来，但是大家一起忙碌着，就像生命有了一张强大的保护网，他们在一点点亮起来的天光里看到希望也一点点亮起来。

大家把搓好的草绳一根根连起来，尽管草绳搓得有粗有细有松有紧，但这样的烂稻草能搓出绳子来已经是拜托平时的劳动手艺了。

王良和阿国也找到了三根大小不一的檩子。谢天谢地，这些檩子因为被断墙阻挡住，没有漂流开去，就像忠诚的仆人，等待主人的召唤。

两个曾经的冤家，拼尽力气快快将木头推拢，用草绳捆扎，终于扎出了一个简易木筏。阿国游到王良身边，低声道："阿良，你要是气不过，你狠命打我，我没闲话。"

"呜哩呜哩啥呢，大娘一样，统是过去咯事，我同你，现在是兄弟家！"王良的豪气，让阿国很是感动，他用力摁了一下王良的肩膀："嗯，兄弟家！"

两人的话被风吹到屋顶上，老老少少都听得感动，纷纷喊着："阿良哎，你是阿拉咯救命恩人哎！"

王良对阿国说："好像弗对，弗牢靠啊。咯些烂草绳经弗起风浪几回冲撞，都会散掉，要是漂到半路散掉，人都会送命。我看，一定要有两根扎铸咯绳子，两头固紧。"

屋顶上还在叨念着救命恩人，水里的两位，却开始发愁了。

他俩环顾四周，除了看不清的杂物，就是呼啸的风和浑浊的浪，没有任何办法。

这时，远处隐约漂来两具浮尸。

“有了，阿国，你还有点力气吗？”

“还有点。”

“衣裳。阿拉去扒衣裳。”王良朝浮尸努努嘴。

被阿国喊仁财娘舅的老者听到他们要去扒浮尸的衣服，立马喊叫起来阻止。“水流太急，你们追不上啊，要追上了，估计也回弗来了啊，莫去啊！”

那咋办，所有男的都成了赤膊丁，只有女的有薄薄的单衣，总不能叫女的脱了衣裳吧。

“阿拉三个老太婆了，还怕丢面孔啊，阿拉脱！”屋顶上，一个阿婆苍老而坚定的声音从风中拂来。

一阵沉默。只有风浪啧哐啧哐地响着。

所有男人默默转过头。

只一会儿，三件湿漉漉的衣服飞了下来。

王良背着身子喊道：“对弗住了，阿婆！”

他和阿国用牙齿把衣服撕裂成布条，然后打成死结，将木筏捆结实了。这样，即使稻草散掉，布绳子也能抵挡一阵。

“好了，老人小孩落来几个，估计坐四五个。”

老人们说，不用不用，我们老骨头了，没了就没了，小孩子要紧，第一批都装小孩。

王良、阿国想了想，也不坚持，就一个个把小孩从屋顶扶下来，一共六个，全都趴在木筏上，因为坐着太危险，风浪一来，会被扑进水里。

王良前拉，阿国后推，两个人拼尽全力顶着风浪划水，艰难地把孩子们送往丹城。

“你们熬一熬，阿拉送完就回来！”

看着他们在水面上起起伏伏地移动，尽管很慢，屋顶上的人们还是感到了莫大安慰。纷纷喊着：“菩萨保佑啊！菩萨保佑啊！”

还有人喊了声：“毛主席保佑啊！”

如此来回几次，当救援第三批的时候，王良和阿国筋疲力尽。眼前一阵阵的黑幕席卷着，一群群的星星眼皮上跳荡。王良只能狠狠闭眼睁眼甩头、甩头睁眼闭眼，驱走眼皮上的星星和黑云，让自己看清水面。而阿国双腿抽筋已经三四回了，幸好用力扶住木筏才逃过这阵阵袭来的生死劫。

“阿良，你，还好吗？”

“还，还好，就是没力气了，有点撑弗住。”

阿国想起两村械斗时，他一锄头将阿良的后背挖出个大窟窿，血飙出来，王良却抓着木棍指着他大喊：“有本事再来，再来！”阿国当时也有点吓住了。心想，这么个不要命的硬家伙，说有点撑不住，一定是真撑不住了。

阿国说：“你爬到木筏上去，我推你走。”

王良摇摇头：“爬弗上了。”

这时狂风又大作。即将靠近的木筏又被水浪推出很远。如是三番，他们就像一只汪洋中靠泊不了码头的船，无望地漂摇着。

屋顶上的老人看到两个年轻人在远处努力挣扎，心疼地喊起来：“阿良，阿国，你们莫管阿拉了呀，你们逃生去吧。”

王良有气无力地说：“看来，这最后一拨人，靠你了。”

阿国突然发现王良背后有一阵阵的血水泛上来：“咋啦阿良！”

“被撞了，弗晓得啥东西撞了我。我看弗见东西了。”说完紧闭着双眼，脸色煞白，借着水面微光，一团团比黑色的海水更黑的水翻涌上来，那是血水，涌上来，被浪荡散了，涌上来，又被荡散了。

“你坚持啊，阿良，我跟你才做兄弟啊，你坚持，你弗好弗讲兄弟情义啊！”

阿良突然睁开眼，朝向灰蒙蒙的天空，大喊一声：“阿珠！”

一个疯狂的浪头劈面压来，木筏的一端瞬间像船头一样翘了起来。当阿国从浪头下浮现出来时，空荡荡的水面上只有空荡荡的木筏和自己空荡荡的挣扎。

“兄弟唉，阿良！”

浪头凶狠地压过来、压过来。阿国孤单苍凉的喊声像密云里的星光，瞬间被遮掩了。水面起伏，只有浪头蹦跳。

也许，这世上再也没有阿良了。

第二十七章

浪险风哀

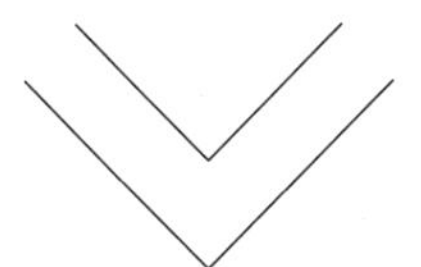

当被杂物撞击得浑身疼痛的长庚终于见到桂云时，相距还有十来米远。也许只要给他一分钟，他就可以抓住桂云的手，他就有能力保护她了。

但是桂云已经等不住了，不是她不想等，是她的命等不住了。尽管长庚并不知晓桂云的手放开浮木时，在灵魂出窍前的刹那，在生命消失前的瞬间，经历了怎样的挣扎和恐惧，更不会知晓她之后经历的每一分每一秒的无比美妙和快乐。

长庚号啕着，声音像野狼一样难听而恐怖。就像这风浪阵阵，没有规律的声音搅弄得人心惶惶。但能听到的人们，内心谁又不是一样地凄怆悲伤呢？

长庚眼睁睁看着桂云隐没在洪水中，看着这个自己爱着的女人离开自己，他拼命游去，抓住桂云曾经赖以活命的浮木，用手伸向水下，他又潜入水里，希望能找到桂云，哪怕是桂云的遗体，可是，在这大风浪的起伏中，无疑，徒劳。

他扑腾了足有半个时辰，终于绝望了。他想起阿月和小定，只得回游。

在另一片水域，程玫儿数度昏厥。饥饿，寒冷，恐惧，伤痛，夹杂着随时可以夺人性命于瞬间的风浪，程玫儿挣扎着，与死神抗争着。

风声里，断断续续听到有人在喊："有人否，有人否。阿拉救你来了！"声音很快被风吹走，又很快被风打散。

"有人否？有人否？"声音空旷，飘忽。

她在水上漂了一夜，那空茫无边的水和依稀的天光，那黑夜的星星和咆哮的风浪，她像一片秋天枝头的叶子，随时可能被下一阵风吹刮下来，结束她所有美好的日子和困窘的青春，她怎么都不愿意生命旅程就此结束，她只有二十岁，只在这个世界活了二十年，更可悲的是，没有人知道她在哪里，去了哪里，她的生命就是一阵拍来的浪头，跳跃一下，就被覆盖。她越想越无力，越想越悲凉，她用嘶哑的嗓子喊叫起来："来，救我呀，救人，救命啊。"

声音还没发出就被浪涛声劫走了，她不知道是否还在陆地，那些被水入侵的陆地，还是已经漂到了海上，她抱着那根滑溜溜的横梁，看着不知道身体哪个部位的血水被风浪一次次催出来，她想起小时候听过，说是血流尽了，人就会脑袋空白，晕厥，死去。她下意识将手伸向胸口，她想整理一下衣服，即使死，也要死得体面点。一摸，没有扣子，也没有那件她最喜欢的花衬衣，她裸体了。这让她一阵惊慌，惊慌又羞耻，她无法面对自己的裸体，虽然，她的大部分身体都浸泡在水里，而水是浑浊的，能看见的只是被风浪推来甩去的头发，右肩失血而浮肿的白，左臂渗着血水的红。她想到了自己慢慢缺血，昏厥，灵魂出窍，漂浮在水面上，看着自己的身体放弃了梁木，在一个浪头的簇拥下，卷到水面之下，然后她的孤魂被风吹得摇晃，就像她扶着母亲准备逃往县城而被风吹得摇晃一样。她这样模糊地想着，看着天上灰暗的云游走，想象着她的孤魂会飞去哪一朵云中停留。

远处，男人的喊声："还有人否？人有否？有人否？"

当长庚游回到小定身边时，只见儿子一个人趴在木头上。

见到阿爹，小定“哇”地哭出声来。

长庚知道，阿月已经离去。阿月的那根浮木也不知去向。悲伤使得父子两个都沉默着，只有水浪发出沉闷的声响。

“也许，天亮了，你姆妈，你妹妹，还有，好多人，都会回来，她们只是暂时离开阿拉，会回来咯。”长庚安慰小定，虽然他知道，这种安慰比哭还难受，比鬼话还荒诞。

“真的吗？”小定颤抖着声音问。

“有可能。”

小定心里好受了点，觉得此刻的痛苦悲伤和恐惧也因此明显减轻了。

小定看到长庚右额角上鼓起一个大包，大包边上流出黑色的液体，他想，这一定是血。

“阿爹，头上长了大包。”

“老寿星一样了是否？”

“嗯，老寿星，老寿星。”

这性命交关、乌漆墨黑的危难时刻，父子两个竟然还能苦涩地幽上一默，真是黑色幽默。

咸苦的水不断呛进鼻腔流到喉管，周围轰轰的沉闷巨响摄人魂魄，眼睛被刺痛，寒冷的水和凶猛的风依然不断地没头没脑地拍打他。这都在提醒父子俩身处险境，随时会发生不测。

浪在鼓荡，体能在下降，长庚有点支持不住了。他不断眨巴酸痛的眼睛，搜索扫描着水面，试图找到一根浮木或者木桶木盆什么的。因为每次浪头打来，两个人抱着的柱子总是往下沉，这浸泡了一夜的柱子浮力也越来越差了。每次大浪袭到，小定总是会被浊浪呛到几口。每次小定不小心滑脱双手，将沉未沉时，长庚就立时用手捉住小定的头发，拎出水面。父子总是会被冲散一阵，长庚的寿星头重新露出水面的时间间隔也总是越来越长。

“抓牢，用手箍住！小定。”小定嗯嗯着，用瘦小的臂膀环住柱子。

长庚说话像哭也像吼，声音越来越嘶哑虚弱。额上大包的血依然在汩汩地流出来滋出来，长庚用手抹一把，又抹一把，却止不住血水越过眼睫越过嘴角，长庚索性闭起了眼睛。

浪还在不断涌来，一大一小地涌来，一紧一缓地涌来。

长庚抓着小定的手臂，仰起头看着墨黑的天空，“要是我没了，你要好好待你姆妈，要是……”长庚本来想说，要是你姆妈也没了，圣楠也没了，你就是孤儿了，你要一个人面对将来的日子。他的喉头哽住了，他说不出口。

“弗听弗听，弗会咯，阿爹弗会，”小定看着长庚一脸血污，哭了起来，急切打断，“你们都讲咯种话，都乱讲！”

长庚知道，阿月临走前，也一定这样叮嘱过小定，要善待阿爹。只觉得一阵彻骨的寒冷，他知道流血太多了，身体里已经没有一点能量。他撑不下去了。

大浪涌来，“哗啦”一声，掀起的水劈头盖脸，一下扯散了长庚抓着小定的手，世界没有空气，只有咸苦的水，只有远处奔雷一样的声音，只有风浪粗声粗气地席卷着世界。

“阿爹，阿爹唉，阿爹！”小小的声音，空荡荡，没有回音，喊一声，就被风浪吞走一声。小定朝着东南西北，不知道呼喊了多久：“阿爹，阿爹唉！你讲句话呀！”

这个世界就剩下小定一个人了。

他忍受不住的恐惧和寒冷，在巨大的悲伤面前，只是小弹珠碰见大钢球。悲伤把这世界都赶走了。只有柱子在一沉一浮，一隐一现，只有水是主宰，像千军万马，像恶魔的狂舞，践踏，摧折，咆哮。

小定喊累了，迷迷糊糊地把下巴扣在柱子上，看到阿爹走来，狠狠地瞪着眼睛，而他调皮地撒腿就跑，因为他把邻居家的瓦罐打碎了，因为他总是跑到河边去摸螺蛳，因为他作业没完成就去隔壁和阿祥玩耍，因为他总是惹姆妈生气。当然，他对阿爹也有怨气，他受不了阿爹总是瞪着眼骂他贱骨头，骂他“欠打咯货色”，甚至打他屁股。他也受不了邻居窃窃黜黜地议论他阿爹和桂云阿姨的关系。

但这一切，跟阿爹能活着相比，算得什么？甚至，这些，都是多么美好的记忆啊。假如阿爹能活着，他每天被阿爹打十下屁股、不、一百下都愿意。

小定唯一的信心和期盼是：父亲能奇迹生还。

除了风声，就是这怪异的寂静，这是死的呼吸，是灭顶的灾难的声音。长庚再没出现在水面上。这个漆黑的夜，这个漫长而凶险的夜。

玫儿看到水面上飘忽不定却轻盈自在的小点点，或者说是舞动的小小球体，闪着比萤火虫要大的光晕，光晕时而强时而弱，淡绿色的，像春风中飞舞的蒲公英，夜的苍穹俯瞰着这一切，景象奇妙。她还感到了温柔的拥抱，来自四面八方，像温柔的和风体贴全身，像脱离一切重量与纷乱的拥抱，舒服、忘我，水声漫漶。时间越过黑夜黑色黏稠的封锁，跨栏似的奔跑着。

此时，有神仙飘摇降临。嗯，可能是我在飞升，那云团轻盈多姿。我要跟神祇对话，我要告诉他，告诉他人类和他们一样快乐，一样有着……有着什么？我没想好。

又飘来“有人否，有人否”的喊声。

她的孤魂被这一声声苍凉的声音一惊，跌落云层。一阵浪袭来，灌进了她刚刚张开的嘴巴，又苦又涩的水呛得她咳嗽连连，她无法回应，只能用咳嗽声当作救命的信号，她努力地咳，胸口被水压迫着，她咳得艰难，像严重走调的唱腔，随着，她看到这个男人越来越大的影子，他背负着灰暗的天空，手持竹竿，撑着一条小舢板。这个剪影，是她至此见过的最美好的构图。它黑压压地从水面上漂来，她几乎都看见船的底部，看见竹竿划出的漩涡，看见黑乎乎的船身因为水浪拍击竟然发出银光闪闪，就像看见昏厥时那个神仙穿着巨大的袍子来到身边。她想喊一声“救命啊”，可是又被一阵呛水的咳嗽给替代了。

她被一只手用力拽着，她用尽力气伸出另一只手抓住船舷，那船舷又滑又薄，几次都退回到她趴着的梁木上。突然，她意识到了什么，她不再伸手去抓船舷，她都不敢看一眼那个营救她的男人。

“你好转个背吗？我自己爬上来。”她几乎用吼的力气，但他听到的一定是蚊子叫声一样的细弱。

风浪并不停止它们的推摇，船身晃动了几下，又被浪头轰开去了。

男人不断地调整小船的方向，慢慢地又靠了过去。但是玫儿依旧抱着那根一头沉下一头露出的木头，万一有个激浪，对这样气息奄奄的落水者，都是致命的。

空气似乎被僵住了。

男人只能背过身去，任由玫儿一个人在船舷上滑上滑下，小船摇摇晃晃，男人努力用竹竿平衡着船身。

男人听着玫儿喘着大气，显然有点怒意，吼叫起来：“你是弗是光赤条条啦？你个封建女人，你命重要还是面孔重要？”

啊！我是新时代的女性，我怎么会成了封建女人呢？我竟然是封建女人。玫儿眼前闪过那些缠着小脚穿着袖大襟衣裳笑声窃窃的旧时女子。

“快上来，快上来，先捞命，再捞面孔！”

玫儿用尽力气地喊着“我封建我封建”，用力一扑，双手抠住了船肚里的横杠，而两只乳房也正好卡紧船舷。男人一手持竿，一手攥住玫儿的左臂，像攥住一条滑溜溜的大鱼一样。经过这么一挣扎，一用力，玫儿被杂物撞伤的左臂，有血水汹涌射出，她几乎又晕去。

男人只得横放了竹竿，在一阵浪波摇动的助力下，伸出粗粝的右手，连拖带抱地一把将她拽上舢板。玫儿赤裸全身，仰天瘫在小船上，也顾不得羞怯，顾不得船身剧烈地摇晃，顾不得那男人慌忙操起竹竿，在水面上用劲拍打，迅速平衡着开始倾斜和转圈的船身。

她晕乎乎中只感受到灵魂归位般的慰藉，天上乱云密布，波浪拍击船舷，竟然有一种劫后重生的难得宁静。

但她还是被自己大鱼一样白丽丽的裸体提醒到了。

她用力缩起双腿，她想坐起来，这样可以减少赤裸的难堪，但对于耗尽体力的玫儿来说，这也是艰难的选择。

男人稳定了船身，见着玫儿的裸体，却也并不避讳。他这一路营救过来，已经见过各色各样的怪状，见过那么多的尸体和活体，那么多奇形怪状的死相和活态。但他还是迅速地脱下了他身上那件海水与汗水浸透了的米白色的土布短褂。

“你套上吧，将就将就！”

玫儿感激地套上这件“遮羞布”，像犯了重罪的罪犯遇见了大赦。

只是那样的感受很快被风浪声和那男人的喊叫淹没了：“有人否？还有人活着否？”

这是八月二号凌晨向早晨过渡的时分，洪水依旧，台风劲刮。东方天空渐次灰白。

电报连续不断地发往省委地委。

象山是三面环山一面向海的偏远之地，海路，因为风浪，不行，陆路，因为尚未通车，也不行，而依靠步行，势必耗时良久，救助相当困难。

县委、县政府留守的部分干部，全都一夜未眠。

徐坤守在办公室。一听到外面有声响，就提着马灯，出来迎接。对他和班子里所有守候者而言，每个回来的人，都是喜讯，都是英雄，都是一次无比惊险的凯旋。

有三个人跌跌撞撞回来了，见到徐坤，抱头痛哭。他们是双抢干部，其中两个参加了抢筑塘坝的任务。

徐坤立刻将他们引到办公室。着人取来干净衣服，让他们换上。等他们换好衣服，几杯热茶已经泡好。他们颤抖着一口气喝完，才瘫坐在椅子上。他们争着话头描述起这一夜遭遇的灾难情状，这一夜见到的凄惨场景。

他们诉说着如何被水冲到海滩上，幸亏礁石卡住了他们两个，还有一个不幸被冲走，诉说眼睁睁看着同事被水冲走、都没来得及呼喊就淹没在滔滔白浪中的悲伤，诉说在大自然面前人类真的很渺小很无力。

他们诉说在爬回丹城的途中，三个人如何相遇，还合力救起了一个十一二岁的孩子，那个已经成了孤儿的孩子向他们哭诉他的父亲临死前如何悲壮深情，说是父亲再三要他保证，如果能活，一定好好做个有用的人。

他们还救了一屋子躲避的人，有十几个，他们成了这些人的神，他们从这个屋顶爬到另一户未倒塌的屋顶，把梁和椽子拆下来，做成船筏。用浮在水面的草垛上的草编织成草绳，系在船筏上，然后，慢慢拉着往丹城方向走。不这样，台风一起，可就最后的残垣都没有了，十不剩一了。他们两个边游着边拉动着筏子，经过一夜搏斗，又饿又疲乏，力气却犹如神助，一想起这是救人的壮举，浑身又充满力量。

但是他们更多的是悲伤，因为一路上，见到太多的尸体，就像末日里独剩他们三个。所以，能救活几个，这世界就多几个活人，尽管他们知道，这片灾难之地以外，活着的毕竟会是绝大多数。

“难道，我们下去救援的干部，你们一个都没见着……”徐坤还是震惊地问。

“没有，一个都没有。”

“看来，我们要赶紧准备牺牲勇士的名册了。”徐坤自言自语着，扯住袖口揾住了眼睛。

第二十八章

悲情营救

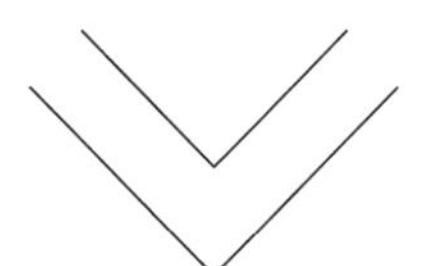

晨光熹微。

熬过了一个凶险罹难之夜。狂风渐渐消减了它的怒意。只有占据着大地的洪水依然僵持着，就像一个凶恶的魔兽，在餍足地舔着舌头，回味着它饕餮的畅快。

县委县政府。所有人通宵未眠。

沈鲁副书记和县领导们站在电话机旁。人们在内心焦虑和思路无序时，总要有什么能像定海神针一样，给予人一些希望的安慰。而电话机就像一种核心，这种核心是物态的，人们希望这小小的黑色的物体，能够慰抚苦难的时光。

几位趴在桌子上打发困意的同志抬起头来，布满血丝的眼睛神色悲伤。

“现在最重要的，一是继续动用一切力量救人，二是给大量受伤群众治病，三是解决那么多人的食物，由于粮仓被毁，几万人甚至更多人的饥饿成了不能忽视的大问题。”沈鲁副书记颤抖着手，点燃了一根烟。

“四是临时住宿的问题，那么多人衣不蔽体，老老少少男男女女杂处一地，哀号声此起彼伏，需要大量的临时住处。”俞副县长补充道。

“还有，遗体的安葬，白天阳光曝晒，尸体连日在水里浸泡后开始腐烂发臭，如果不立刻妥善处置，会引发大面积的次生灾害，严重的，甚至会引发瘟疫等恐怖的灾情。”徐坤说。

“我们这个相对封闭的半岛，救灾的人进不来，更出不去，在外援力量没到来之前，大量的工作只能靠自救，也必须要自救。”

其他的，诸如心理干预什么的，那时候根本提不上日程来，也没有这个意识，所有心理的问题，就像伤痛，唯有自我舔舐。

“现在，各位，各系统协调行动，有系统负责人牺牲的，副职代理，副职也牺牲或者生死不明的，中层干部代理，只要统筹得当，大家不必拘泥于职位高低，有重要问题的，直接向我们几位通报。”沈鲁副书记指了指俞副县长、徐坤主任等几位。

“下面，我们来研究一下这几条的步骤和任务分解，”徐坤给每个人分发了一张会议用纸和一支铅笔，“先来划分一下救援的等级和乡村，重点保证有足够的人力和救灾用具给几个重灾区，其次是人员伤亡较重的乡村，那些人员伤亡较轻、房屋倒塌、土地毁坏、财物损失的，以各地自救为主。”

舟山，地委。

一边进行着抗台救灾工作，一边开始布置救援象山等灾区的任务。

杭州，省委，正经历着台风的肆虐，一边也着手对象山宁海受灾地区的救援安排。

中央，听取了浙江省关于遭受台风灾害重创的汇报，也迅速指示各周边省份做好支持救援的准备，尤其是医疗和食物上的支持，要确保大灾过后无大疫，确保幸存者的医治问题和食物供给。

而那些早就整装待发的救援人员，只待一声令下。

机要室小钱跑着进门，要求徐坤接听地委打来的电话。

徐坤接完电话，跟大家说道："地委领导来电，今早地委主持工作的专署王副专员和驻防舟山的中国人民解放军某军张军长，还有海军舟山基地的马司令，召开了舟山地委的军政委员会非常会议。决定派出一艘千吨级的扫雷舰，由马司令亲自指挥，并送王专员和他率领的地委工作组亲临象山。船上还带来了部分食物和医药用品等。"

这消息无疑给了灾难深重孤绝之地的象山干部群众，一个极大的心理支撑。

小钱又跑来催促徐坤，说是有个省委的电话。徐坤征求地望着沈鲁副书记。沈鲁点点头，"我去接吧！"

省委的电话里通报了顾副省长将乘飞机到象山上空视察灾情。省级机关、各大专院校的食堂，还有杭州副食品商店等紧急赶制了面包、饼干和炒米，准备随顾副省长的飞机前来，让大家做好投放点和投放准备。

"好，我们赶紧准备白布，不管什么布，只要是白色的都好，把它们缝起来，标准是十五米长两米宽，找几个空旷点的平地，把白布的几个角固定起来，白布的边上点上火把，中午后，我们准备迎接空投。"徐坤的眼里终于闪烁出难得的光亮。

大家纷纷议论着，群情振奋起来。

当大队救援人马赶到已成汪洋的南庄重灾区时，看到水面上漂浮着不少船筏。一打听，原来都是邻近乡村自愿组织全速赶来的救援队。其中一个叫严福的年轻人，大家都叫他严书记，他是爵溪渔业社的团支部书记，他说，本来想动员二三十个参加救援，想不到，我们青年突击队的全体队员都抢着要求参加，大家大多渔民出身，都识水性，救灾就是号令，所以我们全都来啦。还有花纱布公司的团员青年们也来了，驻地部队的解放军战士们也来了，很多单位的志愿者都自发来到这里参加救援。

严福提醒说，大家要首先前往那些尚未倒塌的房子，屋顶还露在水面的房子，大多有幸存的人，我们已经装了好几船人了。

于是大家分头前往那些隐露水面的房子，准确地说，是房顶。

搜救队的队员，一边朝水面呼喊，一边辨析着水面各种迹象。

发现了一个女子趴在漂浮的门板上。“快靠过去！”搜救队的老郑是船老大出身，对水上救援颇有经验。大凡渔民，都须懂一些海上施救的常识，而老郑则更是练出了一身救援本领。船靠近后，众人很是失望，因为这女子似已没了呼吸。

其中一个搜救队员认识这个女的，说是玉香，东明的老婆。

老郑一搭脉搏，尚有微弱脉息，再往她肚子上一摁，鼓胀着。

“来，把她抬到船上。”大家合力把玉香拖曳到船上。看着玉香铁青的脸，紧闭的眼，都觉得没有再施救的必要。

老郑蹲下身子，用手紧紧抓住船的横梁，“你们把她倒提起来，肚皮朝天，来，拖我背上，晃摇她！”

河泥船并不大，所以当玉香的身体架在老郑的背上晃摇时，船也剧烈地摇晃起来。

其他人并不知晓老郑这么做的道理，但是他们相信老郑，这一定有道理。

“哇”的一声，腥而浊的腹中之水从玉香的口中喷射出来，“呃呃”两声后，又吐出一大摊。老郑这才吩咐两位队员把玉香从背上抬下。

老郑回身一看玉香，脸色依旧铁青，眼睛还闭着，一搭脉搏，明显比刚才强劲了。“有戏。她需要做人工呼吸，船太小，不过，我们回县城要一个钟头。”

老郑正犹豫时，玉香猛地咳嗽起来，咳完，长长地叹出一口气来。她迷离地睁开眼，看见三个男人围在身边，连声说着“谢天谢地谢天谢地”，知道自己这条命是他们救的。她艰难地想撑起身子。

老郑赶忙伸手摁住玉香的肩膀，“躺好，莫动，轻轻呼气。”

“救命恩人！”玉香握住老郑的手，“我命真大，真大，我碰到两次救命恩人了。”

“两次？你，你死过一次了？”老郑好奇地问，但又觉得失口，“哦，不是死，是昏过去。你休息，莫多讲话了。”

两位搜救队员问老郑：“她身体这么虚，要不要送县城医院？”

看着玉香躺在坚硬的河泥船上，身下满是漾进来的浊水和她呕吐出来的污物，老郑竟然心生疼惜。老郑点点头。

玉香却咳着说：“不要不要，你们救人要紧，我体质弗差，很快会恢复。”

确实，来回县城可能会耗去半天时间，而汪洋中有太多人要救援，老郑感激着玉香不顾身体虚弱而如此坚强如此识大体。“好！你们把带来的凉开水给玉香漱口。”

船就朝远处一个屋顶摇了过去。

她被送到了县城灾民聚集处，她是救援人员，如今却成了被救援者。她狼狈地披着男人的土布褂子，瑟缩在临时搭起的帐篷角落，一时不知应去哪里。

她只是想哭，想大哭一场。

安置受灾群众的人员道：“阿妹，坚强点，人死不能复生哦。是亲人没了吗？”

玫儿摇摇头，又点点头。

她伤心的不是自己的遭遇，是这场巨大的灾难她所经历的一切，是那么多认识的和不认识的人的遇难，更有两个令她悲伤到窒息的男人，无论他们之间的喜爱有多深多浅，无论是她爱的还是爱她的，这两个男人，此刻，不是亲人，胜似亲人。

她想起海峰。海峰一路救人，精疲力竭时，幸运地抓到一块漂在水面的木板。但看见她在水中扑腾，就奋力游来，并把木板让给了她。还没喘过几口气，听到远处有人喊救命，就又游去救人了。风浪凶险，她眼睁睁看着海峰在水面上挣扎，沉入水中，再没有浮出水面。她锤击着水面，号啕大哭，她恨自己无能，看着海峰死在自己面前，她清楚，尽管他昨天刚结婚，却无法止歇她对他的敬重和喜爱。

她又想起何可。就游泳水准而言，何可只能算初级，在这样的大风浪里，他能自保已算运气。她看见何可在浪头拍击下沉沉浮浮地游向一棵横斜出来的树丫。也许他抓住了树丫，只要树木不倒，何可基本上就安全了。可他看见玫儿，看见她孤独地失神地随着浪头起伏，漂移。他转身游了过来，五十米，三十米，二十米，玫儿也发现了何可，尽管内心哀伤，但看到何可，还是大有安慰，甚至像在地狱的入口遇见拯救的神明。只是，对于此刻的何可，这已不是二十米，这是一个海峡，是生与死的距离。他游不动了，他抽搐起来，两条腿剧烈地抽筋，像水下有无数只手扯住了他，撕裂他的肌肉。晃荡的水面，像蒸腾的沸水，玫儿沉了下去，等抱着木头浮上来的时候，何可，却不见了。

她觉得自己是他们的死神，是她害死了他们，她多么希望再泼过一个大浪，将她闷死，也许，她应当去陪伴他们。她觉得她活着，又奢侈，又可耻。

海峰，何可，你们是我的朋友，从此，你们是我的亲人。

玉香奄奄一息地躺在船上，天空在晃摇，天空里有一张脸也在晃摇。据说，猫有九条命，那么，她这已经是第三条命了。这第二条命，应当是佑璋伯给的。

当她呛了几大口水眼睛里一片白光的时候，她意识到这是她在人间最后的时刻。她本能地扑棱着，洪水准备了很多的漩涡，每一个漩涡都是一个生命的陷阱，她旋转着，正往这黑暗的陷阱掉去。

一只手抓住了她，抓住她的头发，她浮出水面。她睁开眼，看到佑璋伯趴在一块窄而长的门板上，吃力地拎着自己，像抓着萝卜缨子。她伸手摸到了门板边沿，门板倾斜了，佑璋伯从板上掉入水中。幸好佑璋伯还识水性，抓住了门板。

佑璋伯说，玉香，抓住门环。玉香看到门板上有个铁环，抓住，就不再滑脱了。他们一人一边地扶着门板，也达成了一个暂且的平衡，算是相对安全了。

“多谢佑璋伯，多谢救我命。”玉香感激道。

“唉，我一条老命，活着也多余啰。阿珠阿球生死弗明，要是两小孩没了，我再活有啥意义。”俞佑璋喘着气说道。

“菩萨保佑，菩萨保佑，阿珠阿球一定命大。”玉香看到俞佑璋灰暗的眼神。

“反正我也快死咯人了，玉香，我就是想问问，你为啥对阿拉屋里咯人嘎好。”

玉香喘了几大口气，断断续续地说出了原委。

原来玉香的母亲曾是俞佑璋家的帮嫂，家境贫寒，经人介绍从邻乡来到俞家。俞家太太是个善心之人，对下人颇为仁慈。玉香姆妈因为家中实在无锅可揭，玉香和弟弟饿到去割番薯藤吃，而玉香和她死去的弟弟又正是长身体的时候，就只好动了小脑筋，在东家俞家的米甏里偷了一小袋米。此事正好被俞太太撞见，但她装作不晓得，并且跟其母说，玉香托人传话，家里来了客人，让她回去一趟。并告知玉香姆妈，要出门去县城。其母一看女主人出门去了，就急匆匆揣着米回到家，一看，哪里有客人！玉香姆妈突然醒悟了，那是女主人给她面子，好让她安安心心把米拿回家去。这事，也告诉了玉香，由此，母女两个都感恩于心。

佑璋一切都明白了，原来她总是偷偷接济我俞家，总是叫东明善待我，总是叫阿琭去画画，画得不管咋样，总是有米啊点心啊当酬劳，是有这个因缘在。

俞佑璋朝向天空大叫一声："老太婆啊，你积德啊！我就要跟你来了啊！"

一时泪眼婆娑。

"玉香哎，要是我屋里两个小孩有幸活一个下来，你帮我多关照哦。拜托拜托。"

玉香很伤心，但不晓得佑璋伯为啥要这么讲，这么对天吼。

一块小门板，毕竟浮力不够，水浪一来，就连板带人往下沉，水浪一阵接着一阵，两人都快支撑不住了。

"托你了，玉香，托你了哦！"俞佑璋神色阴郁，却并不悲伤和恐惧，手一松，就沉入水中，再一个浪头补过，这个几十代香火传承的俞家后人，就再没浮起。

玉香伤心地看着水面卷出漩涡，又迅速被水覆平。唉，想不到，人与人之间的关系真怪异，救命恩人竟然是佑璋伯。

老郑和搜救队员几乎同时发现，在百米开外处，有个人站着，大水已快淹没他，水在他齐胸处漾动，他的手上托举着什么。

他们赶紧操起桨橹。

老郑边划着水，边传授自己的经验，比如有人溺水，关键在争取时间，现场救援如果没发挥作用，没走心肺复苏程序，往往错失良机。将人救上后，要立刻清除溺水者的口腔、鼻咽腔的呕吐物和泥沙等杂物，保持呼吸通畅；还有，将溺水者舌头拉出，这样可以防止后翻堵塞呼吸道。恢复溺水者呼吸是急救成败的关键。

“那你刚才救玉香时的那一招，是啥意思呢？”河南籍的队员疑惑这个问题，一直憋着没说。

“垫高溺水人的腹部，这样呢，胸部啊头部啊就垂下了。你也可以抱牢溺水人的双腿，像刚才我这样方法，腹部放我肩胛头，要不断走动，跳动也可以，把溺水的肚里水倒出来。要是人已经深度昏迷，一定要进行人工呼吸，创造一切条件人工呼吸，不管是采取口对口或口对鼻的方式，当然，有条件的话，最好一边急救，一边迅速送往医院救治啰。”

老郑想来也是进过扫盲班的，普通话说得还蛮顺溜，至少玉香听起来，普通话已经说得不普通了。

玉香敬佩地看着站在船头的老郑。

“你家东明呢？”老郑问。

“东明已经没了。这个死东西，他扔下我！”玉香涌出泪来。

“这大灾大难，活落来就算是幸运啰！我敬东明是条好汉！”说着，老郑也流下泪来。

“你咋也伤心呢？”玉香看着高大的老郑，不解道。

“老郑老婆小孩也都去了。”搜救队员解释道。

“我救不了他们，我是窝囊废。我救不了。全家都没了。与其佝了屋里伤心，还弗如积点德，所以我就出来救人。”

一时都无言语。

“要是弗嫌鄙，我认个阿哥，你认个小妹。”玉香挣扎着坐起来。

老郑又伤心又激动地连声应道：“好咯好咯好咯，玉香，谢谢菩萨，我救人救来个阿妹。谢谢菩萨！”老郑说完，用力地朝天拱拱手。

当船靠近那个人的时候，赫然看见这个人手上举着的是一个幼儿。

“是魏老师！”玉香侧身抓住船舷，朝那个雕塑一样立在水中的男人望去。

魏老师愣怔着眼睛，紧咬着牙齿，嘴唇已经变得紫黑。脚下大概是高起的土堆或者倒塌的墙垣，大半个身子没入水里，而幼儿似乎是睡着了，软塌塌地横在魏老师手上。

搜救者从魏老师手中接过幼儿，招呼魏老师赶紧上船。但是他依然保持着托举的样子。玉香喊声嘶哑：“魏老师，上船吧！魏老师。”

风从水面刮过。魏老师依旧这样站立着。

老郑扶了一把魏老师的手臂。魏老师像是睡着了，斜斜地倒在了水里。

老郑和队员们一起，合力把魏老师托上船，僵硬的身体一下子软了。眼睛仍然愣怔着。老郑搭了搭脉息，重重叹了口气，失神地说：“他已经去了。这个人的意志力非比常人。”

“他是老师，我们认得咯人里，他最有文化了。”玉香用力地抹着眼泪，却是止不住。

救援的船只在不断增多，大家互相呼应着，在朝各个方向呼喊着。

水面茫茫，浑浊的浪翻来覆去，就像恶魔在满足地打着饱嗝。

风过时，夹杂强烈的腥气。

第二十九章

灵魂不死

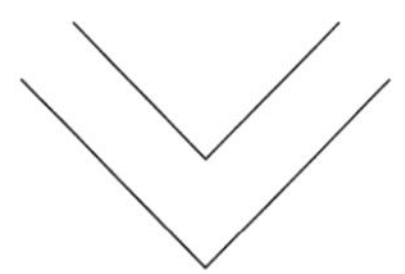

狂风与洪水虽然减弱了它们攻城略地的凶悍态势，留下的却是一片狼藉。县城通往林海南庄重灾区的南门头，被杂物、尸体等堵住了出口。它们漂浮在县城与“泽国”之间，像一条可怕的隔离带。

必须把这条隔离带清理出一个口子来。

村民和干部着手清道。洪水围城，杂物和尸体就像哀兵败退，依然从四面拥堵过来。逃生的灾民慌乱地在杂物和尸体之间呼喊，打听，寻找亲友下落，找到遗体的灾民，伏尸恸哭，见闻者无不心起同悲。

只能一边清理，一边出征。

县政府组织的救援队和各乡村民间自发组织的民间救援队源源不断冲向洪水盘踞的灾区，舢板、河泥船、自制的木筏等也源源不断地驶向林海等方向，受灾群众被源源不断救起，被源源不断送到县城。

积水的道路，泥泞的道路，狭窄的道路，挤满了成千上万的灾民和伤员，他们被成批成批送往以县城为中心的各个安置点。很多路段漾着高过腰线的积水。救援队的队员只得合力将较危重的伤病者举过肩膀。

玫儿所在的县城小学安置点，一片忙乱。哀号，悲泣，呼喊，此起彼伏。人们疲惫不堪，也饥饿不堪，大劫大难刚过的悲伤与恐惧，在这个城镇四处弥散。而在这之外的浙东大地以及更广阔的区域，劫难并没放过他们，可以说，除了大山巍然，余皆毁伤。

很多孩子无法经受这么大的灾难和恐惧，更无法经受眼睁睁失去亲人的悲痛，往往被惊吓出病来。

一个男孩傻傻地坐在地上，一个老人蹲着，扶着孩子的肩膀。前面放着一只蓝边碗，碗上覆着一层黄黄的媚头纸，一位妇人一边用手指蘸着脚边桶里的水，一边轻轻地把水滴弹到纸上，似哭非哭地唱念道："阿喏哈，你莫怪阿拉小人哦，逢灾逢难，啪叽惊消，阿新，阿新，你转转来啊，转转来啊！"她一遍又一遍地叫唤着念叨着，一声高一声低，远远听来，悲戚无比。

这是乡土风俗，用这样的方式治愈孩子受惊后的呆傻。这种叫魂法，在象山叫"呕活灵"。

玫儿惊魂未定地看着来来往往的人群，觉得应当立刻恢复救援者的身份，她不能再受控于惊惧和悲伤，这是逃避，是藏躲。经历过生死，玫儿似乎坚强了许多。

她走向一位塌坐在地披着花衣服的男子，"阿哥，我想和你换件衣服。"

男子看见玫儿穿着一件渔民才穿的土布褂子，明白了。脱下也是从水里捞来的花衣服，递给玫儿。接过花衣服，玫儿却犹豫起来，因为她无处换衣。

几个妇女说："大妹，阿拉给你做人墙。"

玫儿感激地朝她们摇摇头，这几个显然都是伤员。她果断走向帐篷角落，背向人群，脱下褂子。

当她将褂子递给那男子时，严福的青年突击队吆喝着，哼着节奏，抬进来七八个伤病者。今天，突击队已经救上了一百多号人。老郑这一组也已救起了近三十位。

因为大部分粮仓都已被毁，只有少量几座粮库受损较轻。县政府开仓放粮。然而这些粮食最多只能维持这么多人一天的食用。而救援的到来，因为山海路阻，无法预计。

于是决定，先熬粥，大家定量供给，无论如何要保证三天的供应。

这对一整天粒米未进的受灾群众，一碗米粥根本无济于事。而那些救援人员，必须保证他们的用量，否则，效率降低。灾民们迟一分钟得救，就有更多的生命危险。

“老天爷啊，你睁眼看看啊，你弗生眼珠啊。”一中年女子脸色萎黄披头散发坐在地上，一左一右两个男孩搀扶着她。女子一边哭一边用手拍击地面，身子歪歪斜斜摇摆着，闭着眼，眼泪已干，哭声也嘶哑破碎。

玫儿一路走来，所见人群，情状不一，但无不伤痛欲绝。

她要赶到救灾指挥中心去。

这时，天空里响起沉重的轰响，人们都在叫：“老天爷睁眼啦，老天爷睁眼啦！”

一架草绿色的直升机由远及近，轰响着越来越近，在天空中盘旋。

灾民们第一次看见飞得这么低而显得特别大的飞机，都看得清机身上的五角星。

“这是毛主席派来救我们的！”有人说。

“对对对，一定是毛主席派来的。”

飞机来回盘旋着，慢慢飞到县城东边的东塘山去了，因为那里已经布置了救灾物资的投放点。

一霎时，“毛主席救我们来啦！”的呼喊声此起彼伏。

这片几乎被悲伤和恐惧击垮的大地扬起了一片希望和激动的生气。

同时，一艘军舰正从舟山港出发，装载着一船的救援军人和救援物资，冒着巨大的风浪疾驰而来。

进入航道的千吨级扫雷舰，在风浪翻滚的大海上，不过一片叶子。

海浪冲上甲板，扑打着驾驶台。

舰长“左五度右五度”地命令着，并对一同坐在驾驶台的王副专员说：“今天海上风力还在十一级以上，特强台风影响下，海浪会更加凶猛。请首长小心。”

王副专员也许从未经历过这样的阵仗，肚子里翻江倒海，眼睛里白光乱闪，他扶着驾驶台，尽力保持镇静，“谢谢舰长，救灾如救火，风浪再大，没有受灾群众的生命大，前进，绝不后退！”

舰长提高音量，命令全舰官兵：“各就各位，我们正在穿过最凶险的航道，注意安全，加大马力，快速前进！”

死里逃生的老董，匆匆赶到救灾指挥中心，见徐坤主任正站在一堆人前忙着分派任务，就提出要求参加防疫和打捞，“什么艰苦就去干什么，哪里危险就去哪里。”

徐主任略一思忖，说：“老董，有个任务交给你，受灾群众不仅仅缺衣少食，无处可居，有的病痛，要靠医生和药物，但是有的病痛却没法靠医生和药物，那是悲伤心痛，是惊魂未定的恐惧和惨痛记忆，我们很多乡村都有全家遇难、遭灾灭户的，不过更多是失去父母兄弟姐妹失去孩子配偶的，尤其是他们眼睁睁看着亲人被灾难夺走性命，那种噩梦一样的景象和记忆，是很致命的。”

老董说：“那，我好像帮不上忙哦。”

“你能。”

老董狐疑地看着徐主任。

“你明天，不，今天就去筹备，聚集起一批有文艺才干的，编几只歌舞或者快板，去受灾群众聚集地演出。”

老董说：“这个没问题，就是怕他们听了会不会……”

“我晓得你的意思，你编的歌舞快板，内容如果欢天喜地，肯定不合适，悲悲切切，也不好，要能鼓舞人心的，要有力量的，要引导人们面对困难不屈不挠向前看的。”

老董点头称是，但依然有点迟疑。

“我们没有人力做到一对一的心理疏导，只能采取这种形式。你们这么一宣传，就相当于给了大家一种安慰，至少，这比大家一直沉浸在悲伤和恐惧中要好吧。”

徐主任的话一下子点亮了老董迷蒙的心，老董动情地握住徐主任的手，连说：“好好好，这个，我去完成。”

老董前脚走出，玫儿也后脚走进指挥中心。

徐坤一惊一喜道：“程玫儿同志，你活着，太好了！”

“徐主任，我来要求工作，给我分派任务吧。”

“那，你去医疗队帮忙，统计救灾的医疗物资。”

“不，我要求分派最重要的任务给我。”

“这就是最重要的。”

“我要去打捞队！”

“这不行，打捞队都是精壮男劳力才可以干的。”

“可是，可是我那么多朋友，那么多朋友，都死在那里了，我要，要去见他们呀！”说着，玫儿终于抑制不住眼泪，号哭起来。

徐坤倒了杯凉开水，默默地递给玫儿。

八月终归是炎夏，前两天台风和洪水带来的寒意，甚至是半夜里洪水彻骨的寒冷，马上就被炙烤的日头逼退。但巨大的无望和恐惧，实在不会随着洪水退去而退去，穿过云层的毒辣日头，照在被风浪蹂躏的大地上，开始另一场灾难的考验。

由于到处是被洪水淹死的猪牛羊的尸体、鸡鸭鹅的尸体以及老鼠蛇猫狗的尸体，苍蝇蚊子迅速狂欢着滋生出来，它们到处飞舞，从一个地方到另一个地方，迅疾地飞动，它们从各种死尸上取得啸叫、飞舞和生产的养分，开始成群结队扑向人群。这些叮咬过各种尸体和秽物的小小恶魔，叮咬起人来，轻则即刻肿起豌豆大的肿包，重则致人发热昏迷甚至有可能演变成重大的疫情。

所以当王副专员询问灾区最需要什么时，沈鲁副书记说："除了急需抗险救灾的专业人员和干部，急需食物、医务人员和药品之外，衣服，棉被，尤其是蚊帐，大量蚊帐，需要防疫人员赶赴重灾区消毒防控，否则，疫情暴发，那就是另一场灾难了。"

王副专员立刻对随行人员说："老沈要求明确合理，不用说这些，更多，我们也想办法组织，你们马上拟稿，将这些需求发回地委，让地委同志立刻组织筹备，可以分批，准备好一批就来一批，争分夺秒，刻不容缓。"

沈鲁副书记紧握着王副专员的手，甚为感激，"现在，海塘、水库、碶门和房屋都被台风吹倒，被洪水冲垮，如果不争取早日修复，群众无法重建家园重新生活……"

王副专员拍着沈鲁副书记的手背连声说："我知道，我知道，急需大量资金，大量物资。你不用说请求，地委务必支持，我们是一家人，这是我们大家共同面对的。"

徐坤说："王副专员，你们大风大浪赶来，又走了二十多里地路，辛苦了，还是先休息一下吧。"

“不，马上带我们去重灾区察看吧！”

灾难的现场不是“狼藉”两字可形容，或者说，用“惊悚”两字更贴切。灾害中心区八十多平方公里的平原就是被巨大无比的恶魔洗劫过的荒野，前几日还是丰收时节金黄的田野，今日已然一片灰黑，各种杂物和着泥浆，遍布了整个南庄洋，几十个村庄成了几十堆惊人的废墟，除了远处象鼻山青翠依旧，几无人类气息。从这片土地上逃生的人们，退缩到县城的各个角落。筑城于山脚的县城地势虽高，主要街道上也还是盈满了齐腰高的海水。

天气迅速转热。八月的溽热令很多逃生者病倒了，伤病者则病情加重了。而大量漂浮水面的家禽家畜尸体已开始腐烂发臭。那些被洪水卷走的遇难者遗体泡胀后，都开始远远近近地浮出水面。所以，灾后的救助与处置，不可能拖延至洪水完全退却之后。

王副专员心如刀绞，步履沉重。忽然侧转身询问随行干部道：“辉秋找到了吗？”随行者一怔。

“就是你们韩部长，找到了吗？”

随行干部眼眶洇湿，沉默不语。

“一定要找到，一定要找到，我们的好干部，我们的榜样，一定要找到……”王副专员近乎喑哑，像低泣，像独语，也像悲悼。

当然，最悲痛的莫过于韩部长的妻子。她是个乡干部。她一面忙于救援，一面思念着自己的夫婿。入夜，她瘫软在床上，一个人悲泣。

孩子们问：“阿爹几时回来？”

“快了，快了，他第二天就回家。”

可是她知道，这一定是凶多吉少的结果。

一个人的时候，就只能揪心地“责骂”这个山东北佬，这个没“良心”的，就这么抛下我们走了？不会的。那还活着，作啥不回家？晓得我们全家都日日夜夜等他回来，这么没“良心”，再忙，总也要托人捎个口信啊，不会的，他不会这么没良心，他是最有良心的男人。

她哭一阵，念叨一阵，神情恍惚。这个男人为人有多好，她知道，这个男人待她有多好，更只有她知道。当然，她可能不知道的是，韩在任时，并没有因人而异地待人，对老董等也一视同仁。即使被打成右派的，他也总是想方设法放人一马。

不过，在她没有见着丈夫的遗体前，她努力相信着那些传说，她一直在等待奇迹发生。

有传说，韩部长依然活着，因为村民甲曾说，看见一个高大的男人说着外地话，指挥着众人抗灾；干部乙说，好像韩部长，背着受灾群众转移；灾民丙说，韩部长一个人蹚过深水，去救人了；还有路人丁说，韩部长受了重伤，被群众救了。

传说版本众多，似乎处处都有韩部长的身影。

他像一种精神，一种不死的灵魂，倔强地活在人们心里。

第三十章

劫后余声

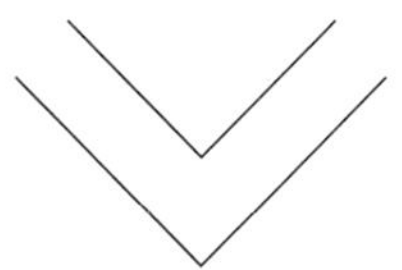

八月三号，狂风开始停止了肆虐，洪水也慢慢从良田村舍退归大海。

这不是恶魔的退却与闪避，更不是恶魔的怜悯和愧疚，只是它餍足了此地的饕餮，完胜大地与生灵，得意地收拢它的魔爪，它要另觅他处展开另一场疯狂的逡巡和绝情的吞噬。它发出铺天盖地的嘶吼，盘桓着扑向了杭州，出浙江，过安徽，径往陕西奔去。

县政府会议室灯火通明。

省地县三级领导都达成意见：动员全省的力量救助象山，支持灾区的重建家园。针对受灾群众面临的饥饿和病疫的威胁，如何尽快解决衣食住的问题，灾区的防疫、受伤者的医治、患病者的确诊，都做出了详尽周密的安排。原则是：不能再饿死一个人，不能再病死一个人。其他的安排和计划，都必须遵循以这两条为前提的原则。

沈鲁副书记在王副专员讲话后做工作安排：

“这几天，全力以赴的工作就是后方安顿灾民、救治伤病，前方则是搜寻、打捞和掩埋。因为天气太热，烈日暴晒，尸体腐烂加速，如果不及时打捞与掩埋，引发疫情是必定的，而这疫情不是一般的头疼脑热腿肚痛，那完全可能是瘟疫。

“以前其他地方都有类似的情况发生，而我们这次，又是世上罕见的大灾，人员伤亡估计是惊人的，所以，我们必须加快进度，投入全县干群所有的力量。”

全县组织了八个安葬队，负责搜寻、打捞和掩埋。

打捞尸体真是一件艰难又悲壮的事。

气温回升，夏日的灾区立时成了一片巨大无朋的天葬场和垃圾场。尸体、杂物、所有大地上的肮脏污秽都聚集在此。难以言表难以忍受的尸臭，裹挟着垃圾腐烂的气味，在热风的吹送下，飘荡、奔袭。

正在帮助医护人员做助理的玫儿被指挥中心临时调用，负责统计灾民伤亡数字。所有打捞和掩埋的数据都汇总到玫儿等几个人临时组成的统计处。

她日夜计算着，一遍遍核对着，生怕漏掉一个数字。

在数以千计的统计数字里，一，只是最基础和微小的数字，但对一个人来说，这就是全部，对一个家庭来说，这就是最大的伤痛、永远的缺憾。假如漏报了一个数字，漏报了一个名字，就等于亲手抹去了这个人的存在，抹去了一个生命的鲜活意义，就等于告诉世人，这个人，根本没有来过世上。而这个人活着时，曾经多么宝贵，多么值得珍惜，可能是她父母的掌上明珠，可能是儿女一生想念的慈祥父母，可能是侠肝义胆的好兄弟好朋友，可能是偷鸡摸狗的空手人，但是，他也曾经是父母眼中的一段香火，一个希望，他可能是一位老者，可能和她外婆一样有着风趣的笑容，她也可能是一个怀春的少女，做过很多春天的梦，有很多毛头小子趴在她家的墙头上偷窥她的小蛮腰……

玫儿一笔一笔地记录着，每每看着不断增加的数字发着愣，一千具，一千五百具，两千具……

玫儿每天噩梦不断。

在梦中，她看见自己死亡，灵魂在水面上飘摇，看到很多朋友在和她说话，看到白天打捞队的人给她描述的情景。她看见阿珠和魏老师牵手散步，看见圣楠和小鱼儿站在学校的舞台上唱歌，脸上画得小花猫一样，但很可爱，看见海峰向她敬礼，好像是第一次遇见时的模样，看到海峰的新娘筱梅倒挂在一段残垣上，抬起头朝她苦笑，看见华定努力地搬开压在她身上的横梁，她喊玫儿帮忙，看见王良站在石磨边上跟人打架，佑璋伯肿着脸额头上流着血，看见东明、阿月、长庚、秀英阿婆……他们高高兴兴地围坐在一起，好像桂云结婚了，但新郎的面目很模糊。

她常常夤夜醒来，胸口发闷发酸，脸上湿湿的，眼睛浮肿。

但她奇怪她的梦里，为什么就没有何可呢？

何可，你会入我梦里来吗？其实，没了你，我突然感到，我是那么想你。

建明也从气象站赶来县城。

在从石浦赶往县城的路上，他看到大批倒伏的腐烂的稻田，看到动物的尸体狰狞可怖，看到成了废墟的村落，没有炊烟，没有鸡鸣狗吠，只有哭泣哀号，看到一队队运送尸体的人们，看到不少船只竟然被抛上山腰，看到倒塌的庙宇和村舍，看到巨大的树木折断在路上，看到杂物堆垛，看到发臭的河道和池塘成群飞舞的苍蝇蚊子。

这一次台风过境，风力之大史无前例，他根本没法测量这次台风的准确数据，气象测量仪器大多损毁，气象站的测风仪器吹坏了，测风仪的重心风压板失灵，小铁板脱落，轻型风压板被打弯了，未损毁的气压计的自记笔尖一直碰到气压计的下弦，无法正常记录。台风急剧降压，气象曲线呈典型的漏斗状。这让所有工作人员感到极大困惑，中断了十一个小时，怎么办？建明和同事们只能用正点的实测资料代替。

最终得出的结论，让大家目瞪口呆，最大强度曾达到气压905百帕，风速每秒90米。按当时风级的分类法，这就是二十三级。比十二级超强台风，几乎超过一倍。

建明到达县城时，正有一队战士跑向林海门前涂方向。

而另一掩埋队也快速地前进着，他看见领队的是励乡长，就连忙打招呼。

励乡长一看是建明，自然停了脚步。

“我参加打捞队，我跟你去。”

“这个任务真的很艰巨。你个书生，怕是不行，还是去指挥中心帮忙吧！”励乡长对建明诚恳地说道。

“我行的，我也是半个军人。”

励乡长拍了拍建明的肩膀，不置可否。

“那么多朋友熟人在这里遇了难，就当我最后见见他们吧。”建明神情落寞，语气却十分坚定。

在县城的东边，已组织人员挖出几个大坑来，这可以让遇难者入土为安。

各种板车挤满了通往安葬处的道路。板车不够用，有的就用布包裹好，背起尸体去安葬。很多尸体被重物压在水里，或被卡在杂物间；还有很多尸体已经开始高度腐烂，手一拉，整个尸体就散架了，糊状的肉块像稀泥一样掉落下来，伴随的是一阵阵令人作呕的恶心气味；有的尸身被水泡鼓胀，像一个充气的圆球，不小心触碰到，就会爆裂，身体像打开的水阀，血水脓水喷溅而出；有的尸体漂浮在河道上，打捞船靠近后，用竹竿挪动时，轻轻触碰到尸体鼓胀的肚子，血水竟然飙出一两米高，然后像血雨一样喷洒下来。

很多参与打捞者，三天三夜都吃不进饭，一个月里都在恶心，一看到肉就呕吐不已。

即使如此，数以百计的志愿者依然涌到救灾指挥中心来。

消毒设备和消毒用品短缺，医用口罩短缺，打捞设备简陋，打捞人员不专业，即使有，面对这么大数量的遗体也无法分身，只能“土法上马”，没有口罩，就用毛巾代替，没有消毒液和防毒用品，就每人发放一小瓶烧酒，用来消毒和抑制恶臭带来的恶心与病毒侵入。

虽然分发给安葬队的装备可谓简易至极，但志愿者一领完“装备”，就疾速赶赴打捞现场。

只是这实在是对人类心理极限和生理极限的一场严峻考验。打捞队和运尸队的人越来越少。连日来，累倒的，病倒的，被尸体各种各样的样貌情状吓倒的，越来越多。

县政府决定动员所有县里的精壮劳力奔赴灾难现场，并且提出每搬运一具，奖励五元。当年的五元钱，相当于一个普通职工十来天的工资。可是，次日又有一批累病累倒了。政府班子又临时动议，决定提高到每打捞搬运一具遗体，奖励十元，十五元，甚至二十元。二十元，相当于一个职工一个月的工资或更多。

怎么办？这可是一大笔数字，对于一个贫弱的半岛县而言，支出这笔钱是要冒政治风险的。

最后研究决定：县财政出钱。即使我们县政府干部不发工资打欠条，也要出。人死为大，不能让我们的遇难者沉没腐水、弃尸荒野。

也有人为了这笔奖励而坚持，可残酷的现实、艰巨的任务立刻吓倒了他们。即使重奖之下，依然应者寥寥。更多的掩埋队员表示，我们不发灾难财，不赚死人钱。

一支打捞队的负责人老欧提出，这不是钱不钱的问题，面对难点，还是精神的问题。

县政府紧急召开会议，决定召集所有党员、干部、共青团员，都奔赴一线。

俞副县长向着聚集在县府大院里的志愿者鼓劲道："在这种时刻，我们就是战士，就是将领，我们应当冲在最前线。

"虽然我们都是人，但是我们有信仰，我们是人民的政府，我们是人民的干部，党员团员的先锋模范作用就应当在这个艰难时刻发挥。我们死都不怕，克服困难，迎难而上。这些死难者，都是我们的亲人，面对亲人的遗体，我们怎么可以畏难！"

指挥中心。连夜召开会议。

徐坤正和沈鲁副书记等一起商讨棘手的难题，那就是，尽管募集了不少打捞和掩埋的志愿者，但按照眼下的难度和进度，要想在三五天内完成如此大量的任务，实在无望。而且尸体腐烂越来越严重，几乎所有的河道都漂满尸体，尤其是南大河，整条河道都充塞着各种腐烂程度的尸体，而东塘山那边挖掘的填埋坑，根本无法掩埋下所有运送过去的尸体，怎么办？

沈鲁副书记请求大家集思广益。

众人纷纷提出自己的想法，有的说，加派人手，加快挖掘填埋坑，有的说，再提高打捞掩埋人员的奖励额度，有的说请求地委省委支援，我们能做多少就多少……

"填河，就地掩埋。"有人建议。

这是个大胆的想法，但是会带来很多问题，首先是，这条河，没了，另外，群众会不会说我们政府做事草率，而风俗上看，总是入土为安。这样决定，行吗？

尽管众人的其他想法都有可取之处，但毕竟可行性不强，也都没有一条比填河更合理的办法了。

“我个人认为，这是最佳方案。你们认为，这条河还能给人们带来什么吗？这条河就像一条巨大的伤痕，流淌满我们创痛的记忆。即使以后河水干净了，人们看见这条河，还会不心生痛楚？还会取水来饮用？还会去游泳？至于入土为安，我们把泥土覆上，河床就是一个大墓穴，也是入土为安。”徐坤分析着。

“对，河，我们将来可以新挖一条，也叫南大河。要看到问题的关键，关键是什么？是河里的尸体大多高度腐烂，打捞十分困难，而天气这么热，苍蝇蚊子已经在河上大量滋生，一旦暴发疫情，我们都是罪人，都是人民的罪人！”沈鲁副书记铿锵道。

“好，就按研究的办。”大家表示同意。

“如果群众要骂我们做事草率，这个责任，我来背！”沈鲁副书记沉重而坚定地补充。

象山之外，救灾工作同样紧锣密鼓。

杭州、宁波、舟山以及其他相邻的兄弟省市，纷纷伸出救援之手，赶制救灾物资。粮食、衣物、蚊帐、医务人员、药品和其他生活用品，从海陆空三个方向奔驰而来、陆续运抵。

灾民们得到了合理的救助。在各级政府的组织、领导和号召下，全体群众自主参与、有力配合，没有人在灾后因病因饥饿死亡，没有发生重大疫情，这也算是不幸中的大幸。

家乡的惨烈情状也传到了身在异乡的游子们，无不为家乡遭逢的劫难震惊和伤悲。

一个老乡来到正在上海学习的越剧演员瑞芳那里，诉说了象山这次惨剧的点点滴滴，她潸然泪下。瑞芳连着几夜都失眠了。

她想起家乡的亲人，想起从小在家乡舞台上的演唱，想起家乡的小伙伴，想起母亲做的饭菜，想起那些熟悉的路、熟悉的乡音、熟悉的一花一木，那些曾听过无数次或轻柔或雄浑的大海声音，想起站在沙滩上朝着飞翔的海鸥挥动过的小手帕……

她决定要赶回家乡去，即使身单力薄，也要去参加救援。

老乡说，不如我们在这里为家乡做点事吧，家乡现在最要紧、最缺乏的是各种赈灾物资。于是两人就决定在上海开展募集活动。

华定忍着伤痛，连日奔走在各个采访点：打捞队，掩埋队，安置点，县政府，医疗队，采写了一批又一批报道，及时传达各种信息，以供县政府和地委省委作决策参考。

但是一入夜，悲伤就止不住地侵袭而来。面对现状，他只有深深的无力感，他只能在日记本上记录自己的心情和感触，咀嚼和吞咽这些黑色的文字："一个即将孕育新生命的女子离开了，一个正在孕育新生命的女子离开了，还有一个正待临产的孕妇，也离开了。死亡袭击了这片大地，悲伤笼罩着苦难的人们。"

秀英阿婆曾经因为美好的期盼开心得流泪，她不住地说，林家有后了，张家有后了，可是她没等到这一天；桂云曾经对腹中的生命充满忐忑，有羞耻，也有期待，现在，她带走了她所有纠结；而那个只需要一天或几小时就可以成为母亲的孕妇，她没能见到十月怀胎的孩子，她只能依靠想象在无比的恐惧中孕育了她或他，也带走了那个未能见过人世的生命。但是见过，又能怎样？对这个尚未来到世间的胎儿来说，安息在母亲腹中，甚至，是一种幸运。

三千两百，三千三百，三千四百，三千四百零二。

罹难者的统计数字出来了。

县政府会议室里，与会者神色凝重。阳光射进窗来，热烘烘的风里夹杂着从远处传来的隐隐悲泣和哀号。每个人的心，经受着肃杀的冬寒。

沈副书记手里捧着一杯凉开水，他希望以此保持镇静，却总是止不住地颤抖，像一个羸弱无力的病人。

负责统计的干部在一字一顿地念着："经过我们努力抢救、寻找，经过县政府各级领导及干部群众的努力，指挥得当，已经将本次新中国最大的也许也是将来最大的台风灾难给我县人民造成的损失降到了最低。"

沈鲁副书记打断了汇报者的发言："丧事不必说成喜事，这些话就不要讲了。"

"对不起，书记，"统计干部一脸愧疚，"那好，我现在将具体统计数字向大家做一汇报。经初步统计：本次灾情严重，共计毁坏海塘堤坝 191 条，长 6388 米；毁损房屋 77 395 间，冲毁木帆船 102 艘，损坏渔船 376 艘；海水淹没粮田 116 611 亩。全县死亡 3402 人，其中国家干部 50 人，包括共产党员 12 人，解放军指战员 3 人，241 户人家灭户；受伤 5614 人，其中重伤 1436 人；象山的农业水利局干部'全军覆没'，牺牲在抗台救灾的斗争中。"

"那来象山走亲访友的，流浪的，做小贩生意的等等一些人，有没有统计在内？"

"没有。如果知晓的，都在里面了。"

"那怎么行，难道他们不是人吗？"沈鲁副书记大声道。

"可是，可是实在没法统计，那么多绝户，都无法确认他们来访的亲友，而那些外来走街串巷的，实在无法统计，我们只能按照每村每乡常住户口来核对，其他的，只能根据其他地区报失的人口数据再做统计了。"

大家陷入了沉默。这似乎也是无奈之举。

散会后，办公室的小陈递给徐坤一封信，信是寄给何可的，寄信地址是杭州，右下角标记着一个小小的“林”字。

徐坤对着几位办公室人员说：“按理，我们不应当拆阅这封信，只是何可同志不在了，怕万一信中有事告知，或有其他信息，我们可以有个合理应对。而且，发信地址不详细，无法退信。这样吧，我做主，大家证明一下，拆了吧！”

大家都表示同意。

信由办公室小陈启开。抽出淡粉红的信纸，随即飘出一阵淡淡的茉莉花香。字迹娟秀，又透出了点须眉的豪气，满满两张。

“是何可同学林珊珊写来的，以前我听阿可说起过她。”小陈说。

“你念吧。”徐坤背对着众人。

何可，见信好！

由于台风灾害，这些天邮路中断，我不知道这封信到你那里，需要几天。以前，每次一个来回总要半个月，甚至更久。只是想想天南地北的古人，修书一封，到达对方时，读到的可能是几个月前或者更久时候的信息，春花未开时发出，秋叶枯黄时收讫，也算是一种小小的安慰，尽管这样的安慰之后依然有说不出的惶然和无奈。

这些天全城人都忙着恢复生产学习的工作，忙着修复各种灾难留下的巨大创伤，回归正常生活状态。杭城遭此劫掠，狼藉不堪，千年古城，很多地方恍如千年遗迹，据老人们说，这也是他们有生以来第一次遇见这么大的台风灾难。白堤上的垂柳你一定记得，我们还一起站在柳树下看过晚霞，那湖上的晚照，柳荫婆娑，真是美好到极致的回忆，如今，142 棵柳树都被刮倒了，只有一棵，光杆司令似的，坚持在那里，让我想起乌江自刎前悲怆兀立的项羽。西湖景区里百年以上树龄的古树，都刮倒了18株，苏堤北山路等地也都惨不忍睹。

我看过一篇文章，说一棵大树承受到12级台风的力道，好比遭受几吨重物的撞击，这想想都不寒而栗。想知道这一次台风后，杭州市区里有多少棵树被刮倒吗？告诉你吧，6万多棵啊！

我听说，在你那儿，风力远远超过12级，有的说达到18级，有的甚至说达到23级，是将近12级台风的一倍，一倍啊！太可怕了！

这些日子，我天天看报纸，希望能看到你那边的报道，但看到的大都是很概念化的句子和内容，要是我能看到你能上报，报上写着：何可同志在抗灾战斗中发扬大无畏的革命精神，勇救民众，而他只说，这是我应该做的。哈哈，但报上是不会这样写的。

我希望你完好无损、精气神十足地看到这封信，而不是被风刮到水沟里再爬起来、蔫不拉几、狼狈不堪地看着这封信。哈哈哈。

另，我的婚期也因为这次台灾推迟了。这也算是一种安慰。

假如，你改天到杭州来，向我致以革命的敬礼，并且单腿下跪，手上捧一束鲜花，哼哼，我可能会考虑考虑你哦！

好了。抽空给我回信。

顺祝夏安！此致！

你的珊珊同学

读完信，小陈和其他两位止不住哽噎起来。

徐坤一直背向众人、面壁而立，只是肩膀在遏制不住地颤抖。他不知道胸口堵塞的是懊悔、自责，还是哀切的追念。

珊珊同学，他永远不可能给你致敬，给你单腿下跪，不可能给你奉上鲜花，让你的芳心托付了。他来自杭城，但却成了象山人民的儿子，是象山人民的英雄。他的英灵长存。

终　章

台风北上，穿越了几个省，直到陕西。

它像一把锋利的刀子，划伤了半个中国。

一切都要重新来过。

历经这样巨大的灾难，毁灭一切的灾难，灾后的重建，可以看成是浴火重生吗？或许可以，或许，不可以。

在灾难面前，一切都似乎可以放下，唯有生命不能放下，生命是一切的中心，也是一切重生的核心。

夜深了，徐坤的眼里却噙满泪水。

他的桌前，是一叠文件，文件上的几组大数据，有遇难群众人数，房屋毁损数字，伤病群众数字，还有粮食、公共财物以及家禽家畜的损失情况，等等。

他屏住气息，轻轻翻动，生怕有风吹来，会刮走了纸上的文字和数字。

他抽出一份清单，是五十个人名，以及生卒年等。这份抄录着五十位牺牲的烈士简介，有的人不足百字，有的人也多不过数百字，这些文字，就好像是对他们生命的总结。

他一个名字一个名字地读着：

彭玉文，山东人，三十岁，高中文化，任象山县政府卫生科科长，牺牲。

李文华，山东人，三十七岁，初小文化，任象山县政府民政科科长，牺牲。

王庆祥，山东人，三十二岁，初小文化，任象山县政府工业科科长，牺牲。

李彬，山西人，三十岁，初中文化，任象山县人民委员会统计科科长，牺牲。

袁明通，浙江象山人，三十一岁，高小文化，任象山县定山区区长，牺牲。

陈龙，浙江兰溪人，三十一岁，普师文化，任象山县政府文教科副科长，牺牲。

翟汝佐，河北人，三十四岁，大学文化，任县政府工业科副科长，牺牲。

诸沛霖，浙江绍兴人，四十九岁，初中文化，在象山县委从事庶务工作，牺牲。

施有定，女，浙江宁波人，二十二岁，初中文化，象山县新华书店会计，牺牲。

钱素妙，女，浙江象山人，二十三岁，初小文化，任象山县林海乡副乡长，牺牲。

金立南，浙江象山人，出生于下余村，三十岁，青年团林海乡总支书记，牺牲。

……

一切过往都会变成数字，会变成文字，或者几张图片。这也是一种规律，只有内心，才能存储我们所有的喜怒哀乐忧思恐，才能存储我们回望的点点滴滴，才能被那些人那些事那些言语表情动作以及他们闪过的眼神触动，这让我们的世界变得丰富而值得留恋，也让我们有信心和思想去为未来努力，去建造一种更加美好安宁祥和的生活。这是共同的世界，也是可以留给后人的遗产。

他想起日间的争论，是关于几个人评定烈士身份的争论。

比如王良，有的认为他不足以评为烈士，因为他生前声名有污，不能因为他灾难中的良好表现就轻易送给“烈士”荣誉；有的说，只要这个人没有违法，没有政治问题，英雄，不问出处，英雄就是英雄。

比如魏老师，我们尚未给他定性，他是从旧时代过来的知识分子，但是我们大多数知识分子不都是从旧时代过来的吗？他们积极为新中国服务，为人民大众服务，就是最大的思想转变。要把他们都变成党员才能认为脱胎换骨，是“人民”的人，并不现实，而且，我们还是忘了，他们首先是“人民”，不是敌人。几句闲话或者建议，就认为是反对党、反对政府、反对我们，那，我们是谁？

白天的争论里还包括像老董一类人的日后处置。

在徐坤眼里，老董是文艺宣传的骨干，才情和热情俱佳，是个难得的宣传干部。这一次，他不仅冒险参加抗台救灾，还积极要求参与灾后的重建工作。有干部问，那老董的事咋办？相关负责人都有点茫然。肃反工作，“反右”工作是全国一盘棋，我们又能怎么样呢？看着老董跑来跑去尽心竭力，看着他真诚专注投入创作，不计报酬和辛苦，只要我们一句话，至少，他要经受身心俱疲的煎熬，而我们这句话，并不一定准确地代表了党，代表了政府，代表了法律，代表了事实，对老董这样的同志，重新羁押还是不羁押，这能体现党性还是非党性？如果就这么随意地把抗台的英雄、积极努力的同志再行关押，太不近人情。

评议会上，很多领导因此而难过又尴尬，在情与理或理论和理性充满纠缠中，不想表决。

俞副县长说：“我也不想做凶神恶煞，不过，按规章办事，这是坚持党性。”

“那么按照人性呢？”有人问。

“党性和人性是不可调和的。”

“我们立党为公，公是什么？公是谁？公又是建立在什么基础上的呢？”

俞副县长显然无法回答，或者很快做合乎逻辑的回答，只能打了个哈哈：“反正，该怎么办还是怎么办，什么口子都开，那以后我们没法落实宣传政策了。”

这些天，老董总是心神不宁，天气炎热，内心却更是燥热。

老董邀请华定、建明、玫儿聚聚。喝杯小酒，以怀故人。

大家说起三月三踏沙滩，说起那么多的人聚在一起的日子，如今，都成了美好而伤痛的记忆。

老董说：“今天这杯酒，可能是分别酒。”

大家问什么意思。

“我能从小牢间里逃出来，靠的还是魏老师，他说过，他能找到我无罪无错的证据，可惜，魏老师走了，没人为我找证据了，说不定哪天上头一阵风，又会把我刮进去。”

“我还是会去看你。其实何可一直在找机会想和县领导说说你的事，他只是没找到机会。”玫儿替何可道出了他的歉意。

华定温和地劝说：“也不要想那么多，总要相信政府，相信我们党。”

“我相信的，不过，政府也好党也好，还不都是由人组成的？”老董怔怔地看着墙角，仰脖闷下去一杯。

一向性格开朗热爱说话的玫儿，却显得出奇安静，大多时间顾自斟酒、发愣，就像回到遥远的过去或者去往遥远的未来。她想起与何可一起坐在龙门的塘坝上，看夕阳西下，海面上金光闪烁。想起他们一同来到象山，坐在同一条船上。如今，同船的四个人只剩下两个。她想起建明朗诵的那首诗。

建明一直沉默着，捏着酒盅，轻轻晃动着，这时猛地喝了一口，眼睛红红的。“来，给我倒半杯。”华定给建明斟了酒。

建明默默地把酒洒在地上。“这一杯是给魏老师的。”

“建明，你还记得我们同船到象山时朗诵的那首诗吗？”玫儿幽幽地问。

建明说“记得”，遂苦笑着叹了口气朗诵道：“啊，大海，你多么慈祥、博爱，我要从污浊的沟壑把一条条溪流引过来，说呀，大海，说你允我扑进你的胸怀。”

“去你的大海！”玫儿面无表情地说。

分别后，玫儿蹲在路边草丛，吐了很久，她觉得这样的呕吐就像一场恸哭和嘶喊，很难受，也很释怀。

灾后的重建工作正在浙东大地推进。

徐坤接到了最新的文件，“1956 年 9 月 15 日至 27 日，中国共产党第八次全国代表大会在北京召开”。大会的目的和宗旨，就是总结七大以来的经验，团结全党，团结国内外一切可以团结的力量，为建设伟大的社会主义中国而奋斗。

晨光初露。

徐坤一夜无眠，就披衣出门。

他踱步到县城西面那座废弃的厂区，见那间羁押“审查对象”的小仓库还在，被台风掀掉一半的屋顶和损坏的门窗已经重新修整。

他叹了一口气，往林海方向走去。

大水过后，除了残垣断壁、碎砖瓦砾、烂木腐草，人类生息的迹象荡然无存。瓦砾是灰黑的，断梁是灰黑的，腐草是灰黑的，残垣只是低矮的堆垛，被折断的树根，倒覆的石臼，鼻子里闻到霉烂燠热又腥味的气息，苍凉的大地上只有几棵歪倒的大树令人想起这里曾经是村庄，是有人爱恨情仇活色生香过的地方，那些锅碗瓢盆床凳被褥，那些农具和家具，那些支撑人们生活的物质证明，都被大水悉数掳掠，不知踪迹。这片天地，何曾留下时间的记忆呢？

徐坤踩在一望无际的废墟之上，感到就像踩着几百上千年的遗址。

风吹衣袂，猎猎作响。他慢慢地往回走。

快到县城时，有一株电线杆上挂着局部已生锈的大喇叭，滋滋滋发出几阵噪声后，开始听到喇叭里的女声：

“我们正在进入社会主义阶段，社会主义改造基本完成。现在，已经不再是无产阶级和资产阶级的矛盾，而是人民对于经济文化迅速发展的需要同当前经济文化不能满足人民需要的状况之间的矛盾。”

播音员的播报用的是土话，因为当时大多数人都听不大懂普通话，但经由本地土话稍稍改变的“书面话”，还是能听懂大部分。

眼前的路面并不平直，但远远看去，路面上是黑色的积水。这么热的天气，这一摊摊的积水从哪儿来的？徐坤知道这是光线折射后的视觉错乱，但他宁可觉得是一摊摊积水。

他笑了一下，他自己都不清楚为什么笑。这是苦笑傻笑强颜欢笑还是讪笑惨笑灵谈鬼笑，他真不清楚，他并不怀疑自己精神恍惚，他只是觉得，这时需要这样笑一下，内心里无法遏制的苦涩和空气中压迫着的窒息感，需要他这么笑一下。

大地的满目疮痍，假以时日会被医治，这里的面目会修复，甚至内心里的伤痕也会结痂。

这里可能依然稻浪麦浪迎风起舞，这里的河水会变清冽，这里的道路会更坚固更宽阔，或者，这里会矗立起一座新城，所有的泥土会被新的泥土和建筑覆盖。再往前，塘坝会新修，更坚固，更高，更宽。

沧海桑田，时间会改变一切。

物是人非，物非人非。

只有青山依旧，日月恒在，它们那么有情，却也那么无情。

后记

完成初稿，在听取意见和部分改动之前，我想简略阐述一下创作本书的几点想法，也权当文本的导读。

在采访和阅读相关资料时，我常常沉浸在这场灾难的回望、描述、想象和各种惨烈场景的铺陈与勾连，有时甚至夜不能寐，众多的亡灵和悲惨、壮烈的场景浮现于眼前，呼号，奔逃，挣扎，消失，同时也为当时各类人群的相互救助、舍生取义、奋力抗争而感动、感慨。

灾难的描述总是震撼而线性的，即使场景足够宏阔、人物足够众多、惨象足够悲壮。在我的采访中，我更愿意倾听和了解这些救助者和遇难者的生活日常，更想了解这是些什么人，什么性格，什么身份，人与人之间的关联，他们曾经生活的样貌，也就是他们在这个沿海的土地上、在六十年前的乡村里，他们和时代、社会、他者的关系。

作为人的符号的消亡，和作为消亡的数字的产生，并不具有更大的人文力量，倒是作为非符号的生命体活生生的消亡，才直击人心、叩问人性。

再者，由于当时的测报设备、技术和防灾抗灾手段、在灾难发生过程中救助的科学与准确、设施的完备等都比较简陋和落后，能给到现在的借鉴并不多。

要从这场灾难的前后描述中去寻找反思的线索，寻找值得借鉴的经验，这更多是读者的思考和获益，文本要呈现的是尽可能客观和准确。作为一个非虚构的文学性文本，更需要揭示当时的社会格局和人们的生活状态，需要揭示灾难来临前后的一切活动和真实，也以此描述和展示人的精神价值和政府团体的价值，或许这更有值得深入探讨的意义。

我因而希望这次非虚构的叙事能深入到那个年代、那个沿海乡村、那群人，尽力还原那群早已罹难或幸存者在过去年代的面目，还原沿海乡村的当年面目。

所以，我给本书创作做了这么几个定位：

一段六十年前江南沿海乡村的历史。

一场史称中国第一台灾的还原呈现。

钩沉往事，致敬先辈，为反思历史提供迹近史实的文学文本。

当然，在非虚构叙事文本的创作手法上，我试图作一次突破的尝试。

从非虚构小说的文本结构而言，叙事依据“事”的呈现来展现和控制它的节奏，前部分的平缓与人物交代，殊为必要，即使以电影方式来呈现，也未必须迅速进入灾难模式。况且，这些叙事文字并非只为灾难事件作铺垫。

文本深入六十多年前的浙江东部沿海乡村，截取一九五六年春夏两季的时段，涉及当时的村民、政府、社会变迁，从社会演绎和人文探究的角度，展开人物悲欢离合的故事，描述日常和乡土人情、民俗风情。从一个巨大自然灾害发生之前，审视和还原他们的生活原貌，发现当年的时代症候和孕育的社会矛盾，就像一场时代的台风。

大自然是伟大而包容的，却也是残酷而无情的。人在山海之间、在灾难侵袭中，是无力的，但在能够做到的时空中，也同样不乏精神力量，不乏情感和道义的力量。这也正好是《风烈》书名的缘由，即，风烈：一种解释是风很猛烈，风烈火扬，城摧众陷；还有一种解释则是，风操，风范。

在叙事方式上，本文力图抛弃以一二主人公作为主角串联全书的写作方法，让文本更接近史实的呈现，和一个庞大的群体现象呈现。

文本首先出场六个年轻人，看似主角，再通过他们引出更多的人物，以及浙东乡村风情风俗民生状态，生活的各种截面，在引出乡村人物各呈其态后，乡村人物似乎成为主角，但其实，真正的主角随着时间推进来临，他是灾难，是灾难之下，各种人物的拯救，消亡，关系的剖解和转化，看似一场人际与价值判断的救赎，但在灾难过后回首细想，大自然的灾难也只是主角之一。

因为有很多幸存者，不便涉及过多当时的生活面目，而对罹难者，却又无法深入涉笔。所以，以非虚构的文本形式，将真实的事件，发生事件的时间、地点以及部分真实的人物原型，加上部分在真实细节和历史史实基础上的合理虚构与补缀，努力钩沉往事、还原那些逝去的生命，他们的生存影像，他们的灵魂呼号。在这块土地上，他们活色生香地欢乐过、争斗过、忧惧过、纠缠过、爱过、生活过。然而在这场人力不可抗拒的巨大台风与引发的风暴潮灾难来临后，他们在抗争中互相谅解、救助、反思，在这过程里让后人感悟生命的意义、人性的本真以及相关观念与行为上的正误，也反映了当年人们和政府的力量，以及对大自然的理解。尽管，灾难，淹没了一切，也褫夺了众多的生命。

列夫·托尔斯泰说：了解一切，就会原谅一切。

如果说，前部分所有的叙述是一种铺陈，也可以这么认为，这为灾难来临后，他们之间的相互关系埋下了伏笔。

文本在语言把握上、在人物设定上、在海洋文化渔文化以及台风知识的融入上，都做了一定的思考和探索。

冈布里奇说：所见出于所知。这适合于对历史观和人文观的认知，也适合我对于本书的创作。碍于本人的所知和所见，碍于自己的笔力和仓促，文本有许多遗憾之处，需要众位热心的指正和包容的批评，以期作品更少错讹、更臻完整。